全国基层
文化队伍培训用书

公共文化服务
创新案例

彭泽明　张海燕　李　健　编著

Training Books for
National Grassroots Cultural Teams

北京师范大学出版集团
BEIJING NORMAL UNIVERSITY PUBLISHING GROUP
北京师范大学出版社

"全国基层文化队伍培训用书"编委会

总　序

公共文化服务体系建设是满足公民基本文化需求、维护公民基本文化权益的保障，是解决好文化发展不平衡不充分问题的重要方式。近年来，中共中央、国务院高度重视公共文化服务体系建设，随着《中华人民共和国公共文化服务保障法》和《中华人民共和国公共图书馆法》等一系列政策法规的出台、实施，我国公共文化服务体系布局日趋合理，资源建设日渐丰富，服务能力不断提高，人民群众的幸福感日益提升。

加快构建现代公共文化服务体系，队伍是基础，人才是关键。为提高基层文化队伍理论素养和业务能力，文化和旅游部自 2010 年启动全国基层文化队伍培训，并组织编写"全国基层文化队伍培训用书"。首批 18 种图书出版后，受到全国文化系统学员的普遍欢迎。为适应新时代公共文化服务发展的新要求，第二批"全国基层文化队伍培训用书"选取当前实践中的热点问题，重点涵盖公共文化服务理论政策、实践案例及工作实务三方面内容，突出科学性和实用性，为相关从业人员提供规范、有用的指导参考。

"全国基层文化队伍培训用书"由文化和旅游部公共服务司指导，中央文化和旅游管理干部学院组织编写，来自国家公共文化服务体系建设专家委员会和全国文化馆、图书馆的优秀专家担任主编。在编写过程中，编者查阅了大量资料，付出了宝贵的心血，在此一并致谢。丛书交付出版正值国务院机构改革之际，原文化部与原国家旅游局合并组建为文化和旅游部，因时间仓促，书中所涉部分仍以文化部为称，特此说明。受编者水平所限，书中内容难免有所疏漏，恳请各位读者批评指正。

前　言

　　创新是引领发展的第一动力，公共文化服务发展亦然。从 2005 年 10 月党的十六届五中全会首次提出"加大政府对文化事业的投入，逐步形成覆盖全社会的比较完备的公共文化服务体系"，到 2013 年 11 月党的十八届三中全会强调提出"构建现代公共文化服务体系"，这标志着我国公共文化服务体系由传统建设阶段转向现代建设阶段；无论是传统公共文化服务体系，还是现代公共文化服务体系，我国公共文化服务体系建设都取得了长足发展，而人民群众的精神文化生活也日益丰富多彩，其基本文化权益不断得到更好保障。

　　总结我国公共文化服务取得的经验，最关键的是坚持以人民为中心的工作导向，充分发挥人民群众在公共文化建设中的主体作用，激发广大公共文化工作者的创新创造热情，紧密结合我国公共文化服务的规律和特点，努力推进公共文化服务设施网络、内容形式、体制机制、传播手段创新，解放和发展公共文化生产力，增强公共文化服务发展活力。

　　公共文化服务的生动实践，创造了一大批公共文化服务的鲜活案例。为加快构建我国现代公共文化服务体系，创造性转化和创新性发展我国公共文化服务实践中产生的鲜活案例，不失为一条重要的现实途径。公共文化服务再好的经验、再好的做法得靠人去传承和发展。推进公共文化服务发展，队伍建设是基础、是支撑。我们以此为旨趣，编写了《公共文化服务创新案例》培训用书，以期拓宽基层文化工作者的视野，启发基层文化工作者的思考，学以致用、用以促学，提高基层文化工作者的业务素质和服务能力。

　　《公共文化服务创新案例》一书，坚持创新发展理念，以需求为目标，以应用能力的培养为主旨，构建课程体系和教学内容体系；以"背景透视、案例描述、案例分析、结语、思考题"为主要逻辑线索，以"学得会、用得上、有实效"为检验目标，培养基层文化工作者分析、研究、解决实际问题的能力。

　　《公共文化服务创新案例》一书，重点围绕加快构建现代公共文化服务体系的主要任务及其发展难点，进行全书的框架构设。该培训用书共设 5 章 15 类案例，具体如下。第一章《公共文化服务均衡发展》，下列"统筹城乡公共文化设施布局""加强农村文化建设""公共文化流动服务""总分馆制建设""特殊群体公共文化服务"5 类案例；第二章《公共文化服务发展动力》，下列"公共文化培育和促进文化消费""社会力量参与公共文化服务""文化志愿服务"3 类案例；第三章《公共文化产品和服务供给》，下列"公共文化'菜单式'服务""公共文化服务品牌建设"2 类案例；第四章《公共文化管理体制和运行机制》，下列"文化事业单位法人治理结构改革""公共文化管理体制和运行机制""公共文化服务评价机制"3类案例；第五章《公共文化服务保障》，下列"建立健全公共文化服务财政保障机制""基层文化队伍建设"2类案例。每类案例，视其情况，下列若干具体案例。

由于文化和旅游部已立项《公共数字文化创新服务案例选编》，为了避免重复，本书不涉及公共数字文化服务创新案例。收录的具体案例呈现以下特点：

（1）全面性。案例基本涵盖了公共文化服务设施网络、产品生产与提供、人财物保障、组织机构建设、绩效考核评价等公共文化服务的各个方面。

（2）典型性。典型性是案例的生命力所在，也是案例区别于一般事例的基本特征。本书收录的具体案例绝大多数来自第一批、第二批国家公共文化服务体系示范区（项目）与文化和旅游部开展的基层综合性文化服务中心建设试点、公共文化机构法人治理结构试点工作，以及各地在公共文化创新实践中涌现出来的成功案例，具有代表性。为了确保案例的典型性，我们不刻意兼顾案例在区域、层级和类型上的平衡。

（3）真实性。案例的客观、真实是学习和分析案例的前提条件。案例主要来源于各级官方网站、中国知网，以及各相关文化机构提供的材料。为了确保选用案例的真实性，本书采用页下注的形式，标明了案例的来源和出处。案例呈现的数据，均来源于本书页下注所标注的文献。我们对案例进行了客观的陈述，不夸大其词；案例分析就事论理，从事实中引出道理，启人深思。

（4）实用性。我们编撰的是培训用书，因此案例应具有教学价值，要能作为教学的一个重要组成部分或环节。对于每个案例的选择，我们都比较注重有助于基层文化工作者理解相关理论知识，既凸显差异化的个性案例，又体现方法论的共性案例，使基层文化工作者在学习和分析案例时达到"举一反三"的效果，能"对号入座"研究和解决现实问题。

（5）完整性。原则上每个案例都完整地展示了事件的前因后果，一般包括发生起因、主要做法、实施成效，但为了节省篇幅，也有少数案例例外。不管怎样，案例的核心面貌不会改变。

（6）概括性。案例尽量做到内容简洁明了、高度凝练。根据本书编写需要，我们对案例内容进行了删减，并加以重新归类提炼，对案例所反映的事物本质进行了一定的抽象概括，同时，纲领式地总结了案例的创新点，使读者能快速了解案例中的成功做法，从中获得启迪。

编写完《公共文化服务创新案例》培训用书，我们深深感受到创新是公共文化服务繁荣兴盛的必由之路。我们必须以习近平新时代中国特色社会主义思想为指导，坚持新发展理念，不断激发人民群众文化创新创造活力，完善公共文化服务体系，推进公共文化服务均衡发展，提供丰富的精神食粮，满足人民过上美好生活的新期待。我们热切期待着一个又一个创新案例的降临，为我国公共文化服务体系建设探索经验、提供示范，推动公共文化服务体系建设科学发展。

重庆社会科学院研究员　彭泽明

2018 年 12 月

目　录

第一章　公共文化服务均衡发展

内容概要

本章主要介绍了统筹城乡公共文化设施布局、加强农村文化建设、公共文化流动服务、总分馆制建设、特殊群体公共文化服务的基本情况。通过本章学习，达到对统筹推进公共文化服务均衡发展有一个总体认识和了解。

"案例1　统筹城乡公共文化设施布局"，主要介绍了公共文化设施布局的概念、类型、主要功能作用，以及我国公共文化设施布局的探索。在介绍重庆市北碚区公共文化设施布局规划、江苏省苏州市公共文化设施布局规划、北京市大兴区公共文化设施空间拓展3个案例的基础上，总结了每个具体案例的创新点，对3个案例进行了综合分析。

"案例2　加强农村文化建设"，主要介绍了农村文化的概念、功能及基本特征，加强农村文化建设的重要意义及我国农村文化建设的发展现状。在介绍浙江省农村文化礼堂、安徽省农民文化乐园、甘肃省"乡村舞台"3个案例的基础上，总结了每个具体案例的创新点，对3个案例进行了综合分析。

"案例3　公共文化流动服务"，主要介绍了公共文化流动服务的概念、类型及特点，开展公共文化流动服务的重要作用及我国公共文化流动服务的现状。在介绍内蒙古自治区鄂尔多斯市流动文化服务、浙江省衢州市流动"文化加油站"、浙江省宁波市鄞州区"流动文化服务平台"、江苏省苏州市吴江区"区域文化联动"巡演活动、四川省成都市百姓故事会巡讲活动5个案例的基础上，总结了每个具体案例的创新点，对5个案例进行了综合分析。

"案例4　总分馆制建设"，主要介绍了总分馆制的概念、特征及类型，总分馆制的价值、设置因素及发展历程。在介绍浙江省嘉兴市公共图书馆总分馆制、上海市中心图书馆联盟、重庆市大渡口区文化馆总分馆制、广东省深圳市文化馆联盟4个案例的基础上，总结了每个具体案例的创新点，对4个案例进行了综合分析。

"案例5　特殊群体公共文化服务"，主要介绍了特殊群体的概念、特征及我国特殊群体公共文化服务的现状。在介绍广东省惠州市文化惠民卡、浙江省东阳市农民工文化活动中心、安徽省淮南市少儿艺术发展项目3个案例的基础上，总结了每个具体案例的创新点，对3个案例进行了综合分析。

案例 1　统筹城乡公共文化设施布局

第一部分　背景透视

一、公共文化设施布局的概念、类型

公共文化设施，是指用于提供公共文化服务的建筑物、场地和设备，主要包括图书馆、博物馆、文化馆(站)、美术馆、科技馆、纪念馆、体育场馆、工人文化宫、青少年宫、妇女儿童活动中心、老年人活动中心、乡镇(街道)和村(社区)基层综合性文化服务中心、农家(职工)书屋、公共阅报栏(屏)、广播电视播出传输覆盖设施、公共数字文化服务点等。

公共文化设施一般划分为两类：一类是公益性文化设施，主要包括文化馆站、群艺馆、图书馆、美术馆、博物馆、纪念馆、青少年宫、工人文化宫等，具有特定的文化功能；一类是效益型文化设施，包括影院、展览馆、各种娱乐场所等，是经过市场化经营能产生效益并能使投资保值增值的文化设施。[①]

公共文化设施布局，是指根据有关标准，在一个给定的空间范围内，对多个公共文化设施进行位置与面积安排，以便经济高效地为公共文化设施的建设、管理、经营活动服务。

公共文化设施布局的类型一般划分为三类：一类是集中布局，将多种公共文化设施安排在一个空间，以节约土地，发挥多种功能的集聚效用；一类是分散布局，由于不是所有的公共文化设施都适合在一个空间集中布局，从划定最好的服务半径以满足人民的公共文化需求这一角度考虑，将多种公共文化设施布局在不同的空间；一类是混合布局，综合考虑节约资源和服务群众的需要，吸取集中布局和分散布局的优点，适度集中和适度分散相结合，这是目前最常见的公共文化设施布局模式，不仅可以合理分配各类资源，还可以节约资源。

二、公共文化设施布局的主要功能作用

公共文化设施的主要功能，表现为：公共文化设施是精神文明建设的窗口，是科学文化普及的阵地，是地域文化传承的驿站，是文化成果展示的殿堂，是群众文化活动的乐园，是现代城市的重要标志。

公共文化设施布局的主要作用，表现为：公共文化设施布局是引导和调控公共文

---

① 崔艳、戚鹏程：《基于 GIS 的郑州市公共文化设施空间布局研究》，载《现代经济信息》，2012(7)。

化设施建设，保护和管理公共文化设施空间资源的重要依据和手段，有利于推进公共文化设施的协调发展，缩小公共文化区域发展差距；有利于从源头上防止公共文化设施"无地可建""随意拆建""大拆大建"；有利于与城乡建设整体规划、城市总体规划布局相协调，实现融合发展。

三、我国公共文化设施布局的探索

总体上讲，我国对公共文化设施的布局规划相对滞后。2002年1月，《国务院办公厅转发文化部国家计委财政部关于进一步加强基层文化建设指导意见的通知》指出："把文化设施建设纳入城乡建设整体规划，把群艺馆、文化馆、图书馆、文化站作为重点列入建设规划。各级城乡规划部门要会同文化部门，按照《中华人民共和国城市规划法》、《中华人民共和国土地管理法》规定和有关要求，在城镇建设中，统筹规划城镇文化设施建设。"为深入贯彻落实此文件精神，进一步做好基层公共文化设施规划和建设工作，推动基层文化工作的深入开展，2002年7月，住房和城乡建设部、文化部下发的《关于进一步做好基层公共文化设施规划和建设工作的通知》强调："合理安排公共文化设施的布局。在城乡文化设施建设中一定要考虑合理布局，方便群众参加活动，充分发挥文化设施的功能。文化设施要与周围环境相协调；在有条件的地区，增加文化设施周围的绿化面积，逐步实现馆舍建筑的园林化，努力为广大群众创造一个良好的文化活动环境。"这是我国首次提出"公共文化设施的布局"的思想。2003年6月，国务院发布《公共文化体育设施条例》，在第二章"规划和建设"中明确将全国公共文化设施的建设纳入国民经济和社会发展计划。公共文化体育设施的数量、种类、规模以及布局，应当根据国民经济和社会发展水平、人口结构、环境条件以及文化体育事业发展的需要，统筹兼顾，优化配置，并符合国家关于城乡公共文化体育设施用地定额指标的规定。公共文化体育设施的建设选址，应当符合人口集中、交通便利的原则。建设公共文化体育设施使用国有土地的，经依法批准可以以划拨方式取得。公共文化体育设施的建设预留地，由县级以上地方人民政府土地行政主管部门、城乡规划行政主管部门按照国家有关用地定额指标，纳入土地利用总体规划和城乡规划，并依照法定程序审批。任何单位或者个人不得侵占公共文化体育设施建设预留地或者改变其用途。因特殊情况需要调整公共文化体育设施建设预留地的，应当依法调整城乡规划，并依照前款规定重新确定建设预留地。重新确定的公共文化体育设施建设预留地不得少于原有面积。新建、改建、扩建居民住宅区，应当按照国家有关规定规划和建设相应的文化设施。2005年11月，《中共中央办公厅国务院办公厅关于进一步加强农村文化建设的意见》指出：加强乡村文化设施建设。坚持以政府为主导，以乡镇为依托，以村为重点，以农村为对象，发展县、乡镇、村文化设施和文化活动场所，构建农村公共文化服务网络。组建集图书阅读、广播影视、宣传教育、文艺演出、科技推广、科普培训、体育和青少年校外活动等于一体的综合性文化站。在学校布点整顿中腾出的闲置校舍，可改造为村文化活动基地。2007年8月，《中共中央办公厅、国务院办公厅关于加强公共文化服务体系建设的若干意见》提出：建立健全公共文化设施网络。以大中城市公共文化设施为骨干，以县、乡（镇）和社区基层公共文化设施为基础，统筹规划，合理布局。2008年4月，住房和城乡建设部、国土资源部、文化部批准发布了《公共图书馆建设用地指标》，该指标自2008年6月1日起实行；2008年7月，住房和城乡建设部、原国土资源部、文化部批准发布了《文化馆建设用地指标》，该指标自2008年10月1日起施行；2008年8月，住房和城乡建设部、国家发展和改革委员会批准发布《公共图书馆建设标准》，该标准自2008年11月1日起施行；2010年8月，住房和城乡建设部、国家发展和改革委员会批准发布《文化馆建设标准》，该标准自2010年12月1日起施行；2012年3月，住房和城乡建设部、国家发展和改革委员会批准发布《乡镇综合文化站建设标准》，该标准自2012年5月1日起施行。2015年1月，《中共中央办公厅、国务院办公厅关于加快构建现代公共文化服务体系的意见》明确提出：把城乡基本公共文化服务均等化纳入国民经济和社会发展总体规划及城乡规划。根据城镇化发展趋势和城乡常住人口变化，统筹城乡公共文化设施布局、服务提供、队伍建设、资金保障，均衡配置公共文化资源。整合利用闲置学校等现有城乡公共设施，依托城乡社区综合服务设施，加强城市社区和农村文化设施建设。按照城乡人口发展和分布，坚持均衡配置、严格预留、规模适当、功能优先、经济适用、节能环保的原则，合理规划建设各类公共文化设施。结合基层公共服务设施建设，制定村（社区）综合公共文化服务中心建设标准，充分利用现有城乡公共设施，统筹建设集宣传文化、党员教育、科技普及、普法教育、体育健身等多功能于一体的基层公共文化服务中心，配套建设群众文体活动场地。2015年10月，《国务院办公厅关于推进基层综合性文化服务中心建设的指导意见》指出："基层综合性文化服务中心主要采取盘活存量、调整置换、集中利用等方式进行建设，不搞大拆大建，凡现有设施能够满足基本公共文化需求的，一律不再进行改扩建和新建。乡镇（街道）综合性文化设施重在完善和补缺，对个别尚未建成的进行集中建设。村（社区）综合性文化服务中心主要依托村（社区）党组织活动场所、城乡社区综合服务设施、文化活动室、闲置中小学校、新建住宅小区公共服务配套设施以及其他城乡综合公共服务设施，在明确产权归属、保证服务接续的基础上进行集合建设，并配备相应器材设备。加强文体广场建设。"2017年3月1日起施行的《中华人民共和国公共文化服务保障法》第15条规定："县级以上地方人民政府应当将公共文化设施建设纳入本级城乡规划，根据国家基本公共文化服务指导标准、省级基本公共文化服务实施标准，结合当地经济社会发展水平、人口状况、环境条件、文化特色，合理确定公共文化设施的种类、数量、规模以及布局"。与此同时，结合实际，各地编制出台了一系列相关的法规、规范和规划等。这些政策措施为我们科学布局公共文化设施提供了政策条件。

从目前的实践来看，各地近年来陆续启动公共文化设施布局规划工作，2009年福建省厦门市发布了《厦门市公共文化设施布局规划》，2010年江苏省无锡市发布了《无锡市区公共文化设施布局规划》，2015年重庆市主城区编制了公共文化设施布局规划，2016年7月江苏省苏州市向社会公示了《苏州市公共文化设施布局规划(2015—2030)》。同时，一些地方正在启动公共文化设施布局规划或着手开展公共文化设施布局规划研究工作。目前，公共文化设施布局存在的突出问题主要表现为：一是公共文化设施空间分布不均，基层特别是农村公共文化设施总量不足、布局不合理。尤其在西部地区和老少边穷地区，基层公共文化设施不足的问题突出。二是公共文化设施的建设预留地与公共文化发展不相适应，不能满足公共文化设施建设的需要。三是公共文化设施的建设选址不当，远离人口集中、交通便利的地方。四是公共文化设施布局没有因地制宜、分类指导，统筹整合不够，闲置设施利用不好，"形象工程""政绩工程"时有出现。这些问题需要在充分调研的基础上，通过科学编制区域性公共文化设施布局规划加以解决。

第二部分　案例描述

一、重庆市北碚区公共文化设施布局规划

(一)规划依据

《中华人民共和国城乡规划法》；《城市规划编制办法》；《重庆市城乡规划条例》；《重庆市城乡规划导则》；《重庆市城市规划管理技术规定》；《重庆市城乡公共服务设施规划标准》；《重庆市城乡总体规划(2007—2020年)》(2014年深化)；《重庆市文化事业发展"十二五"规划》；《重庆市北碚区分区规划》；以及重庆市北碚区现行控制性详细规划。

(二)规划范围及对象

北碚行政辖区面积约755平方千米，含龙凤桥街道、天生街道、朝阳街道、东阳街道、北温泉街道、蔡家岗镇、施家梁镇、童家溪镇、歇马镇、澄江镇、金刀峡镇、柳荫镇、三圣镇、静观镇、天府镇、水土镇和复兴镇。其中水土、复兴行政辖区范围，属于两江新区直管区，其公共文化设施布局规划由两江新区文化主管部门编制，其规划成果纳入《北碚区公共文化设施布局规划(2015—2020)》进行管理。

规划范围为整个北碚行政辖区，重点为城市建设用地控规覆盖区(除去水土组团共约89平方千米)，主要为龙凤桥街道、天生街道、朝阳街道、东阳街道、北温泉街道、蔡家岗镇、施家梁镇、童家溪镇、歇马镇、澄江镇、金刀峡镇、柳荫镇、三圣镇、静观镇中的城市建设用地。在村镇建设用地和其余用地范围内提出布局原则和建设标准。

规划的对象为北碚区区级、街道级、社区级的公共文化设施。

区级公共文化设施：主要包含文化馆，公共图书馆，科技馆，博物馆类(包括博物馆、纪念馆、陈列馆、美术馆、非遗馆等)，以及青少年活动中心。

街道级公共文化设施：包含街道文化中心、镇综合文化站。

社区级公共文化设施：指社区文化活动室。

（三）规划期限

与现行《重庆市城乡总体规划（2007—2020 年）》（2014 年深化）期限 2020 年保持一致。

（四）规划目标及原则

该规划的目标：构建公共文化设施布局体系，加强公共文化设施用地控制。结合国家、市、区对北碚区文化设施的发展要求，通过开展北碚区公共文化设施布局规划，建立一个总量适宜、布局合理、等级功能完善的公共文化设施体系，同时加强公共文化设施用地控制，促进文化事业健康发展。

该规划坚持的原则：一是统筹兼顾，协调发展的原则。根据不同区域发展条件，坚持城市建设用地定点定量规划的原则。二是整合资源，集中规模化服务的原则。在有条件的区域，结合公共交通、公园绿地、体育用地等，整合周边资源，设置区级文化中心、街道级服务中心、社区级服务中心。三是优化调整，合理布局的原则。依据控规人口规模合理预测公共文化设施规模，依据不同类型街镇的发展态势和用地条件因地制宜布局公共文化服务设施。四是适度超前，分级分类的原则。根据城市发展情况，对于新区建设适度超前进行规划。采取分级分类的方式布局，在满足相关规范的要求下，承接重庆市、北碚区文化发展脉络，打造文化亮点，为老城区更新和新区发展提供引擎和动力。五是统一规划，分期实施的原则。依据城市建设用地范围统筹公共文化设施布局，同时综合考虑城市发展情况，提出分期实施建议，解决近期难点问题，打造亮点工程。

（五）公共文化设施分级分类与配置标准

该规划参照重庆市下列相关要求进行。

1. 城镇公共文化设施按三级设置

（1）区级：文化馆，公共图书馆，科技馆，博物馆类（包括博物馆、纪念馆、陈列馆、美术馆、非遗馆等），以及青少年活动中心。

（2）居住区（街道、镇）级：街道文化中心、镇综合文化站。

（3）居住小区（社区）级：社区文化活动室。

此外，农村文化设施为村文化活动室，属于居住小区（社区）级。

2. 对公共文化设施选址与布局的要求

（1）公共文化设施选址应当符合位置适中、交通便利的原则，利于人群集聚活动和人流、车流的疏散；用地工程地质条件稳定，符合安全、卫生和环保的相关标准。

（2）公共文化设施宜结合广场、公园绿地等公共活动空间统筹布局，应避免或减少对医院、学校、住宅等的影响。

（3）公共文化设施布局应合理组织人流、车流和车辆停放，减少对城市交通的干扰。

（4）居住区级及以下的文化设施可与同级别公共服务设施相对集中布置，形成各级的公共服务中心。

（5）街道文化中心与镇综合文化站应单独占地。

3. 公共文化设施规划配置标准

（1）城镇公共文化设施的规划配置应符合表 1-1 的规定。

（2）农村公共文化设施的规划配置应符合表 1-2 的规定。

（3）街道和社区综合文化服务中心的具体配置情况分别见表 1-3、表 1-4。

（4）公共文化与设施的规划建设，应综合考虑当地经济发展水平、文化需求、民族传统、文化传统等因素，在满足当前需要的基础上，留有一定的发展余地。

（5）规划为应急避难场所的公共文化设施，应满足应急避难的相关要求。

（6）博物馆类设施的配置标准，应根据文物藏品量等情况具体确定。

（7）区应配置 1 处青少年活动中心、1 处及以上的文化馆和公共图书馆，有条件的可配置 1 处科技馆。

表 1-1　重庆市北碚区城镇公共文化设施的规划配置

设施等级	设施名称	设施类型	规划服务人口（万人）	每处最小规模（平方米）		配置标准（平方米/千人）		备注
				用地面积	建筑面积	用地面积	建筑面积	
区(县)级	文化馆	大型	≥50	4500	6000	≥9	≥12	人口 20 万以下的区(县)，按 20 万的标准配置
		中型	20~50	3500	4000	12~20	20~25	
	公共图书馆	中型	≥100	9500	13500	≥9.5	9.5~13.5	
			50~100	6500	7500	6.5~13	13.5~15	
			20~50	4000	4500	12~20	15~22.5	
	科技馆	中型	≥100	10000	8000	≥10	7.5~8	—
		小型	50~100	6000	5000	10~15	8~10	
	青少年活动中心	—	≥15	20000	10000	—	—	—
居住区级	街道文化中心	—	—	2000	1500	25~50	20~40	每个街道设置一处，应包括图书阅览、培训、儿童活动、展览、文艺康乐等活动用房以及室外场地

设施等级	设施名称	设施类型	规划服务人口(万人)	每处最小规模(平方米)		配置标准(平方米/千人)		备注
				用地面积	建筑面积	用地面积	建筑面积	
居住区级	镇综合文化站	大型	4～8	800	800	≥16	≥16	每个镇设置一处,应包括文体活动、书刊阅览、教育培训、网络信息、管理和辅助用房等
		中型	≥5	700	500	12～25	10～20	
		小型	<3	600	300	20～60	15～30	
居住小区级	社区文化活动室	—	0.8～2	—	300	—	≥30	应包括文化康乐、图书阅览、科普宣传等功能

注:表中"—"表示"没有这方面的规定"(下同)。

表 1-2　重庆市北碚区农村公共文化设施的规划配置

设施名称	每处最小规模(平方米)		备注
	用地面积	建筑面积	
村文化活动室	—	100	每个行政村应配置一处,应包括科技服务、图书阅览等功能

表 1-3　重庆市北碚区街道综合服务中心各类设施配置情况

设施类型	10万人街道建议最小控制规模(平方米)		备注
	用地面积	建筑面积	
街道公共服务中心	—	500	建议按照1.5容积率控制用地
全民健身中心	4500	2000	相邻设置,室外设小型足球场
街道文化中心	—	2000	

表 1-4　重庆市北碚区社区综合服务中心各类设施配置情况

设施名称	1.2万人社区建议最小控制规模(平方米)		备注
	用地面积	建筑面积	
社区文化活动室	—	300	含市民学校

4. 北碚区文化事业"十三五"规划相关标准

根据北碚区文化事业"十三五"规划、北碚区创建国家公共文化服务示范区等相关标准，街镇级文化设施分别按街道文化中心每处建筑面积 2000 平方米，镇综合文化站按每处建筑面积 1000 平方米设置，村文化活动室按每处建筑面积 200 平方米设置。

(六)公共文化设施用地规划评估

1. 控规文化设施用地概况

在北碚城区（北碚组团和蔡家组团）已批准的控制性详细规划中，共有文化设施相关用地 58 处，总用地面积为 178.23 万平方米。其中文化设施用地（A2 类用地，A2 类用地兼容其他类用地，下同）28 处，总用地面积 62.05 万平方米；娱乐康体用地（B3 类用地、B3 类用地兼容其他类用地和其他类用地兼容 B3 类用地，下同）30 处，总用地面积为 116.18 万平方米。

此次规划重点为 28 处文化设施用地，总用地面积为 62.05 万平方米。根据《重庆市城乡公共服务设施规划标准》中的相关指标进行测算，北碚区现有控制性详细规划中的文化设施用地在面积上满足要求。

在 28 处文化设施用地中，北碚组团和蔡家组团各 14 处，其中已建 6 处，面积共 15.7 万平方米，全部位于北碚组团。

2. 控规文化设施配套概况

在北碚城区已批控制性详细规划中，配有公共文化设施的地块共有 79 处，北碚组团有 35 处，蔡家组团有 44 处。其中已建地块（或已发建）30 处，未建地块 49 处。

3. 文化设施用地实施态势

北碚区共有 6 处义化设施用地进行了建设，面积共 15.77 万平方米，全部位于北碚组团。若按北碚区现状人口 76 万人进行计算，则人均文化设施用地 0.2 平方米，低于主城区现状人均文化设施用地 0.32 平方米的指标。目前蔡家组团的文化设施用地均未进行建设，而随着人口增长，对文化设施的需求会日益加强，缺口也将越来越大。

(七)公共文化设施发展需求

1. 人口规模情况说明

(1)现状人口规模。

按照《重庆统计年鉴(2014)》，截至 2013 年末，北碚区户籍人口 63.40 万人，其中农业人口 25.76 万人，非农业人口 37.64 万人；全区常住人口 76.09 万人，其中城镇人口 59.71 万人，城镇化率 78.47%。

(2)规划人口规模。

按照《重庆市城乡总体规划(2007—2020 年)》(2014 年深化)，规划至 2020 年，都市区常住人口 1150 万人。

按照《重庆市北碚区分区规划》，北碚城区（北碚组团和蔡家组团）近期规划人口 87

万人，远期规划人口 100 万人。

2. 需求预测

(1)规划人口对公共文化设施的需求。

①区级文化设施需求。

结合《重庆市城乡公共服务设施规划标准》中关于区级文化设施的相关要求，按照分区规划中北碚组团和蔡家组团的远期人口 100 万人计算，北碚区应至少配置文化馆、图书馆、青少年活动中心各 1 处，有条件的情况下配置 1 处科技馆，博物馆、美术馆等设施根据实际需求进行配置。

按照北碚区远期配置区文化馆、区图书馆、区青少年活动中心和区科技馆各至少 1 处进行计算，文化设施总用地面积不小于 4.85 万平方米，总建筑面积不小于 4.35 万平方米，其中文化馆用地面积不小于 0.90 万平方米，建筑面积不小于 1.20 万平方米；图书馆用地面积不小于 0.95 万平方米，建筑面积不小于 1.35 万平方米；科技馆用地面积不小于 1.00 万平方米，建筑面积不小于 0.80 万平方米；青少年活动中心用地面积不小于 2.00 万平方米，建筑面积不小于 1.00 万平方米。

②街道级文化设施需求。

结合《重庆市主城区街道社区综合服务中心布点规划》中对于街道服务中心服务范围、街道文化中心规模的相关要求，北碚区应布局街道文化中心 14 处，每处建筑面积 2000 平方米；镇综合文化站 5 处，每处建筑面积不小于 1000 平方米。

③社区级文化设施需求。

结合《重庆市主城区街道社区综合服务中心布点规划》中对于社区服务中心服务范围、社区文化中心规模的相关要求，北碚城区(北碚组团和蔡家组团)应配置社区文化活动室 96 处，每处建筑面积 300 平方米。

(2)城市发展定位对文化设施的需求。

北碚区拥有重庆市抗战陪都遗迹和红岩革命保护遗址，对于彰显重庆市在我国近代史上的显著地位有突出作用。应鼓励发展适合旧城传统空间特色的文化事业、文化产业、旅游产业，促进非物质形态历史文化的传承；合理利用历史文化资源，结合教育、旅游及公共绿地建设，充分发挥其社会、经济效益。以博物馆建设、图书馆建设、公园建设、旅游点开发等多种形式，体现历史文化资源价值。

(八)文化设施用地布局规划

1. 区级文化设施布局

(1)区级公共文化设施类型。

此次规划涉及的区级文化设施包括文化馆，公共图书馆，科技馆，博物馆类(包括博物馆、纪念馆、陈列馆、美术馆、非遗馆等)，以及青少年活动中心。

(2)区级公共文化设施布局原则。

根据人口现状进行规模测算，补充缺口，原则保留北碚组团已有的区级文化设施，有条件的情况下进行一定的改扩建；考虑在北碚组团歇马片区和蔡家组团新增区级文化设施，新增的区级文化设施建议集中设置，且宜结合广场、公园绿地等公共活动空间统筹布局，打造出有北碚特色的文化活动中心。

（3）区级公共文化设施布局。

保留现已经建成的北碚区文化馆、北碚区美术馆、北碚区图书馆、北碚区青少年活动中心、北碚区妇女儿童活动中心总用地面积 3.71 万平方米，总建筑面积共约 2.47 万平方米；保留已批控制性详细规划中布局的区文化馆用地 2.27 万平方米，与区游泳馆合建。在已批和在编控制性详细规划文化设施用地中有 7 处增加区级文化功能，共涉及用地面积 13.35 万平方米。具体布局情况如下。

①区文化馆：北碚区现有 1 处文化馆，位于北碚组团，其用地面积 7337 平方米，建筑面积 7337 平方米，按照指标要求，不能满足远期北碚城区 100 万人的需求，需在蔡家组团增设 1 处区文化馆分馆。根据蔡家组团远期人口 61 万人计算，文化馆用地面积最小为 5490 平方米，建筑面积最小为 7320 平方米。

②区公共图书馆：北碚区现有 1 处区级公共图书馆，位于北碚组团，其建筑面积 10055 平方米，且目前只开放 3882 平方米。按照指标要求，建议在蔡家组团增设 1 处分馆，根据蔡家组团远期人口 61 万人计算，此中型图书馆用地面积最小为 7930 平方米，建筑面积最小为 9150 平方米。

③区科技馆：北碚区当前没有科技馆，根据区位条件和用地条件，建议在蔡家组团增设 1 处中型科技馆，服务整个北碚区。根据北碚区远期 144 万人计算，此科技馆用地面积最小为 14400 平方米，建筑面积最小为 11520 平方米。

④青少年活动中心：北碚区现有 1 外青少年活动中心，位于北碚组团，其占地面积 19581 平方米，建筑面积 4043 平方米。按照指标要求，建议在蔡家组团增设 1 处区青少年活动中心蔡家分部，根据蔡家组团远期人口 61 万人计算，青少年活动中心建筑面积最小为 10000 平方米。

⑤区博物馆：北碚区目前未设置 1 处综合性博物馆。建议在北碚组团设置 1 处，地块面积共 10950 平方米。此博物馆拟结合北碚区各当前纪念馆设施，后期在东阳片区控制性详细规划编制中落实。

⑥区剧院：北碚区目前没有剧院。建议在北碚组团歇马片区和蔡家组团分别设置 1 处，地块面积分别为 10064 平方米、45357 平方米。

⑦区综合文化中心：北碚区缺乏举行大型文化活动的场所，拟在北碚组团，结合剧院，设置 1 处区综合文化中心，用于举行文化活动。

2. 街道级文化设施布局

（1）街道级公共文化设施布局原则。

①街道划分：根据《重庆市主城区街道社区公共服务中心布点规划》，街道级公共服务中心的服务人口为 8 万～15 万人。由于北碚区的蔡家岗镇和歇马镇规划人口过多，

为更好地进行规划控制，将蔡家岗镇划分为 4 个街道进行控制，将歇马镇划分为 2 个街道进行控制。其余镇街规划人口适中，按原行政范围进行规划控制。

②位于城市新区的镇街：街道级公共文化中心在有条件的情况下与街道服务中心合建。按照 10 万人的街道规模控制最小规模。其中街道文化中心建筑规模控制为 2000 平方米。包括施家梁镇、蔡家岗街道一、蔡家岗街道二、蔡家岗街道三、蔡家岗街道四、歇马街道一、澄江镇、龙凤桥街道、童家溪镇、东阳街道。

③有部分可开发用地的镇街：街道级公共文化中心单独占地，最小规模按照建筑面积 2000 平方米控制。包括北温泉街道、歇马街道二。

④全部位于建成区的镇街：规划提出最小规模，后期协调确定位置。

⑤小城镇：在北碚区江东片区 5 个小城镇中，按照文化部门"十三五"规划的相关要求，镇综合文化站预控为每处建筑面积 1000 平方米。

（2）街道级公共文化设施布局。

根据《重庆市城乡公共服务设施规划标准》中的相关标准、《重庆市主城区街道及社区综合服务中心布局规划》（在编）和文化主管部门"十三五"文化事业规划的相关要求，位于城市建成区的镇街的街道文化中心按建筑面积不小于 2000 平方米设置，小城镇中的街道文化中心按建筑面积不小于 1000 平方米设置，各级设施的用地面积按照《重庆市城乡公共服务设施规划标准》中的规范执行。根据《重庆市主城区街道及社区综合服务中心布局规划》（在编），北碚区共布局和控制 19 处街道文化设施，具体布局情况如下。

①对三圣镇、金刀峡镇、静观镇、柳荫镇和天府镇的街道级文化中心提出控制要求，后期在各镇的镇规划编制或修编中落实，每处文化设施建筑面积不小于 1000 平方米。

②对东阳街道的街道级文化中心提出控制要求，后期在东阳片区（北碚组团 F 标准分区）控制性详细规划编制中落实，每处文化设施建筑面积不小于 2000 平方米。

③对朝阳街道和天生街道的街道级文化中心提出控制要求，后期通过租赁、买卖或者协调其他公共服务设施的方式解决，每处文化设施建筑面积不小于 2000 平方米。

④对澄江镇和龙凤桥街道的街道级文化中心的布局问题，在《北碚区社会福利、殡葬设施及社区服务站布局规划》（在编）中布局的街道综合服务中心中解决，每处街道文化中心建筑面积不小于 2000 平方米。

⑤对于北温泉街道和歇马街道二的街道级文化中心，每处建筑面积不小于 2000 平方米。

3. 社区级公共文化设施布局

（1）社区级公共文化设施布局原则。

规划新区：根据《重庆市主城区街道社区公共服务中心布点规划》，按照 0.8 万～1.5 万人划定规划控制的社区边界，再进行社区服务中心的布局，对社区文化活动室与社区服务中心进行合建，其建筑面积控制为 300 平方米。

现状建成区：对于已建成社区中满足标准的文化活动室予以保留，根据已建成社区的边界和规划情况进行社区边界的调整，在有用地条件的区域预留建筑面积 300 平方米的社区文化活动室，并落实到地块；在用地较为紧张的社区，确定建筑面积最小为 300 平方米的规模，后期协调确定位置。

(2)社区级公共文化设施布局。

根据《重庆市城乡公共服务设施规划标准》中的相关标准，社区文化活动室建筑面积不小于 300 平方米。根据《重庆市主城区街道及社区综合服务中心布局规划》(在编)、《北碚区社会福利、殡葬设施及社区服务站布局规划》(在编)，北碚区内城市建成区部分(北碚组团和蔡家组团)共划分为 96 个社区进行规划控制。

其中现状保留 6 处符合标准的社区文化活动室，新增社区文化活动室 42 处，通过租赁、买卖或者其他方式协调解决社区文化活动室 33 处，其余 15 个街道文化中心所在的社区不再新增社区文化活动室。

(九)近期建设规划

1.规划原则

现状北碚组团的区级文化设施规模基本能满足该区域人口的需求，但文化设施品质有待提高；而蔡家组团的区级文化设施缺失，蔡家组团与北碚组团距离较远，不便于居民就近使用公共文化设施。因此，建议近期对位于北碚组团的有条件的区级文化设施进行改扩建，新建位于蔡家组团的区级文化设施；近期建设位于城市建设区内，且有条件进行文化设施建设的街道和社区。

2.近期规划人口

87 万人(北碚组团和蔡家组团)。

3.具体建设项目

(1)改扩建项目：北碚组团现状区文化馆、区图书馆等有条件的区级设施。

(2)新增项目。

①区级设施：近期建设 3 处区级设施。分别为位于蔡家组团 L20-3/04 地块的区公共图书馆，位于蔡家组团 L33-3-2/03 地块的区文化馆，位于北碚组团 A64-1/03 地块的区文化馆(与区游泳馆合建)。

②街道级设施：近期建设北温泉街道、龙凤桥街道、童家溪镇、蔡家岗街道一、蔡家岗街道二的街道级文化中心。

③社区级设施：近期建设位于城市建成区内，且有条件进行社区文化活动室建设的社区。

(十)规划实施

第一，纳入控规，加强管控。公共文化设施专项规划的内容将纳入控制性详细规划中，一经确定，将不得随意修改，若要进行修改必须按照控制性详细规划调整程序进行。

第二，统一规划，分期实施。按照区级、街道级、社区级三级进行统一规划，根据实际情况分期实施。因为北碚区街道和社区级的文化设施欠缺较为严重，所以前期实施位于建成区的街道和社区的文化设施。

第三，加强与其他公共服务设施的合建。鼓励将文化设施与体育设施、公园广场等公共设施合建，提高利用率。

第四，积极协调建成区内的文化设施配建。在全部位于城市建成区的镇街和社区，北碚区各相关部门应积极协调文化设施的落实。

(十一)创新点

设施建设是公共文化服务体系建设的基础，长期以来我们在城市规划中忽略了公共文化实施的用地规划，导致公共文化设施建设无"立足之地"。重庆市北碚区是第二批国家公共文化服务体系示范区，借助全市主城区统一布置编制公共文化设施布局规划的契机，在创建中第一次编制了公共文化设施布局规划。其创新做法：一是以大公共文化服务理念进行设施布局规划。此次规划不仅将文化系统所管辖的公共文化设施纳入规划，也将其他系统管辖的科技馆、青少年活动中心纳入规划。二是规划中坚持"统筹兼顾、协调发展""整合资源、集中规模化服务""优化调整、合理布局""适度超前、分级分类""统一规划、分期实施"的"五个原则"，符合北碚区公共文化实施布局规划的现实需要，既具有前瞻性，为公共文化设施预留了空间，又不贪大求洋，符合北碚区的实际。三是适应北碚区城市化快速发展的需要，拟新增一批区级文化设施、街道级文化设施和社区级文化设施，以满足社区居民日益增长的公共文化需求，增强城市居民对社区的认同感和归属感。

二、江苏省苏州市公共文化设施布局规划①

(一)指导思想和规划目标

1. 指导思想

坚持以邓小平理论和"三个代表"重要思想为指导，深入贯彻落实科学发展观，全面贯彻落实党的十八大、十八届三中全会、十八届四中全会、十八届五中全会精神，紧紧围绕全面深化改革、全面推进依法治国、全面建成小康社会的宏伟战略，以推动文化大发展大繁荣、促进人的全面发展、构建和谐社会为目标，着力推进社会主义核心价值体系、公共文化服务体系和文化产业发展体系建设，不断满足人民群众日益增长的精神文化需求，为进一步建立健全苏州现代公共文化服务体系，加快推进文化强

---

① 苏州市文化广电新闻出版局：《〈苏州市公共文化设施布局规划（2015—2030）〉公示文本》，http://www.wgj.suzhou.gov.cn/wz/InfoDetail.aspx?InfoID＝19465，2016-07-06。

市建设提供强有力的文化支撑。

2. 规划目标

以彰显名城苏州特色和展现现代文明为出发点，按照基本公共服务均等化的要求，统筹城乡文化设施建设，构建与苏州经济社会发展水平和城市功能定位相适应，覆盖城乡、结构合理、功能健全、实用高效、群众满意、引领全国、接轨国际的现代公共文化设施网络体系。

(二)规划范围

苏州市辖区范围，包括姑苏区、吴中区、相城区、高新区、工业园区、吴江区，共计 27.40 亿平方米。

(三)规划层次

1. 中心城区

以《苏州市中心城区开发边界划定(2015—2020)》和《吴江市城市总体规划(2006—2020)》①确定的中心城区为规划重点。在该范围内的公益性文化设施，采用规定性的规划手段，按照国家相关规定，对市、区两级文化设施采用清单式规划，明确两级设施的性质、规模和位置；镇、村级基层公益性公共文化设施明确配置指标和原则。该范围内的经营性文化设施采用引导性的规划手段，政府按照市场化的原则，对其布局原则和要求进行引导。

2. 中心城区外

对于中心城区以外的区域，对镇、村级公共文化设施的布局原则、功能设置、配建指标、服务半径等作出布局引导。

(四)规划对象

1. 公共文化设施概念

该规划所指的公共文化设施是由各级人民政府举办或者社会力量举办的，向公众开放的，用于开展公共文化活动的建筑物、场地和设备。包括图书馆、博物馆、纪念馆、美术馆、文化馆(站)、体育场(馆)、青少年宫、青少年(妇女儿童、老年人、残疾人)活动中心、工人文化宫、影剧院等服务载体。

2. 公共文化设施分类

按照不同功能，该规划将公共文化设施分为 5 类。

(1)群众文化活动类：文化馆(宫)、青少年宫(活动中心)、老年活动中心、妇女儿童活动中心、残疾人活动中心、体育场(馆)等。

(2)图书阅览类：主要指公共图书馆及其分馆、农家书屋等。

(3)展览类：博物馆、陈列馆、纪念馆、科技展览馆、规划展示馆、非遗展示

---

① 2012 年，吴江撤市设区。

馆等。

(4)艺术表演场所类：各类演艺设施，包括大剧院、小型剧场、评弹书场等。

(5)文化娱乐与产业类：电影院、书店等。

3. 公共文化设施分级

(1)市级文化设施：规模较大，以全市居民及外来游客为服务对象，能代表和体现城市文化特征和水平的文化设施。

(2)区级文化设施：规模较大，以全区居民为服务对象，能代表和体现各区文化特征和水平的文化设施。

(3)街道(镇)级文化设施：以街道、镇级行政单位范围内居民为服务对象的中小型综合文化设施。

(4)基层社区(村)级文化设施：服务于基层社区或者行政村的小型便民文化设施。

(五)规划重点

对现状市、区级文化设施布局上存在的设施空缺，按照国家、省、市相关规定，进行强制性的规划建设；充分考虑设施均衡发展、便民惠民原则，以群众活动类文化设施为依托，中心城区按照500米服务半径、中心城区外按照1000米服务半径，打造能够覆盖所有居住社区的、城乡一体的公共文化圈设施网络；因地制宜，突出特色，展现各区文化精髓。

(六)总体布局规划

1. 人口规模

近期(2015—2020年)，苏州市区人口规模700万人。

远期(2021—2030年)，苏州市区人口规模800万人。

2. 设施用地规模

近期(2015—2020年)，苏州市区公共文化设施用地规模840万平方米。

远期(2021—2030年)，苏州市区公共文化设施用地规模1120万平方米。

3. 总体空间布局结构

文化设施总体空间布局结构："三核""两轴""两带""多点"。

(1)"三核"：古城文化设施核心区；环金鸡湖文化设施核心区；东太湖文化设施核心区。

①古城文化设施核心区：依托市级重点文化设施，以国家历史文化名城保护区为重点，集中布局，统筹规划，建成门类齐全、功能先进、层次分明的文化设施体系，打造和形成都市核心文化区。

②环金鸡湖文化设施核心区：承担主城部分功能疏散，成为与主城共同发挥区域中心城市作用的城市发展先行区。

③东太湖文化设施核心区：以吴中、吴江太湖新城核心区为重点，布局市、区级

文化设施，打造苏州南部城市副中心。

（2）"两轴"：人民路文化设施轴；东西向文化设施轴。

通过城市轨道交通、主要城市道路，连接市、区级重点公共文化设施，打造市级公共文化设施轴。

（3）"两带"：环太湖生态文化带；大运河文化带。

①环太湖生态文化带：以环太湖地区自然和文化遗产为依托，在春秋木渎古城遗址，东山、金庭、木渎、光福、震泽等古镇和陆巷、明月湾、东村、杨湾、三山岛等古村重点布局展示类场馆。

②大运河文化带：依托世界历史文化遗产大运河及其沿线丰富的文化内涵，重点设置反映运河文化、苏城历史的特色展馆。

（4）"多点"：服务于不同人群、不同区域的各级公共文化设施。

（七）分类布局规划

包括群众活动类文化设施布局规划、图书阅览类文化设施布局规划、展览类文化设施布局规划、艺术表演场所类文化设施布局规划、文化娱乐与产业类文化设施布局规划。

1. 群众活动类文化设施布局规划

群众活动类文化设施属于公益性文化设施，其布局规划侧重于公共设施布局的强制性、均衡性及设施服务体系的完善性，满足居民的基本文化需求。按照市级—区级—街道（镇）级—基层社区（村）级四级体系构建苏州市群众文化活动设施服务网络。其中，市、区两级采用清单式规划，明确两级设施规模、位置；街道（镇）级、基层社区（村）级两级设施采用引导性规划手段，明确两级设施设置指标和要求。

以各级群众活动类文化设施为依托，中心城区按照500米服务半径、中心城区外按照1000米服务半径，打造能够覆盖所有居住社区的、城乡一体的公共文化圈设施网络。

2. 图书阅览类文化设施布局规划

图书阅览类文化设施属公益性文化设施，其布局规划侧重于构建完善的总分馆体系，满足居民就近享受公共阅读服务的需求。市、区两级采用清单式规划，明确两级设施规模、位置；街道（镇）级、基层社区（村）级两级分馆采用引导性规划手段，明确两级分馆设置指标和要求。

3. 展览类文化设施布局规划

展览类文化设施属于公益性文化设施，按照不同层次，采用不同规划手段。对市、区两级综合类展览馆采用强制性规划手段，明确其规模和位置；特色展馆采用引导性规划手段，对其布局原则和要求作出引导性规定。

4. 艺术表演场所类文化设施布局规划

艺术表演场所类文化设施有公益性文化设施，也有经营性文化设施。对于公益性文化设施，市、区两级采用清单式规划，明确两级设施规模、位置；街道(镇)级、基层社区(村)级两级设施采用引导性规划手段，明确两级设施设置指标和要求。对于这类经营性文化设施，采用市场化原则，对其布局原则和要求作出引导性规定。

5. 文化娱乐与产业类文化设施布局规划

电影院、书店属于经营性文化设施，其布局规划侧重于市场化原则，充分发挥市场在文化资源配置中的调节作用。

(八)分区布局规划

按照国家、省、市相关规定，完善吴江区、吴中区、相城区、姑苏区、工业园区、高新区群众活动类公共文化设施，构建城乡一体的公共文化设施网络；完善以上各区公共图书馆总—分馆体系；挖掘以上各区文化资源特色及产业特色，按照各区职能定位，建设特色展览馆。

(九)近期建设规划

1. 近期期限

2015—2020 年，与国民经济"十三五"规划和文化专项"十三五"规划相衔接。

2. 近期建设项目

(1)市级项目。

包括苏州市老年人活动中心、苏州工业园区体育中心、苏州第二图书馆、苏州市非遗展示馆、苏州市大剧院。

(2)区级项目。

姑苏区：姑苏区妇女儿童活动中心、平江新城体育馆、苏州教育博物馆。

工业园区：工业园区老年人(残疾人)活动中心、工业园区综合博物馆。

吴江区：吴江区体育中心、吴江区博物馆新馆、开发区运河文化公园。

高新区：高新区文体中心、高新区老年人活动中心。

吴中区：吴中区东吴文化广场、吴中区老年人(残疾人)活动中心、吴中区图书馆、吴中区博物馆、吴中区规划展示馆。

相城区：相城区老年人活动中心、相城区残疾人活动中心、御窑金砖博物馆、相城区规划展示馆。

(3)街道(镇)级项目。

浒墅关经济开发区文体站、同里镇文体中心。

(十)创新点

公共文化设施布局的严重滞后在全国是普遍现象，从我国经济、社会和文化发达的苏州市可以窥见一斑。《苏州市公共文化设施布局规划(2015—2030)》是苏州市首次制定的这方面的专项规划。其创新做法：一是纳入创建国家公共文化服务体系示范区的重要内容。苏州市是第一批国家公共文化服务体系示范区，为巩固提升创建成果，贯彻落实国家新型城镇化规划要求，实现"文化强市"战略，自 2014 年 5 月起，苏州市文广新局联合苏州市规划局共同启动了布局规划的编制工作。二是区域统筹、共建共享。从苏州市经济社会发展的全局和文化服务发展的态势出发，突破行政区域界限，以人口聚集程度为依据，统筹区域、城乡之间文化设施建设；加强资源整合，通过新建、改建、扩建和调整、共享、租赁、收购等多种形式，推进设施共建共享，实现功能互补，避免资源的闲置和浪费，更好地发挥公共文化设施项目的综合效益。三是以人为本、功能复合。以满足市民和村民多样化的精神文化需求为导向，提高设施的实效性和针对性；充分考虑公共文化设施与体育、公园、商业等功能可相容设施的结合和共享建设，注重土地复合、集约布局。四是挖掘内涵、彰显特色。挖掘自身独具地方魅力的特色文化群体，与历史文化、自然山水文化资源禀赋相结合，继承优秀历史文化传统，构筑具有苏州地方特色的区域文化设施。五是均衡布局、便民利民。加强中心城区及周边农村区域文化设施布局建设，实现公共文化设施均衡发展；按照城乡"10 分钟公共文化圈"进行空间上的均衡布局，满足城乡居民就近参与文化活动的需求，推动公共文化设施布局从"全设置"走向"全覆盖"。①

三、北京市大兴区公共文化设施空间拓展②

(一)建设背景

大兴区正处在由传统农业大区向现代产业新区转型、由首都郊区向国际化新城转型的特殊时期。2012 年，大兴区总面积 10.52 亿平方米，辖区内 14 个镇、5 个街道办事处、527 个行政村、136 个社区居委会。随着城市化进程的不断加快，共有 123 个村庄进行了大规模拆迁，涉及人口 10 万人。同时，北京中心区人口也正逐步向大兴转移。此外，大兴区也正处于与北京技术开发区行政资源整合、首都第二机场建设的环境背景下。公共文化设施空间供给不足，原有的公共文化设施已远远不能满足各类人群的文化活动需求，公共文化设施空间的供给水平与区域文化软实力的需求不匹配。大兴区在充分调查研究的基础上，提出了公共文化设施空间拓展的基本理念，制定出台了《关于推进"大兴区公共文化设施空间拓展"的指导意见》《大兴区关于推进企事业、机关公共文化设施空间资源共享的实施办法》《大兴区关于推进私人设施空间资源共享的实施办法》等文件，并加以实践。

(二)主要做法

概括起来，主要做法就是公共文化设施空间的内涵式拓展与外延式拓展同步推进。

---

① 姜锋：《市区公共文化设施规划发布 打造城乡"10 分钟文化圈"》，http://www.wm.suzhou. gov.cn/2017/0118/5742.shtml，2017-01-20。

② 《北京市大兴区公共文化设施空间拓展方式进展情况》，http://www.mcprc.gov.cn/sjzz/sh-whs_sjzz/shwhs_ggwhfwtxjs/201211/t20121130_353039.htm，2017-01-20。

由于内涵式拓展更多的是对文化系统公共文化设施空间进行结构优化及质量提高，这里不再叙述。此处更多介绍多维度公共文化设施空间外延式拓展模式。

大兴区确定了"1+7"拓展模式，即"以政府为主导、社会资源为补充，以三级公共文化服务体系为主导、其他公共设施和非公设施拓展为补充，充分整合社会资源"的公共文化空间拓展模式。该模式以提升完善三级公共文化服务网络，提升公益性文化事业单位服务水平为骨干，同时拓展利用7个空间开展文化活动。具体做法有如下几点。

第一，将人防工事建成公共文化服务空间。全区共开发出地下活动空间10多处，其中最大的一处建筑面积达到2200平方米，使用面积1600多平方米，最小的一处200平方米，建成集培训、休闲、健身、娱乐为一体的多功能活动中心，有效解决了5个街道社区居民无文化活动场所的问题。

第二，协调企事业单位文化场所向社会开放，把公共行政设施空间社会化。区文化委和相关街道筹集资金，与团河监狱老干部局等部门合作，为其配备音响、灯光等设施设备，将面向本单位职工的文化场所建成面向属地社区百姓的文化活动场所。

第三，利用公共设施开展文化活动。2010年底，地铁4号线大兴段通车。2011年，区文化委与4号线的运营机构京港地铁公司，联合举办了新春拜年等文化活动，取得良好效果。例如，西红门站是本条线唯一的地上站，也设置了唯一的雕塑——《历史的瞬间》，突出大兴区的历史文化特点。枣园站的《田园奏鸣曲》是地铁线中面积最大的一幅艺术作品，采用的是铜胎掐丝珐琅工艺，也就是我们常说的景泰蓝。景泰蓝用于制作平面的艺术品本身是个挑战，而像枣园站的这一100平方米的作品在北京乃至全国尚属首例。地铁大兴线艺术品目前已成为区情教育开展、各级代表调研的重要设施。

第四，利用文化类企业服务社区公众。榕达宝轩是大兴区以茶室对外经营，书画艺术品收藏、展示交易为主的一家文化企业。目前，与观音寺街道签订合作协议，成为观音寺琴棋书画教育培训基地，已经开展书画培训和古琴艺术周等多项活动。北京优龙文化园有限责任公司也与黄村镇长丰园社区签订共建协议，免费为社区秧歌队等文化队伍提供训练、演出场所。

第五，私人空间的对外开放。西红门镇的澄怀轩艺术馆是私人博物馆，收藏有齐白石、李可染等名家的书画作品千余件。承诺每年向公众免费开放不少于12天。

第六，开发虚拟文化空间。至2012年11月底，大兴区已有123个村庄拆迁。为满足拆迁群众的精神文化需求，让拆迁村能够"拆掉建筑、留下文化"，瀛海镇党委、政府建了"精神家园"网站，借助三维虚拟技术在网络上重现拆迁前的村容村貌，开发了"村庄漫游""与老邻居打招呼""留言""送祝福"等在线交流功能，为搬迁群众重游故地、常温乡情提供了便捷的交流平台。并且，以电子书、图片、文字、实物资料片等形式展现瀛海的历史文化、民风民俗。

第七，利用高校的公共教育资源和教育设施空间。目前大兴区已经与北京石油化工学院和北京印刷学院签订了战略合作协议，实现共建共享。

（三）创新点

公共文化设施资源整合不够、公共文化设施空间不足的问题依然是公共文化服务网络设施建设的"瓶颈"。大兴区处在由传统农业大区向现代产业新区转型、由首都郊区向国际化新城转型的特殊时期，在充分调查研究的基础上，借助国家公共文化服务体系示范项目创建的契机，策划提出了公共文化设施空间拓展项目。该项目发展为第一批创建国家公共文化服务体系示范项目。其创新做法：一是制定出台了系列文件。出台了《关于推进"大兴区公共文化设施空间拓展"的指导意见》《大兴区关于推进企事业、机关公共文化设施空间资源共享的实施办法》《大兴区关于推进私人设施空间资源共享的实施办法》等文件，以指导实践。二是整合利用公民、法人和其他组织空间资源为公共文化所有。大兴区明确提出拓展利用 7 个空间开展文化活动，推动社会力量参与公共文化服务。

第三部分　案例分析

一、通过编制出台公共文化设施布局规划，推动公共文化设施建设纳入国民经济和社会发展总体规划及城乡规划

文化设施是开展公共文化服务、传播先进文化的重要阵地，没有健全的文化设施网络就谈不上更好的公共文化服务。2000 年，全国文化厅局长会议上，明确提出要加强文化建设的基本阵地、基本队伍、基本活动内容、基本活动方式"四基"建设，把基本阵地建设放在"四基"建设之首；2008 年，全国文化厅局长会议上，强调各位文化厅局长要坚持当好"文化建设厅局长"。这足见设施建设的重要性。中共中央、国务院的文件多次强调，要把公共文化设施建设纳入国民经济和社会发展总体规划及城乡规划。事实上，由于缺乏刚性的举措，此要求在许多地方并没有落实，而且公共文化设施建设的不足也成为我们工作的短板。重庆市北碚区、江苏省苏州市清醒地认识到编制本地区的公共文化设施规划，不失为"一剂良方"。通过规划编制，统一思想，提高认识，广泛宣传，以此推动公共文化设施布局规划不断融入国民经济和社会发展总体规划及城乡规划中，加快建立健全公共文化服务网络体系。

二、发挥规划的龙头带动作用，推动公共文化服务体系建设实现可持续发展

规划是持续推进公共文化设施建设的重要保证。长期以来，我国的公共文化设施布局无章可循，规划严重滞后，由此导致公共文化设施等级不明确、规模控制标准不明确，公共文化设施布局不合理，某些区域布局过密，某些区域又布局过少；文化设施建设迟缓，基层特别是农村公共文化设施总量不足，尤其在西部地区和老少边穷地区，基层文化设施不足的问题突出；公共文化设施的建设预留地不足甚至没有，公共文化设施建在偏僻之地，很少有人光顾；设施整合不够、设施闲置浪费，设施服务的能力和活力不够等问题。重庆市北碚区、江苏省苏州市由城市规划部门牵头编制公共文化设施布局规划，规划经法定程序批准后，就成为编制公共文化设施建设规划和实施规划行政管理的法定依据。《北碚区公共文化设施布局规划（2015—2020）》明确规定："公共文化设施专项规划的内容将纳入控制性详细规划中，一经确定，将不得随意修改，若要进行修改必须按照控制性详细规划调整程序进行。"

三、注重统筹城乡公共文化设施布局，推动城乡公共文化均衡发展

长期以来，公共文化设施建设形成了一套以部门分割和行政层级为主要导向的体系。由于处于分业管理的格局下，我国公共文化设施长期存在着多头建设、资源分散、缺乏统筹的问题。公共文化服务体系建设实际上只是宣传文化系统的公共文化服务体系建设，其他部门如工会、共青团、妇联、科协、教育系统等部门所拥有的众多公共文化设施，因不受宣传文化系统管辖，也就没有纳入公共文化服务体系建设之中。这些非宣传文化部门拥有的公共文化设施数量众多，规模很大。据统计，全国文化系统中县以上公共图书馆、文化（群艺）馆共 6377 所；而工会系统的工人文化宫、共青团系统的青少年宫、妇联系统的妇女儿童活动中心、科协系统的科技馆、教育系统的中小学课外活动基地共有 6681 所，超过文化系统图书馆、文化馆的数量。[1] 在公共文化设施建设上存在着一个矛盾的现象：一方面，宣传文化系统一直在呼吁要加大硬件设施建设；另一方面，工会、共青团、妇联、科协、教育、残联等系统的公共文化设施只为本部门服务，公共文化服务职能履行不到位，设施闲置情况严重。公共文化设施布局，不完全是重新规划，要注重协调统筹，加大资源整合。北京市大兴区公共文化设施空间拓展"1＋7"模式，即"以政府为主导、社会资源为补充，以三级公共文化服务体系为主导、其他公共设施和非公设施拓展为补充，充分整合社会资源"的公共文化空间拓展，以及重庆市北碚区《北碚区公共文化设施布局规划（2015—2020）》中提出的"在有条件的区域，结合公共交通、公园绿地、体育用地等，整合周边资源，设置区级文化中心、街道级服务中心、社区级服务中心"的做法，给我们提供了有益的启示和借鉴。

第四部分　结语

统筹城乡公共文化设施布局是促进城乡基本公共文化服务均等化的重要举措。统

---

① 祁述裕、张祎娜：《创新公共文化管理体制和运行机制迫切需要建立公共文化服务体系协调机制》，http://politics.people.com.cn/n/2015/0116/c1026-26398654.html，2017-01-20。

筹城乡公共文化设施布局的关键是编制出台本地的公共文化设施布局规划以及公共文化设施控制性详细规划，推动公共文化设施建设纳入法治化、规范化、制度化轨道，实现可持续发展。要按照城乡人口发展和分布情况，坚持均衡配置、严格预留、规模适当、功能优先、经济适用、节能环保的原则，合理规划建设各类公共文化设施。要加大设施资源统筹整合力度，提高现有设施的使用效率。当前，我国统筹城乡公共文化设施布局的力度还较弱，任务十分艰巨，我们希望看到更多的地方结合实际加快编制出台本地的公共文化设施布局规划，切实发挥规划的"龙头"地位和作用，用其指导和推进公共文化设施建设的具体实践。

思考题

1. 简述公共文化设施的概念及类型。
2. 简述公共文化设施布局的概念及类型。
3. 简述公共文化设施布局的主要功能。
4. 联系实际，谈谈如何整合公共文化设施资源。
5. 结合实际，谈谈编制公共文化设施布局规划的重要意义。

案例 2　加强农村文化建设

第一部分　背景透视

一、农村文化的概念、功能及基本特征

农村文化是农民在长期的日常生活中，由于特殊的自然地理环境、经济形势、政治结构以及意识形态的作用而形成的文化积累。这种积累世代延续，深深融入农民的思想意识和行为规范之中，内化为他们的一种文化心理和性格，并渗透到农村生活的各个方面。农村文化的内容非常广泛，几乎涉及农村社会生产、生活的所有领域，具体涵盖文学、艺术、历史、科技、体育等各个方面，如农村的地方戏剧、民间曲艺、传统手艺、传说传奇、婚丧嫁娶、群众体育等，它一般通过乡村风貌、乡民气质、民情风俗等加以体现。所以，农村文化是孕育在乡土之中的精神财富，是农村共同体的"精神家园"，是在相对稳定的乡村生活中不断孕育和传递的民间故事、文化与情感的交流融合，是农村社会生活的重要组成部分。①

农村文化具有四个主要功能：一是传承文明功能。农民在长期的历史活动中积累了大量优秀的文化遗产，并通过文化活动使它们得以继承发扬。二是社会和谐功能。文化活动可以促进人们相互交流思想、减缓矛盾冲突、取得社会共识，促进农村社会的和谐稳定。三是生活服务功能。文化活动是农民的基本需求和日常生活的重要组成部分。发展农村文化事业，让广大农民广泛参与其中，可使农民充分享受休闲娱乐，寄托情感，提高审美水平。四是经济发展功能。健康积极的文化活动能增进人们之间的信任和了解，有助于降低经济活动成本，提高经济效益。②

农村文化的基本特征，主要表现为：一是自发性。农村文化是人民群众在长期的文化实践活动中自觉或不自觉开展的与公共生产生活紧密联系的文化活动行动，政府没有过多干预和引导。二是小型分散多样性。农村文化与人文地理、生产生活、人口居住等相联系，其开展活动大众呈现小型分散、形式多样、别具一格的特点。三是广泛参与性。农村文化是老百姓自己的文化，是他们乐于参与和享受的文化，其生存的根基是群众；群众广泛参与是农村文化生命长久的动力。四是乡土性。农村文化是有地域特色的文化，它与当地的文化生态紧密相关，是"下里巴人"的文化，具有泥土的芬芳。五是季节性。农村文化是人民生产生活的一部分，它会避开农忙时节，同时，

---

① 李伟：《加强新农村文化建设的对策探讨》，载《黑河学刊》，2008(4)。
② 李爱根：《建设社会主义新农村必须加强农村文化建设》，载《党史文苑（学术版）》，2007(3)。

它与人民群众的过节习俗密不可分，因而具有较强的时效性。

二、加强农村文化建设的重要意义

解决好农业、农村和农民问题，是全党和全国工作的重中之重。加强农村文化建设，是全面建成小康社会的内在要求，是树立和落实科学发展观、构建社会主义和谐社会的重要内容，是建设社会主义新农村、满足广大农民群众多层次多方面精神文化需求、提高农民生活质量、实现人民对美好生活的向往的有效途径，是传承和弘扬优秀传统文化、提升农村文化软实力的需要。加强农村文化建设，对于提高党的执政能力和巩固党的执政基础，促进农村经济发展和社会进步，实现农村物质文明、政治文明、精神文明和生态文明协调发展，具有重大意义。

三、我国农村文化建设的发展现状

农村文化建设始终是我国文化建设的重要组成部分，党和国家十分重视农村文化建设。

1998年10月，党的十五届三中全会通过的《中共中央关于农业和农村工作若干重大问题的决定》，从经济、政治、文化三个方面，提出了到2010年建设有中国特色社会主义新农村的奋斗目标，对我国农业和农村的跨世纪发展作出了全面部署，是指导新时期农村各项工作的行动纲领。为了贯彻落实党的十五届三中全会精神，进一步加强农村文化工作，促进农村社会主义物质文明和精神文明的协调发展，1998年11月，文化部下发《关于进一步加强农村文化建设的意见》，就提高认识、明确指导思想、努力实现农村文化建设的目标，在加强文化设施建设、巩固农村文化阵地，积极开展文化活动、丰富农民文化生活，繁荣农村文艺创作、为农民提供优秀的文艺作品，搞好重点文化建设活动、推动农村文化事业发展，采取特殊政策和措施、促进少数民族地区文化事业发展，稳定和提高农村文化队伍，深化文化体制改革、增强农村文化事业活力等方面提出明确意见。2001年1月，《文化部关于贯彻落实"三个代表"重要思想进一步加强农村文化工作的通知》指出：认清形势、明确任务、增强抓好农村文化工作的紧迫感和使命感；积极参加"三个代表"重要思想学习教育活动，宣传落实"三个代表"重要思想，抓住机遇，促进农村文化建设；加强文化设施建设，为广大农民提供基本的文化活动场所；加强农村文化设施管理，充分发挥文化设施的功能作用；加强文化队伍建设，建立一支专兼结合的农村文化工作基本队伍；丰富文化活动内容，增强农村文化工作的影响力和渗透力；总结经验，不断创新，建立和完善基本的文化活动方式；加强领导，狠抓落实，努力开创农村文化工作新局面。2002年1月，《国务院办公厅转发文化部国家计委财政部关于进一步加强基层文化建设指导意见的通知》强调：认真学习实践江泽民同志"三个代表"重要思想，高度重视基层文化建设；加快推进基层文化设施建设；努力建立一支稳定的专兼结合的文化队伍；积极开展丰富多彩的文化活动；切实加强领导并落实各项保障措施。2002年4月，《文化部关于进一步活跃基层群众文化生活的通知》指出：要提高对基层文化工作重要性的认识；积极开展科学、健康的文化活动；建立并形成基本的文化活动方式；为基层群众提供优秀的文艺作品；切实开展好阵地文化活动；认真实施"全国文化信息资源共享工程"；深入开展文化下乡活动；积极推动文艺院团深入基层演出；积极争取解决农村电影放映经费问题；加强老年教育工作；发挥传统民族民间艺术在活跃群众文化生活中的作用；积极组织开展广场文化活动；广泛开展群众性歌咏活动；充分调动社会各方面的积极性。2005年11月，《中共中央办公厅国务院办公厅关于进一步加强农村文化建设的意见》强调要充分认识加强农村文化建设的重要性和紧迫性，提出了农村文化建设的指导思想和目标任务，并就加强农村公共文化建设、丰富农民群众精神文化生活、创新农村文化建设的体制和机制、动员社会力量支持农村文化建设、加强对农村文化建设的组织领导等方面作出全面安排部署。2006年9月，《国家"十一五"时期文化发展规划纲要》提出："加强农村文化建设，推进农村文化设施和重点工程建设，加大文化资源向农村的倾斜，建立农村文化建设的长效机制。"2007年8月，《中共中央办公厅、国务院办公厅关于加强公共文化服务体系建设的若干意见》强调："加快建立覆盖全社会的公共文化服务体系；坚持城乡、区域文化协调发展，逐步实现公共文化服务均等化，坚持把建设的重心放在基层和农村，充分利用现有设施，统筹规划、加大投入、因地制宜、稳步实施，着力改善农村和中西部地区公共文化服务网络，着力提高公共文化产品供给能力，着力解决人民群众最关心、最直接、最现实的基本文化权益问题，推动文化建设与经济建设、政治建设、社会建设协调发展。"农村文化建设纳入了整个公共文化服务体系建设重要内容。文件还提出实施广播电视村村通、全国文化信息资源共享、乡镇综合文化站和基层文化阵地建设、农村电影放映、农家书屋建设五个重大文化服务工程，推动了农村文化建设的发展。2007年9月，国家发展和改革委员会、文化部联合发布《"十一五"全国乡镇综合文化站建设规划》，由此我国乡镇综合文化站建设迎来历史最好的发展时期。2012年2月，《国家"十二五"时期文化改革发展规划纲要》提出："加快城乡文化一体化发展。"2013年1月，《文化部"十二五"时期公共文化服务体系建设实施纲要》提出：统筹城乡、突出基层。推动公共文化服务体系建设重心下移、资源下移、服务下移，加大公共文化资源向城乡基层倾斜的力度。2015年1月，《中共中央办公厅、国务院办公厅关于加快构建现代公共文化服务体系的意见》明确提出：到2020年，基本建成覆盖城乡、便捷高效、保基本、促公平的现代公共文化服务体系。同时，指出：加强农村文化设施建设。拓展重大文化惠民项目服务"三农"内容。加大对农村民间文化艺术的扶持力度，推进农村题材文艺作品创作。完善农家书屋出版物补充更新工作。统筹推进农村地区广播电视用户接收设备配备工作，鼓励建设农村广播电视维修服务网点。大力开展流动服务和数字服务，打通公共文化服务最后一公里。建立公共文化服务城乡联动机制。以县级文化馆、图书馆为中心推进总分馆制建设，加强对农家书屋的统筹管理，实现农村、城市社区公共文化服务资源整合和互联互通。推进城乡"结对子、种文化"，加强城市对农村文化建设的帮扶，形成常态化工作机制。

2015 年 10 月，《国务院办公厅关于推进基层综合性文化服务中心建设的指导意见》就推进基层综合性文化服务中心建设的重要性和紧迫性，指导思想、基本原则和工作目标，加强基层综合性文化服务中心建设，明确功能定位，丰富服务内容和方式，创新基层公共文化运行管理机制，加强组织实施等方面提出要求。这些政策措施，营造了有利于农村文化发展的政策环境。与此同时，为贯彻落实党和国家的有关方针政策，地方各级党委、政府出台了一系列关于农村文化建设的政策措施，大力推动了农村文化建设，切实保障了广大农民群众的基本文化权益。

农村文化建设取得了可喜成绩。近几年来，由于经济发展的推动和各级党委、政府的重视，农村文化建设普遍加强，农村文化呈现出新的时代特点。一是农民对精神文化生活的渴求更加强烈。今日农民，大部分不再是那种"面朝黄土背朝天""日出而作，日落而息"的庄稼人。他们在劳作之余，有的参加自发组织的文化娱乐活动；有的揣着书本或一头扎进图书室看书学科技；有的看电影，听音乐；还有的打开电脑遨游于网络世界，表现出对文化生活的强烈渴求。农民已经有了新的文化追求，重视提高自身素质，这是当前农村文化的一个重要特点。可以预见，它的进一步发展必将为新农村建设提供强有力的精神动力和智力支持。二是农村文化事业发展迅速加快。随着农村经济的发展，农民的娱乐工具也紧跟时代步伐。彩电、音响等家电已进入农村千家万户。不仅县市有电视差转台，而且很多乡镇也建起了电视差转台，部分乡镇有线电视入户，丝毫不亚于大城市。原来属于城市的文化娱乐设施快速向农村延伸、普及，适应了农民求知求乐的需求。三是群众性文化活动更加丰富多彩。农村文化事业的加速发展，娱乐项目的不断增加，极大丰富了农民的文化生活。节假日"送文化下乡"活动给农民送来了文化大餐，农民自己组织的龙灯队、舞狮队走村串户；闲暇时，青年人打桌球、进舞厅潇潇洒洒；中老年人看电视、打棋牌乐在其中；还有不少人走进图书室增长知识。在接受现代文化熏陶的同时，沉寂多年的传统文化也被挖掘出来，并被赋予新的内容和艺术形式，深受农民群众的喜爱。现代文化与传统艺术的并举，满足了不同层次农民群众对文化生活的不同需求，陶冶了农民的思想情操，推动了新农村建设。

在看到成绩的同时，也应看到农村文化建设存在一些突出的问题，尤其是随着农民工外出务工人数的增多和城市化建设步伐的加快，村级文化建设出现了"建"或"不建"的巨大困惑。

一是农村文化基础设施建设相对滞后。虽然目前我国多数地方基本形成了四级文化网络，但我国农村公共文化设施仍然十分缺乏和简陋，设备器材奇缺；此外又出现文化场地被挤占挪用，有书没人看、有报没人读，文化设施利用率低和长期闲置的现象，文化资源难以整合，导致农村文化活动难以开展，文化工作难以进行。2016 年 5 月 11 日，《文化部办公厅关于公示第四次全国文化馆评估定级结果的公告》显示，全国上等级文化馆共计 2550 个，其中，一级文化馆 1152 个、二级文化馆 675 个、三级文化馆 723 个，还有文化馆(群众艺术馆)763 个没有参评，一级文化馆仅占 34.8 个百分点。2013 年 10 月 31 日，《文化部关于公布第五次公共图书馆评估定级上等级图书馆名单的通知》显示，全国上等级图书馆 2230 个，其中，一级图书馆 859 个、二级图书馆 640 个、三级图书馆 731 个，还有 887 个图书馆没有参评。部分农村地区还没有乡镇综合文化站和村文化室；2013 年文化部才开展第一次全国乡镇综合文化站评估定级工作。

二是农村文化经常性事业经费投入明显不足。从国家层面来说，"十一五"以来，针对基层文化建设比较薄弱的现象，按照《中共中央办公厅国务院办公厅关于进一步加强农村文化建设的意见》的要求，文化投入坚持重心下移、面向基层、面向群众的方针，不断加大投入，农村文化事业费（是指各级财政对县及县以下剧团、图书馆、文化馆以及文化行政主管部门等文化机构的经费投入总和）比重逐年提高；尤其是 2011 年乡镇综合文化站实施免费开放和 2013 年中央财政设立农村文化建设专项资金以来，农村文化建设的投入不断增加。总体上讲，文化事业费占国家财政总支出的比重偏低，并且文化投入总体上城市高于农村。

三是农村文化队伍不稳不专。农村工作力量薄弱，工作人员素质偏低，有的县级文化馆和图书馆根本不能适应免费开放的人员需要，有的乡镇根本没有配备文化专干，有的乡镇文化专干不是老化弱化就是不专职不专心不专业，经常"种了别人的地，荒了自己的田"，加上乡镇综合文化站基本上由乡镇管理，文化主管部门对其仅有业务指导关系，这不利于文化站发挥公共文化服务职能；乡镇综合文化站有的与其他部门合并，又带来了多头管理问题。尤其需要指出的是，村级有知识有才能的青年农民大规模涌入城市，导致农村文化主体缺失，使农村文化建设缺少富有生机的基础和强大的推动力，使农村文化人才队伍建设缺少新鲜血液的输入，后继乏人。

四是文化资源匮乏，传播形式单一，农村文化生活单调。目前文化系统向农民群众提供的文化资源有所增加，但被广大农民群众喜闻乐见的文化产品和服务依然很少。大部分乡镇综合文化站和农家书屋的图书数量少而且更新慢，图书内容脱离农民群众实际需要；农村惠民电影和农村送戏下乡的内容和时间不合老百姓"胃口"。同时，在市场经济和现代文化的不良方面的冲击下，一些内容低俗的娱乐活动侵入农村，"黄赌毒"风气与封建迷信、腐朽落后的文化交织，造成农村文化内容层次较低。大多数农村文化活动还是以逛庙会、看戏、扭秧歌、舞龙舞狮等民间文艺形式和玩麻将、打扑克等纯娱乐性、消费性的项目为主，多样化的现代传媒手段运用较少，文化传播形式缺乏创新。当前我国农村出现文化贫困现象。

五是县、乡两级有关领导重视程度不够，思想认识模糊。有些干部尤其是一些领导干部不能正确处理、摆正两个文明建设的关系，他们总是注重经济效益，忽视社会效益；注重显性政绩，忽视隐性政绩；注重眼前成果，忽视长远利益。他们认为文化事业可轻可重，文化建设可有可无。他们有的认为现在的农村只有"386199"部队人员（"38"，寓意妇女；"61"，寓意儿童；"99"，寓意老年人），农村文化建设就是财政的浪费，农村没有文化需求。同时，由于农民群众自身的素质水平有限，不少农民群众认识不到文化建设的长远利益，因此参与文化建设的主动性和积极性不高。这些问题严重困扰了我国农村文化建设，严重制约了农村公共文化服务体系的加快建构。

第二部分　案例描述

一、浙江省农村文化礼堂[①]

早在 2013 年浙江省就启动了农村文化礼堂建设工作。根据 2014 年文化部开展基层综合性文化服务中心试点工作的总体部署，浙江省及时启动以农村文化礼堂为代表的基层综合性文化服务中心建设试点工作，打造基层综合性文化服务中心"升级版"。各项试点工作有条不紊推进。截至 2015 年 9 月底，全省已建成 4513 家集文化宣传、党员教育、科学普及、普法教育、体育健身等功能于一体的农村文化礼堂，形成了"建管用"一体化运行机制。

(一)具体做法

1. 领导重视，科学布局农村文化礼堂建设

浙江省委、省政府高度重视文化礼堂建设工作，连续两年把农村文化礼堂建设列入十件民生实事项目，写入政府工作报告。2015 年 4 月，省委宣传部、省文化厅联合印发《浙江省基层综合性文化服务中心建设试点工作方案》，从统筹建设场所设施、提升场所服务效能、完善管理运行机制、建立健全工作队伍等四个方面，明确了具体的试点工作路径和时间节点，提出"到 2015 年底，全省 10% 以上(至少 4000 家)的行政村建有基层综合性文化服务中心"。

同时，还明确提出：力争在"十三五"期间，全省建成农村文化礼堂 12500 家，年均建成 1500 家，占全省农村总数的 45% 左右；尚未设立农村文化礼堂的行政村建设建筑面积不少于 100 平方米、室外场地不少于 300 平方米、因地制宜配置器材的文化活动中心；社区建设面积不低于 100 平方米的文体活动中心，具备条件的建设"文化公园"。2015 年 4 月，在德清县专题召开浙江省农村文化礼堂建设工作现场会，会议交流了两年来全省农村文化礼堂建设的成效经验，表彰了 18 个农村文化礼堂建设先进县(市、区)，研究部署了下一阶段农村文化礼堂建设的各项任务。各级文化行政部门迅速行动，从内容、队伍、品牌、活动等多方面整体推进文化礼堂建设工作，有效促进了试点工作。

2. 加强指导，强化试点工作政策保障

组织专家编写《文化礼堂操作手册》《农村文化礼堂建设标准》等，对农村文化礼堂设施建设、展陈设置、活动开展等方面明确了具体的标准和要求。建立了文化专家定点定期辅导机制和文化礼堂活动展示机制，发动文化业务干部切实加强对农村文化礼堂的业务工作指导。健全完善试点工作协调机制，把农村文化礼堂建设纳入文明县

---

① 浙江省文化厅：《浙江省农村文化礼堂的建设和实践探索》，载《公共文化》，2016(1)。

（市、区），文明村镇，文化先进县（市、区），文化强镇，文化示范村创建等相关评价体系，纳为新农村建设和美丽乡村建设考核的重要内容。省委宣传部会同省国土厅制定出台《关于农村文化礼堂建设用地保障的若干意见》，保障农村文化礼堂建设顺利推进。省财政安排5000万元，通过竞争性分配和以奖代补相结合的形式，扶持农村文化礼堂建设；省委宣传部安排3000万元用于扶持经济实力相对薄弱地区的农村文化礼堂建设。

3. 供需对接，丰富农村文化礼堂活动资源

浙江省文化厅连续两年编印"浙江省文化礼堂供给服务菜单"，按公益类、市场类、招标类三个类别，以项目的形式，对全省范围内的现有公共文化资源进行分类整理。每个项目从服务内容、可供数量、服务时间、服务规模等7个方面进行详细介绍，并明确联系人和联系方式，以供农村文化礼堂自主"点单"。杭州、嘉兴、舟山、衢州等地还依托互联网平台，实现各类优秀文化资源和农村文化礼堂的零距离对接。省文化馆从全省文艺骨干创作的文艺精品中精选适合农村文化礼堂演唱、排练的文艺作品，汇编成3期《农村文化礼堂演唱资料》发至农村文化礼堂。全省文化馆联手实施"百名专家联百村"四季行动计划，组织专家深入基层帮忙策划活动品牌，培育了93家文化礼堂品牌活动示范点，构建月月有主题、周周有活动的格局，在全省文化礼堂建设中起到了积极的示范和引领作用。全省公共图书馆以百场展览走进文化礼堂、百名馆长走进文化礼堂现场讲解展览故事的形式，组织开展走进文化礼堂"双百"活动，弘扬中华优秀传统文化，培育和提升广大农民群众的文化修养。全省各级文化行政部门还经常性地通过流动服务、文化走亲、送戏下乡等方式，把优秀的文化项目送到文化礼堂，让农村的老百姓享受和城里一样的公共文化服务。2015年，全省文化系统指导开展农村文化礼堂主题活动2.56万场（次），全省乡镇、村开展文化走亲2300余场（次），开展辅导、业务培训、村歌创作等各类服务5万余次。

4. 多维培训，壮大农村文化礼堂管理员队伍

发挥浙江艺术职业学院的专业优势，举办文化礼堂培训班6期，邀请省内外公共文化服务专家授课，受训人员近1000人。市县文化部门面向农村文化礼堂组织培训文艺骨干1万余人次，有效提高了文化礼堂管理人员的专业水平和政策水平。省非遗中心以现场教学的形式，组织观摩"浙江省美丽非遗进荻港村文化礼堂非遗展演专场"活动。省文化馆组织开展全省农村文化礼堂文化员才艺大赛，以赛代训，提高文化礼堂管理人员的业务技能。同时重视培养乡土文化能人、文化活动积极分子，动员和鼓励各方面人才，特别是有一定专长的人员投身农村文化礼堂建设，大力支持群众自办文化队伍、文化团体。加强文化志愿者队伍建设，通过专项技能辅导、岗位培训、设置奖励机制等举措，鼓励文化志愿者与农村文化礼堂结对、结亲，做好服务农村文化礼堂工作。

5. 探索创新，实施农村文化礼堂理事会负责制

鼓励各地大胆探索，推动农村文化礼堂管理机制创新，充分发挥群众自我组织、自我管理的作用，使文化礼堂真正转起来、活起来、用起来。台州市黄岩区 63 家农村文化礼堂建立理事会，并在理事会法人化改造、完善理事会相关章程制度、完善"建管用"一体化顶层设计等方面进行探索创新，取得了较好效果。实施农村文化礼堂"理事会负责制"，使农村文化礼堂在活动开展上更具统筹性，管理工作上更具规范性；整合社会各方力量，发挥好热心人士、创业成功人士、文化能人、村干部、志愿者等的作用，促进文化礼堂管理社会化；充分调动农民群众参与文化礼堂活动的积极性，更加凸显群众主体地位，使文化礼堂成为群众唱主角的舞台。

（二）创新点

农村文化建设一直是文化建设最薄弱的环节。浙江省农村文化礼堂建设为破解这一难题提供了一种范式。浙江省以农村文化礼堂建设为内容，成为国家基层综合性文化服务中心建设试点省。其创新做法：一是按照标准建设。农村文化礼堂按照有场所、有展示、有活动、有队伍和有机制以及学教型、礼仪型和娱乐型的"五有三型"标准建设，是集思想道德建设、文体娱乐活动、知识技能普及于一体的农村文化综合体。二是建设方式灵活。农村文化礼堂既有新建的，也有依托已有的大会堂、文化活动中心、祠堂、书院和闲置校舍等改建的，不大兴土木。三是注重健全完善长效工作机制。2017 年浙江省委办公厅、省政府办公厅印发了《关于推进农村文化礼堂长效机制建设的意见》，明确提出：到 2020 年，全省要建成 10000 个以上高水平农村文化礼堂，覆盖全省 80％以上农村人口。① 健全运行管理机制，探索推进理事会等自主管理制度，分级推进礼堂星级管理制度；改进内容供给机制，"送"好文化、"种"好文化、"链"好文化；深化农村文化礼堂培育机制，增加农村文化礼堂精神内涵；优化队伍建设机制，解决"有人管事、有人办事"的问题；强化激励保障机制，着力增强农村文化礼堂的持续力。

二、安徽省农民文化乐园②

为贯彻落实党的十八大和十八届三中全会精神，解决农村文化建设面临的资源分散、保障不足、利用率低等突出问题，自 2013 年 7 月起，安徽省以基层群众需求为导向，以标准化建设为抓手，结合美好乡村建设部署，按照"一场（综合文体广场）两堂（讲堂、礼堂）三室（文化活动室、图书阅览室、文化信息资源共享工程室）四墙（村史村情文化墙、乡风民俗文化墙、崇德尚贤文化墙、美好家园文化墙）"的建设要求，在全

---

① 陆遥、顾雨婷：《"六大机制"，全力推动农村文化礼堂可持续发展》，https://zj.zjol.com.cn/news/615358.html，2017-05-30。

② 安徽省文化厅：《安徽省建设繁荣基层文化的农民文化乐园》，载《公共文化》，2016(1)。

省试点建设标准化村级综合文化活动中心——农民文化乐园，架设完成公共文化服务体系的"最后一公里"。

2014年9月，安徽省被确定为国家基层综合性文化服务中心试点省。根据文化部的部署，省委、省政府高度重视，相关部门合力推动，各试点市、县的党委、政府精心组织。安徽省通过抓机制推动建设，抓督查加强指导，抓培训提升队伍，抓活动发挥效用。在2013年、2014年已建成两批省级农民文化乐园100个，实现16市全覆盖的基础上，2015年，新建省级农民文化乐园200个，截至9月底，101个全面建成，99个基本建成。2015年，各市、县结合实际，自行安排了210个试点，呈现出你追我赶、竞相发展的良好局面，试点工作取得了阶段性成效。

（一）工作进展及成效

1. 建立工作机制，强力推动农民文化乐园试点建设

安徽省建立农民文化乐园建设试点联席会议制度，以及领导联系分工制度。联席会议成员单位领导牵头，对口联系各试点市，掌握进展情况，定期督导帮助协调解决相关问题。一是召开工作会议。2013年8月、2014年4月，安徽省先后在六安市金寨县召开全省农民文化乐园建设试点工作交流会、建设试点工作推进会，省委、省政府领导及中宣部、文化部有关领导出席会议并讲话，统一认识，总结经验，部署推动。2014年11月，在马鞍山市召开全省公共文化服务体系建设现场经验交流会，进一步部署推进乐园试点工作。会议期间，与会代表实地考察了试点村农民文化乐园建设及活动开展情况，加强交流，示范推动。二是加强督查指导。建立联席会议领导联系分工制度，牵头领导负责联系16市100个农民文化乐园建设试点工作，掌握进展情况，定期督促指导，帮助协调解决相关问题。省委、省政府分管领导及相关部门领导结合联系地区分工，经常性深入各试点村，了解情况，加强指导，推动工作。三是建立工作月报制度。每月编发2期以上工作简报。四是成立专家指导组。抽调文艺创作、绘画摄影、展陈设计、活动组织等方面的专业人员，面对面、手把手进行业务指导。

同时，通过基层申报，在全省选择30个工作基础好的一级综合文化站进行乡镇综合文化服务中心试点，推动资源整合。研究制定《乡镇综合文化服务中心试点工作方案》，明确试点工作目标任务、路径和标准，建立试点工作联席会议制度，利用现有设施，加强部门统筹协调，进一步整合设施、队伍、经费等，部署做好试点工作，探索建立乡镇公共文化设施"建管用"长效机制，拓展功能，提升服务。

2. 注重规范引领，促进基层公共文化服务标准化、均等化

为构建现代公共文化服务体系，在积极探索实践的基础上，制定《关于村级基本公共文化服务标准化建设的指导意见》，由省委宣传部、省文化厅等6部门印发。组织编写《村级基本公共文化服务标准化建设操作手册（试行）》，对设施建设、展陈设置、活动开展、每月工作建议等明确统一、具体的标准和指导性要求，对文化礼仪活动提出较为规范的流程。在积极探索标准化建设上，主要有五个方面：一是功能定位标准化。

从满足学教礼仪、文体活动、乡风展示、议事聚会等多种功能出发，打造集"一场两堂三室四墙"为一体的标准化村级综合文化活动中心。二是建设形式标准化。注重资源整合，充分利用分散的场地、项目和资金，以改扩建为主、新建为辅，重点对中心村已建、在建、新建的文化设施进行整合提升，不搞大拆大建，花小钱办大事、少花钱多办事。体现因地制宜，按照基本型、扩展型、复合型三种类型推进建设，坚持先规划、后建设，一次规划、分步实施。三是服务内容标准化。明确服务内容的数量和质量，确保服务供给与群众需求有效对接。采取政府购买服务形式，根据群众意愿保证每村每年有一场正规文艺演出；全省选择 6 个县开展农村公共图书服务一体化试点建设，建立以县级公共图书馆为总馆、乡镇综合文化站为分馆、村农家书屋为服务点的县域图书资源建设、流通、服务网络；月均放映一场电影；等等。四是运行管理标准化：第一，明确统一设施建设、展陈设置、活动开展、每月工作等标准和要求，规范文化礼仪活动的流程；第二，公开征集"安徽省农民文化乐园"形象标识，进一步丰富内涵、形成特色，展示形象、提升品牌。五是资金投入标准化。建立政府主导、社会参与的投入机制。用活用好每个行政村每年 1.2 万元农村文化专项补助资金。鼓励引导社会资本参与，多渠道解决建设和运转经费问题。

3. 加强队伍建设，夯实基层公共文化服务基础

联席会议办公室通过举办试点工作专题培训班等，加强对农民文化乐园管理人员业务培训和工作指导。各试点村组建强有力的领导班子，配备管理人员，建好宣讲员、群众文化辅导员、志愿者等队伍以及业余文艺团队，确保事情有人做、设施有人管、活动有人办。

4. 组织活动开展，充分发挥基层文化阵地作用

为了充分发挥农民文化乐园的作用，让农村群众更好地共享公共文化服务，安徽省各级党委、政府立足群众需求、加强引导，精心组织、大力开展各类文化活动，丰富群众文化生活，受到广大群众的欢迎。一是 2014 年和 2015 年的元旦、春节及文化惠民消费季期间，组织省直、市县院团文艺小分队赴农民文化乐园进行巡回慰问演出。2015 年 10 月，结合举办第五届中国农民歌会，组织赴滁州市农民文化乐园演出和全省农民文化乐园联动文艺演出，受到基层群众欢迎。二是在全省部署开展"百馆（站）千村文化结对"活动，结合全省群众文化辅导、文化馆活动联盟等，以全省文化馆（站）为主，发挥业务资源优势，与农民文化乐园试点村、美好乡村中心村结成帮扶"对子"，采取示范服务、业务培训、现场观摩、交流学习等形式，定期开展送演出、送讲座、送展览、送培训等，推动文化馆（站）资源服务向农村流转，文艺演出、辅导活动向农民推送，丰富基层群众精神文化生活。三是各地利用乐园开展电影放映、文化娱乐、培训讲座等活动，引导村民接受教育，掌握知识，提升品味，陶冶情操。四是各试点村紧密结合实际，准确把握文化资源内涵和特色，挖掘村庄特有的历史文化资源，在传统节日举办民俗文化活动，既营造欢乐祥和的节日气氛，又丰富群众文化生活。安

徽省通过召开座谈会、问卷调查等形式，对 2013—2014 年建成的 100 个省级农民文化乐园服务情况进行分析评估。调查共发放问卷 3528 份，回收调查问卷 3335 份，回收率 94.5％。调查显示，农民文化乐园受到基层群众的欢迎，78.9％的群众认为文化广场最受欢迎，93.8％的群众去过农民文化乐园，文化活动满意率达 94.1％，管理服务满意率达 94.0％。

(二)创新点

农村文化建设面临资源分散、保障不足、利用率低等突出问题，长期以来是文化建设的"短板"。安徽省农民文化乐园建设为破解这一难题提供了一种样本。安徽省以农民文化乐园建设为内容，成为国家基层综合性文化服务中心建设试点省。其创新做法：一是成立省农民文化乐园建设试点联席会议制度，并建立领导联系分工制度。联席会议成员单位领导牵头，对口联系各试点市，强力推进农民文化乐园建设。二是坚持功能定位标准化、建设形式标准化、服务内容标准化、运行管理标准化、资金投入标准化，促进基层公共文化服务标准化、均等化。三是加强队伍建设，确保农民文化乐园设施有人管、活动有人办。

三、甘肃省"乡村舞台"[①]

甘肃省实施"乡村舞台"建设，是甘肃省委、省政府认真贯彻落实党的十八届三中全会提出的"整合基层宣传文化、党员教育、科学普及、体育健身等设施，建设综合性文化服务中心"的精神，推动文化惠民项目与群众文化需求有效对接，促进华夏文明传承创新区建设，而决定实施的农村文化惠民项目。"乡村舞台"建设，明确了让老百姓跳舞有广场、表演有戏台、健身有场地、娱乐有器材、阅读有书籍等建设目标，突出了文化惠民的有力举措，为群众搭建了精神文化家园。

(一)主要做法

1. 各级重视，精心实施

甘肃省委、省政府把"乡村舞台"建设作为构建农村现代公共文化服务体系的基础工程，高度重视，科学谋划。成立了由省委、省政府分管领导任组长，16 个省直部门为成员的省"乡村舞台"建设领导小组，确定省文化厅 1 名副厅长担任办公室主任，负责日常工作。2014 年 5 月、8 月、10 月、12 月，2015 年 3 月、7 月，分别在白银、金昌、平凉、兰州、陇南、临夏 6 个市州召开了六次全省"乡村舞台"建设工作推进会，采取每季度召开一次推进会的形式，通报进展情况，观摩建设成果，交流好的做法，大力推动任务落实。各市州根据全省的统一部署，设立了相应的组织领导机构，形成

---

① 甘肃省文化厅：《创新公共文化服务模式 搭建群众文化生活乐园——甘肃省"乡村舞台"建设工作情况》，载《公共文化》，2015(11)。

了上下贯通、左右协作、统一行动、联合作战的工作格局。

2. 完善措施，推动改革

研究制定了《甘肃省"乡村舞台"建设方案》和《甘肃省"乡村舞台"建设管理细则》，明确了建设的实施步骤和组织形式，细化了各级党委政府和成员单位的职责分工，建立了"乡村舞台"建设考核验收体系。大力推动文化管理体制改革，完善了部门之间的协调议事制度、统筹规划制度、信息反馈制度，探索形成了工作任务协同化、资源配置最优化、服务管理集约化的协调推进机制。各市州按照省"乡村舞台"建设领导小组的统一部署，规划任务、明确责任、细化分工，按照"一村一特色、一台一品牌"的要求，进一步强化措施、完善制度，为"乡村舞台"建设提供了强有力的政策保障。

3. 试点带动，分步实施

根据《甘肃省"乡村舞台"建设方案》的要求，相关工作分为三个阶段：试点阶段、推广阶段、普及阶段。2013年11月至2014年6月为试点阶段，首先在全省1228个乡镇每个乡镇各选择一个行政村进行试点建设。2014年7月至2014年12月为推广阶段，在试点的基础上，推广建设5000个"乡村舞台"。2015年1月至2017年底为普及阶段，至2017年底在全省16024个行政村实现"乡村舞台"全覆盖。[①] 截至2015年7月底，全省共完成8855个"乡村舞台"建设任务，累计投入资金20.86亿元。[②]

4. 拓宽渠道，筹措资金

采取"财政支持一点、项目安排一点、社会筹措一点、个人集资一点"的办法，广开渠道筹措资金。平凉市泾川县通过整合项目资金、协调甘肃省双联行动的联系单位支持、吸纳民间资金等渠道，筹措资金1000多万元用于设备的购置和升级改造。玉门市柳河乡通过用地优惠，吸引当地一批种植大户投入400多万元，在当地的黑沙窝沙丘进行综合开发利用，建成了黑沙窝文化广场和戏台，举办集商品贸易、沙浴保健、文化演出为一体的民俗文化节，既丰富了农民群众的精神文化生活，又带动了当地经济和文化产业的发展。自项目实施以来，全省各地整合各类经费20.86亿元，有力保障了各项工作的顺利开展。

5. 因地制宜，突出特色

在"乡村舞台"建设中，主要依托各地资源优势，因地制宜建设符合当地经济发展现状的群众文化生活平台。白银市围绕黄河文化、红色文化、工业遗产文化、丝路文化、民间民俗文化予以展示，彰显地域特色，着力在建设风格、展示内容、活动样式等方面形成特色、形成品牌；甘南州紧密结合地域和民族特征，把"乡村舞台"建设同

---

① 刘海天：《"345工程"让"乡村舞台"在甘肃遍地开花》，http://www.agri.cn/V20/ZX/qgxxlb_1/qg/201512/t20151204_4923676.htm，2016-05-30。

② 祝彦军：《贫困地区公共文化建设研讨活动暨甘肃省"乡村舞台"建设观摩会在陇南市康县召开》，http://gansu.gscn.com.cn/system/2015/08/31/011102691_01.shtml，2016-05-30。

新农牧村建设相结合，凸显了藏区文化特色；陇南市文县重点打造白马风情、琵琶弹唱、玉垒花灯戏、洋汤号子四大文化品牌，建立了20个具有浓郁民族民俗特色的民间自办文化社团，深受广大农民群众的欢迎；酒泉市肃北县、阿克塞县突出草原文化，组建了40多个牧民"乌兰牧骑"（群众文化演出队），活跃了牧民文化生活；敦煌市深入挖掘当地丰富的优秀传统文化资源，依托非物质文化遗产传习所建设"乡村舞台"。在彰显特色上力争构建符合甘肃文化发展实际的农村综合文化服务中心。

6. 加强培训，健全队伍

把加强农村文化人才队伍建设作为"乡村舞台"建设的重要任务，各级宣传文化部门组织文艺院团专业人员，对基层业余文化骨干、文化能人、文化活动积极分子和民间艺人开展经常性的业务指导和培训。以文艺演出和科技培训为抓手，依托甘肃省"千台大戏送农村"、文化科技卫生"三下乡"等文化惠民活动，组织省、市（州）、县（县级市、区）文化单位与当地民间自办社团结成帮扶对子，定期进行文艺培训和文化辅导，实现从"输血"到"造血"的转变，从而激发农民群众文化生活的热情，提高"乡村舞台"建设的质量效果。

（二）创新点

由于受诸多方面的制约，西部农村文化建设更是我国农村文化建设的"软肋"。作为西部地区的甘肃省，因地制宜、分类指导，创造条件、克服困难，以农民群众乐于参与、便于参与的文化广场为载体，充分整合现有文化资源，在全省建设"乡村舞台"，为我国西部地区农村文化建设提供了成功范本。其创新做法就是实施"45343"计划。第一个"4"指"乡村舞台"按照"公益性、基本性、均等性、便利性"的要求，在乡村两级构建全覆盖的公共文化服务体系；"5"指积极探索农村民间自办文化社团的新形式，做到"有组织、有队伍、有场地、有设施、有活动"；第一个"3"指"乡村舞台"建设突出农民群众在文化建设中"自我表现、自我教育、自我服务"的特点；第二个"4"指"乡村舞台"采取"财政支持一点、项目安排一点、个人集资一点、社会筹措一点"的办法建设，在此基础上，大力开展农民群众喜闻乐见的文体活动；第二个"3"指全省分试点、推广、普及三个阶段建设"乡村舞台"。①

第三部分　案例分析

一、因地制宜注重整合资源，加强农村文化建设

当前农村文化建设县级比乡镇级相对要好，乡镇级比村级相对要好，可以说农村

---

① 施秀萍：《甘肃省"乡村舞台"五年覆盖全部行政村》，http://gansu.gscn.com.cn/system/2013/11/22/010516566.shtml，2016-08-20。

文化建设最大的重点和难点在村这一级。村级文化建设是整个文化建设的基石，村级文化建设这步棋一活，农村文化建设这盘棋皆活。如何搞好村级文化建设是我们必须抓紧研究和解决的现实而又紧迫的问题。不论是东部发达的浙江省，还是中部的安徽省和西部欠发达的甘肃省，都紧密结合本地经济社会发展水平和财政承受能力，因地制宜，不搞大拆大建，注重整合资源，把村级文化建设作为农村文化建设的重中之重来抓。浙江省是我国东部经济发达省份，农村文化礼堂按照"五有三型"标准建设成为一个农村文化综合体，着力打造新时期农民群众的精神家园；农村文化礼堂既有新建的，也有依托已有的大会堂、文化活动中心、祠堂、书院和闲置校舍等改建的，不贪大求洋，不大兴土木，且整合了原有文化活动中心、农家书屋、农村电影放映、未成年人"春泥计划"、文化信息资源共享等宣传文化资源。安徽省是我国中部省份，在农民文化乐园建设中，注重资源整合，充分利用分散的场地、项目和资金，以改扩建为主、新建为辅，重点对中心村已建、在建、新建的文化设施进行整合提升；体现因地制宜，按照基本型、扩展型、复合型三种类型推进建设，坚持先规划、后建设，一次规划、分步实施。甘肃省在"乡村舞台"建设中，立足历史文化悠久而经济欠发达、文化资源富集而公共文化服务能力不足这一现实，为盘活乡村文化设施存量，整合基层行政村现有的宣传文化、党员教育、农家书屋、电影放映、体育健身、科技普及方面的项目、资金、人才、设施等资源，而决定在全省范围内组织实施"乡村舞台"建设，从而推动农村文化建设快速发展。

二、把作用发挥放在突出位置，提高农村文化阵地的有效利用率

兴建的文化设施，有的"白天晒太阳，晚上晒月亮"是客观存在的事实，光顾者寥寥，作用发挥得不好，农民群众怨声载道，这种教训，我们应该牢牢记取。浙江省文化厅连续两年编印"浙江省文化礼堂供给服务菜单"，以项目的形式，对全省范围内的现有公共文化资源进行分类整理，供农村文化礼堂自主"点单"；杭州、嘉兴、舟山、衢州等地还依托互联网平台，实现各类优秀文化资源和农村文化礼堂的零距离对接；浙江全省公共图书馆以百场展览走进文化礼堂、百名馆长走进文化礼堂现场讲解展览故事的形式，组织开展走进文化礼堂"双百"活动，切实发挥了"文化礼堂"为民服务的作用。安徽省结合开展"百馆（站）千村文化结对"活动，以全省群众文化辅导、文化馆活动联盟等为主要内容，以全省文化馆（站）为运作主体，发挥业务资源优势，与农民文化乐园试点村、美好乡村中心村结成帮扶"对子"，采取示范服务、业务培训、现场观摩、交流学习等形式，定期开展送演出、送讲座、送展览、送培训等，推动文化馆（站）资源服务向农村流转，文艺演出、辅导活动向农民推送，极大地丰富基层群众精神文化生活。以文艺演出和科技培训为抓手，依托甘肃省"千台大戏送农村"、文化科技卫生"三下乡"等文化惠民活动，组织省、市（州）、县（县级市、区）文化单位与当地民间自办社团结成帮扶对子，定期进行文艺培训和文化辅导，实现从"输血"到"造血"

的转变，提高了"乡村舞台"建设的质量效果。

三、加强农村文化建设的特色性，增强农民群众参与的积极性和主动性

实践证明，特色性是农村文化建设的吸引力所在。没有特色性，就不接地气，就没有吸引力。如果千篇一律，或者大同小异，就没有吸引力可言，农民群众就会感到枯燥无味，甚至远离文化场所。浙江省农村文化礼堂，在建设时，无论内容还是形式，都较好地体现特色，做到了"一村一色""一堂一品"，如在展陈设置上大体有这样四块，包括村史村情、乡风民俗、崇德向善、美好家园等；根据浙江省委宣传部编制的《文化礼堂操作手册》，文化礼堂专门设立了春节迎新礼、婚礼礼仪、学童开蒙礼、国庆成人礼和重阳敬老礼，目前浙江省各地文化礼堂以敬老和成人礼仪活动为主，这些活动极大地吸引了农民群众参与文化活动的热情；据不完全统计，浙江省文化礼堂仅 2013 年开展重要礼仪活动 2500 多次。[①] 文化礼堂是村里最热闹的地方。安徽省农民文化乐园立足于构建满足学教礼仪、文体活动、乡风展示、议事聚会等多种需求的综合性文化活动中心，努力根据各地发展和乡风民俗的不同，提炼乐园文化主体特色，做到"一园一特""一村一品"。其中，门前村利用周家老祠堂改建的文化乐园，突出周氏家族"孝义"主题，展示"八德"文化；南湾村文化乐园突出当地"尚学"之风，展示耕学文化；南溪文化乐园突出"红色"主题，展示红色历史。甘肃省在"乡村舞台"建设中，主要依托各地资源优势，因地制宜地建设符合当地经济发展现状的群众文化生活平台。其中，白银市围绕黄河文化、红色文化、工业遗产文化、丝路文化、民间民俗文化，彰显地域特色，着力在建设风格、展示内容、活动样式等方面形成特色、形成品牌；甘南藏族自治州紧密结合地域和民族特征，把"乡村舞台"建设同新农牧村建设相结合，凸显了藏区文化特色；陇南市文县重点打造白马风情、琵琶弹唱、玉垒花灯戏、洋汤号子四大文化品牌，建立了具有浓郁民族、民俗特色的民间自办文化社团[②]，深受广大农民群众的欢迎；敦煌市深入挖掘当地丰富的优秀传统文化资源，依托非物质文化遗产传习所建设"乡村舞台"，调动了农民群众参与农村文化建设的热情。

四、建立保障机制，实现长效运行

农村文化阵地建起来难、转起来更难。要使农村文化阵地真正发挥作用，必须做到有人管事，有钱办事，有章理事。有人管事，就是要充分发挥农村文体干部的作用，切实加强培养和指导，提高文化阵地管理能力、活动组织能力、协调能力和业务水平；

---

① 边思玮、骆蔓：《浙江农村文化礼堂现状透视》，http://www.ndcnc.gov.cn/zixun/xinwen/201401/t20140127_859831.htm，2016-08-20。

② 甘肃省文化厅：《创新公共文化服务模式 搭建群众文化生活乐园——甘肃省"乡村舞台"建设工作情况》，载《公共文化》，2015(11)。

有钱办事，就是要建立完善的资金保障机制，确保建设和运行的常态化、规范化、科学化；有章理事，就是要建立各项管理制度并积极实施，确保有序长效运行。浙江省吴兴区埭溪镇在文化礼堂建成后，确定了文化礼堂专管员，由一位村文体干部和一位村民担任。村文体干部主要负责文化礼堂的日常管理和各种文化活动的组织开展，另一位村民主要负责环境卫生和各种文体设施的日常维护管理。同时，文化礼堂建成后，各村都作了全年农村文化礼堂活动开展的计划安排，包括举办党的基本理论、形势政策、思想道德等主题宣讲教育活动，组织各类知识讲座、技能培训、法律咨询等活动，结合节庆开展各种礼仪活动等，把每项活动的时间内容一一公布于众，使村民一目了然。据了解，埭溪镇 5 个文化礼堂自建成以来，已开展道德讲座、政策宣讲、文化礼仪等各种文化活动 100 多场次，并吸引社会各界参观者 5 万多人次。[①] 安徽省加强对农民文化乐园管理人员的业务培训和工作指导，要求各试点村组建强有力的领导班子，配备管理人员，建好宣讲员、群众文化辅导员、志愿者等队伍以及业余文艺团队，确保事情有人做、设施有人管、活动有人办。甘肃省各级宣传文化部门组织文艺院团专业人员，对基层业余文化骨干、文化能人、文化活动积极分子和民间艺人开展经常性的业务指导和培训，做到"乡村舞台"有人抓、有人管。

五、形成工作合力，共建农村文化

浙江省在农村文化礼堂建设中，工作推进形成一盘棋。省委、省政府对农村文化礼堂建设十分重视。其中，省政府连续两年将其列入十件民生实事项目，专门成立了农村文化礼堂建设工作领导小组。省、市、县各级都形成了由党委和政府统一领导，宣传部门牵头抓总，相关部门密切配合、共同推进的工作格局。在农村文化礼堂建设中，财政、农办、党史、国土资源、建设、体育、文联、科协、档案、文物、方志办等部门不加牌子加内容，做好"加法"，在志愿服务、乡村旅游、科学知识普及、村落文化挖掘等方面给予支持；同时还做好"乘法"，相互之间协作联动，形成品牌活动，产生"叠加"效应。甘肃省在"乡村舞台"建设中，成立了由省委、省政府分管领导任组长，16 个省直部门为成员的省"乡村舞台"建设领导小组，把"乡村舞台"建设与"美丽乡村"建设结合起来，与省委"双联"行动和扶贫攻坚工作结合起来，整合宣传、文化、新闻出版、广播影视、体育健身、党员教育、科技普及等项目资金，撬动地方财政配套，吸引社会力量捐助，采取集中统筹、按需配置的办法，全社会共建农村文化，做到"乡村舞台"有组织、有队伍、有场地、有设施、有活动，值得各级各部门学习借鉴。

---

① 邓德华：《对农村文化礼堂建设的几点思考》，http://www.zjwh.gov.cn/dtxx/zjwh/2014-07-28/166943.htm，2016-08-20。

第四部分　结语

2020年我国要全面建成小康社会，全面小康不能没有文化小康。《中共中央办公厅、国务院办公厅关于加快构建现代公共文化服务体系的意见》强调："到2020年，基本建成覆盖城乡、便捷高效、保基本、促公平的现代公共文化服务体系。公共文化设施网络全面覆盖、互联互通，公共文化服务的内容和手段更加丰富，服务质量显著提升，公共文化管理、运行和保障机制进一步完善，政府、市场、社会共同参与公共文化服务体系建设的格局逐步形成，人民群众基本文化权益得到更好保障，基本公共文化服务均等化水平稳步提高。"这一宏伟目标能否实现，关键在农村文化建设的水平。要紧紧围绕农村文化建设的薄弱环节，加大投入，查漏补缺，加大资源整合，强化队伍建设，提高服务效能，促进城乡基本公共文化服务均等化，推动农村物质文明与精神文明协调发展。

思考题

1. 简述农村文化的概念、功能及基本特征。
2. 联系实际，谈谈农村文化建设的重要意义。
3. 结合本地实际，分析当前农村文化建设存在的主要问题并提出解决的举措。

案例 3 公共文化流动服务

第一部分 背景透视

一、公共文化流动服务的概念、类型及特点

公共文化流动服务，是指为了满足固定文化设施难以企及的地方和人群的公共文化需求，特别是根据农村、偏远山区、牧区和海岛等地方地广人稀的特点，而开展的流动性的公共文化服务方式。

公共文化流动服务，根据服务的载体，可以划分为如下类型。

第一，依托公共图书馆的流动服务，亦称"流动图书馆"。目前许多地方实施以县(区)图书馆为总馆，乡镇(街道)综合文化站为分馆，以村(社区)文化室、农家书屋为流动服务点的总分馆制，定期为分馆和流动服务点配送和更新图书、报刊和农业技术资料等，开展读书活动、读者咨询、培训讲座等延伸服务。利用流动图书车广泛开展便民服务，为群众借阅图书提供便利。鼓励和支持各地开展图书漂流、阅读推广、图书换读等流动图书服务活动。

第二，依托文化馆(站)的流动服务，亦称"流动文化馆(站)"。目前各地正在探索文化馆总分馆制，形成文化馆系统资源有效整合、统一管理和高效利用的模式。各级文化馆利用流动服务车等多种方式，根据群众需求，结合重要节日纪念日，把小戏小品等群众喜闻乐见、健康向上的文艺作品送到群众身边；整合各类文化艺术人才资源，为基层群众免费开展美术、文学、舞蹈、音乐、书法等各类培训；组织非物质文化遗产展览展示，弘扬优秀传统文化；开展"文化结对子""文化走亲"等流动服务，通过定点服务、互动交流，为群众提供丰富多彩的文化活动。

第三，依托各级博物馆的流动服务，亦称"流动博物馆"。"流动博物馆"的服务方式，是开展集多媒体互动、传统展板等多种形式于一体的新型流动展览，把文物展览办到边远山区、贫困地区、民族地区和革命老区，办到城乡基层的群众身边，让更多人享受博物馆的文化服务。利用流动展览和博物馆网络课堂等方式，丰富中小学教育资源，在中小学生中开展历史文化知识普及和爱国主义教育活动。"流动美术馆"与"流动博物馆"做法大体一样，这里不再作单独阐述。

第四，依托数字文化工程的流动文化服务，亦称"流动数字服务"。发挥全国文化信息资源共享工程、数字图书馆推广工程、公共电子阅览室项目的资源优势和传播优势，为流动文化服务提供数字资源支持、搭建对接平台并开展宣传推广。在中西部地广人稀的地方特别是牧区设立小型无线服务站点，为尚未实现网络覆盖的地区提供数

字文化服务，使群众可以通过手机、电脑、电视等移动终端获取文化资源和服务。

第五，依托农村电影放映工程的流动文化服务，亦称"流动电影院"。创新农村流动电影放映方式，制订年度农村电影放映计划；提高农村电影放映采购的片源质量，根据群众实际需求，增加新片数量；拓展影片类型，把送故事片与送科教片、普法宣传片等结合起来；在送电影进农村的同时，扩大服务范围，有针对性地把电影送到社区、厂矿等地，增加影视宣传、影视知识讲座等服务内容。"流动剧院"与"流动电影院"做法大体一样，只是演出内容不同而已，这里不再作详细阐述。

相对于固定公共文化设施而言，公共文化流动服务的特点：一是机动灵活，简便易行，便捷高效；二是服务内容丰富，形式多样，贴近百姓，接地气；三是资源可以有效整合，互联互通；四是公共文化流动服务实质上是一种"上门服务"，体现了公共文化服务的主动性和亲和性；五是起到了公共文化部门之间、公共文化单位与民间文化组织之间的枢纽作用，促进了文化交流。

二、开展公共文化流动服务的重要作用

开展公共文化流动服务，有利于完善公共文化服务体系，实现与固定设施服务、数字服务的相互补充、有机结合，扩大服务范围，实现公共文化服务全覆盖；有利于整合公共文化资源，提高公共文化服务效能，使群众能够便捷地享受服务，实现公共文化服务低成本、高效率运行；有利于促进基本公共文化服务均等化，解决老少边穷地区以及老年人、未成年人、残疾人和农民工等特殊群体公共文化服务供给不足的问题，对于弘扬社会主义核心价值观、改善文化民生、更好地保障群众基本文化权益具有重要意义。

三、我国公共文化流动服务的现状

由于我国各地情况不同，发达地区与欠发达地区差别很大，单独依靠固定文化设施开展文化服务不能满足部分地区群众的文化需求，我国的文化流动服务由来已久。1995 年中宣部会同原农业部、文化部等部门开展组织文化下乡活动，1996 年增加了科技、卫生的内容，拓展为文化、卫生、科技"三下乡"，主办单位增加到 12 个；至 2015 年，在各地各部门共同努力下，文化、科技、卫生"三下乡"活动深入基层，形成声势，已成为深受农民群众欢迎的民心工程。[①] 1998 年，《文化部关于进一步加强农村文化建设的意见》提出："在牧区、山区应发展多功能的流动文化车。"2001 年 1 月，《文化部关于贯彻落实"三个代表"重要思想进一步加强农村文化工作的通知》强调：加强农村文化设施建设，要坚持从实际出发、因地制宜的原则，采取固定设施和流动设施、阵地服

---

① 《全国文化科技卫生"三下乡"活动 20 周年综述》，http://www. gx. xinhuanet. com/news-center/2015-12/09/c_1117409253. htm，2016-09-10。

务和流动服务项目相结合的办法。在固定文化设施很难发挥作用的地区，可以发展流动文化车，建立流动文化服务点，让群众定期在文化服务点上享受文化生活。要逐步建立健全与固定文化设施相互补充、相互依存的流动文化服务网络。2002年1月，《国务院办公厅转发文化部国家计委财政部关于进一步加强基层文化建设指导意见的通知》指出："地广人稀、人口分散的少数民族地区、边疆地区、边远山区和农牧区要积极发展流动文化车、汽车图书馆和流动剧场等。"2002年4月，《文化部关于进一步活跃基层群众文化生活的通知》指出：深入开展文化下乡活动。文化下乡是一项长期的任务，要从农村实际和农民的需要出发，讲求实效，持之以恒，形成制度。动员和鼓励文化单位和广大文化艺术工作者经常下乡，为农民送戏、送书、送电影、送文化科技知识，满足广大农民群众的精神文化生活需要。文化部门要继续联合教育、科技、卫生等部门在农村开展综合性的文化活动。要通过文化下乡，加强群众业余文艺骨干的培养，促进农村贫困地区的文化建设，推进这些地区文化事业的发展，逐步解决这些地区农民文化生活贫乏的问题。2005年11月，《中共中央办公厅国务院办公厅关于进一步加强农村文化建设的意见》提出："对西部及其他老少边穷等地广人稀适宜开展流动服务的地区，由政府给乡文化站配备多功能流动文化车，开展灵活、多样、方便的文化服务。"2006年，为了缓解基层院团下乡演出难的问题，文化部和财政部启动了"流动舞台车工程"。2014年，为了解决国家级贫困县图书馆服务基层难的问题，文化部和财政部启动了县级图书馆"流动图书车工程"。与此同时，部分省市也结合实际，实施了流动舞台车、流动舞台、流动图书车等配送工程。2006年9月，《国家"十一五"时期文化发展规划纲要》指出："实行定点服务与流动服务相结合，鼓励具备条件的城市图书馆采用通借通还等现代服务方式，推动公共文化服务向社区和农村延伸。"2007年8月，《中共中央办公厅、国务院办公厅关于加强公共文化服务体系建设的若干意见》强调："在地广人稀的地区，积极建设流动文化服务网络，配备流动文化车，开展流动文化服务。"2012年2月，《国家"十二五"时期文化改革发展规划纲要》提出："鼓励文化单位面向农村提供流动服务"。2013年1月，《文化部"十二五"时期公共文化服务体系建设实施纲要》提出："到'十二五'期末，中西部地区争取每县配备2台流动文化车。"2014年5月，文化部专门下发《关于加强流动文化服务工作的意见》，强调了加强流动文化服务工作的重要性和必要性，明确了加强流动文化服务工作的指导思想、基本原则和主要目标，提出了加强流动文化服务工作的重点任务是完善流动文化服务网络、创新流动文化服务运行方式、丰富流动文化服务内容、培育流动文化服务品牌、健全流动文化服务工作机制。2015年1月，《中共中央办公厅、国务院办公厅关于加快构建现代公共文化服务体系的意见》，明确提出："大力开展流动服务和数字服务，打通公共文化服务'最后一公里'。""推进城乡'结对子、种文化'，加强城市对农村文化建设的帮扶，形成常态化工作机制。""开展优秀文化遗产、高雅艺术进校园、进社区，推进送戏、送书、送电影下乡等项目和优秀出版物推荐活动。""加大对跨部门、跨行业、跨地域公共文化资源的整合力度。以行业联盟等形式，开展馆际合作，推进公共文化机构互联互通，开展文化服务'一卡通'、公共文化巡展巡讲巡演等服务，实现区域文化共建共享。"

近些年来，我国各地结合实际，在公共文化流动服务方面取得明显成绩，呈现出一些新的发展趋势：一是流动文化服务提升了公共文化服务效能，弥补了服务缺口，扩大了服务半径，进一步保障了基层群众的基本公共文化需求。二是流动文化服务和数字文化服务一样，都是固定文化设施功能的拓展和延伸。从效果上来看，对于地广人稀的地域，流动文化服务的覆盖比固定设施的覆盖更经济，文化大篷车、流动图书馆、流动博物馆等流动文化服务形态，把优质的文化资源输送到最基层，盘活了各地文化存量，对于文化输入地而言，又是新的文化增量，极大地丰富了公共文化产品的供给。三是流动文化服务不仅可以向下流动，而且可以向上流动。带有浓郁乡土气息、民族特点、民俗特色的"文化进城"，可实现文化反哺，与"文化下乡"双向互动，并打破一些地区的"文化孤岛"现象，实现公共文化服务城乡一体化。四是流动文化服务还可以打破地域和行业界限，实现对跨部门、跨行业、跨地域公共文化资源的整合，推进公共文化机构互联互通、公共文化巡展巡讲巡演等，实现区域文化共建共享。这是对传统的由单一部门送文化流动服务内容和方式的丰富和完善。

尽管我国公共文化服务体系建设快速推进，原先设施落后、设备陈旧、布局分散的状况得到了很大改变，各级公共文化设施网络已经基本建成，但是仅仅依靠固定文化设施，还不能满足广大群众的基本文化需求，特别是农村、偏远山区、牧区和海岛等地方地广人稀，公共文化服务仍存在不少盲区，公共文化流动服务显得尤为紧迫和需要。目前，公共文化流动服务存在的突出问题：一是投入不足，设施落后，配置面较低。二是服务总量不足，覆盖率低。三是服务缺乏有效管理，规模化、规范化、常态化程度低。四是对跨部门、跨行业、跨地域公共文化资源的整合流动和互联互通、共建共享还处在起步阶段。这些问题需要我们在今后的实践中加以切实解决。

第二部分　案例描述

一、内蒙古自治区鄂尔多斯市流动文化服务

鄂尔多斯市地处内蒙古自治区西南部，是以蒙古族为主体、汉族为多数的地广人稀的少数民族地区。鄂尔多斯市在创建国家公共文化服务体系示范区工作中，创新流动文化服务，使之成为鄂尔多斯市公共文化服务体系建设的显著特色和新模式。

1978 年，改革开放的春风吹遍鄂尔多斯高原，当时，政府在农村牧区开始建立宣传文化站。根据鄂尔多斯地广人稀，农牧民一家一户分散居住的实际情况，在伊金霍

洛旗伊金霍洛苏木①进行流动文化服务试点。这一举动，引起社会各界广泛关注。20世纪 80 年代，在鄂尔多斯大地上陆续出现各类文化车，当地 100 多个文化馆、文化站均配有各种类型的文化车，活跃在广阔的农村牧区。鄂尔多斯的文化车，从一开始的勒勒车逐渐发展为机动车。

这些被称为"流动文化站"的文化车，活跃在偏僻的农村牧区，带上文化站的图书、电影、录像、科技资料、小型文艺演出、娱乐器具等巡回在本地村、嘎查和农牧民集中的一些点上，进行文化服务。文化车的活动还创造了"三定一日"（定点、定时、定线，过文化日）的服务制，不断为农牧民的文化活动提供新内容，提供农牧民所需要的科学文化知识。文化车还带上各类专业技术人员深入基层，深入各地举行的"节庆文化日""农牧民文化日"，开展丰富多彩的文化活动，并进行文艺辅导、乐器修理、文物鉴赏等工作，使流动文化服务成为鄂尔多斯文化建设的一个亮点。文化车不仅成为乡村文化传播的纽带，而且成为党同人民群众联系的纽带，深受人民群众的欢迎。文化车的诞生与发展，为鄂尔多斯公共文化服务体系注入了活力，使公共文化服务流动起来，对活跃农牧区群众文化生活起到了重要作用。1987 年，文化部在鄂尔多斯市召开了有全国 11 个省区代表参加的流动文化车现场会，向全国推广鄂尔多斯地区开展流动文化车活动的先进经验。

苏木乡镇体制改革后，综合文化站数量减少，文化服务点与农牧民的距离拉大，文化阵地活动逐渐与农牧民疏远。牧区一个苏木镇有的面积达到 6000 多平方千米，公共文化覆盖和便利性遇到新问题。在探索中，鄂尔多斯的文化行政部门意识到解决这一问题的最好办法就是发展流动文化服务，把文化送到距离农牧民最近的地方。

（一）主要做法

1. 政府主导，建立流动文化设施体系

鉴于过去的文化车已不适应当前的新情况，2012 年，市政府一次性投入 8000 万元，统一购置 111 辆机动文化车，74 台流动电影放映车，1030 套乐器、灯光、音响设备配送到全市的市、旗区、苏木乡镇、嘎查村的各公共文化单位，为发展流动文化服务提供了有利条件，使流动文化服务成为鄂尔多斯公共文化建设的重要组成部分。目前，全市普遍建立了流动图书馆、流动文化馆、流动文化站、流动博物馆和流动电影站。

流动文化车带上图书、报刊、展览、电影、文艺演出队、文化科技普及资料以及各类专业技术人员深入基层，深入各地举行的"节庆文化日""农牧民文化日"以及敖包祭祀、那达慕会等，开展丰富多彩的文化活动，并进行文艺辅导、乐器修理、文物鉴赏等工作，使流动文化服务成为鄂尔多斯文化建设的一个亮点。流动文化车不仅成为

---

① 苏木来自蒙古语，指一种介于县及村之间的行政区划单位。在内蒙古自治区，一般来说，镇是工业区，乡是农业区，而苏木是牧业区。

农村牧区文化传播的纽带，而且成为党和人民群众联系的纽带，深受人们的欢迎。

群艺馆、文化馆常年坚持节庆活动和常规活动相结合，主题系列活动与专题单项活动相结合，参与型群众文化活动和欣赏型展示活动相结合，做到常年不断，常办常创新，而且哪里需要辅导、演出、培训，他们就去哪里。流动文化服务使公共文化服务流动起来，为活跃农牧区群众文化生活起到了重要的作用。

2. 流动文化服务走向规范化、制度化、常态化

20世纪60年代，鄂尔多斯地区各旗区相继成立了乌兰牧骑。乌兰牧骑队伍小而精悍，装备轻便灵活，队员一专多能，节目小型多样。这些被称为草原上的文艺轻骑兵的乌兰牧骑常年巡回于农村牧区，为偏僻地区农牧民送歌献舞，在公共文化服务中发挥了特殊的作用。

在构建公共文化服务体系进程中，群艺馆作为公共文化服务龙头单位，每月派出流动文化车到各旗区进行一次巡回服务。多年来坚持为基层农牧民服务，突出民族风格、地区特色和时代精神，长期活跃在基层，通过开展"演出、宣传、辅导、服务"等活动方式，创作演出了一大批贴近实际、贴近生活、贴近群众的作品，服务基层、服务群众，提供公共文化产品和公益文化服务，进一步提高了文化惠民和综合服务的能力与水平。

每年举办的全市百日广场文化活动，体现了时代特点和地域特色，已成为常态化大型群众文化活动，为城镇文化建设增添了一道靓丽的风景。全市广场文化、社区文化、企业文化、军营文化、少儿文化等群众性文化活动主题突出，好戏连台，满足了广大人民群众的精神文化生活需求，并逐步形成了一批具有民族风格特色、地域文化特点和乡土文化气息的文化品牌活动，打造了漫瀚调艺术节、阿尔寨文化节、响沙文化旅游节、阿拉格苏力德文化节和萨拉乌苏民间艺术节等一大批有较大社会影响的文化品牌。系列化、品牌化正在成为鄂尔多斯市群众文化生活的新趋势、新特点。充分发挥图书馆、文化馆、群艺馆等国办文化单位的职能作用，通过文化业务的拓展和延伸，积极探索定点服务与流动服务相结合、设立基层联系点、派驻"文化特派员"等服务方式，促进公共文化面向基层、面向群众服务，组织开展一系列送图书下乡、送戏下乡等主题性群众文化活动。

3. 发挥家庭文化户和民间文化组织在流动文化服务中的作用

家庭文化户，是指以农牧区家户为单位，自觉进行文化投入、开展自娱自乐文化活动、为周围群众提供一定文化服务的家庭。鄂尔多斯传统文化的历史根脉，为家庭文化的建设奠定了基础。农牧区家庭文化建设，是一项文化惠民工程，是文化扩大覆盖、消除盲点、完善服务的有效举措。家庭文化建设，是进行农牧区大面积文化建设的有效途径，对提高群众素质、全面建成小康社会发挥重要作用。遍布边远地区的娱乐型、文艺型、知识型、科技型等各类家庭文化户，一个个成为小文化中心，为周围农牧民提供文化服务。家庭文化户和民间文化组织，在机制上成为公共文化服务体系的延伸，内容上形成公共文化有力的补充，特点上突出民族地域文化。

近年来，鄂尔多斯市乌审旗一方面得益于经济建设的突飞猛进、农牧民物质生活的提高，另一方面又基于雄厚的文化底蕴，一大批"文化独贵龙"脱颖而出。他们中有农民诗人、牧民文艺之家、根雕爱好者，有制作动植物标本、民族服装、民族乐器的，还有藏书、自建图书馆、自办妇女学校的等，在民间文化活动方面非常活跃。乌审旗旗委、政府在充分肯定这一文化现象的同时，于 2006 年 5 月，作出了在全旗各苏木镇嘎查村中组建"文化独贵龙"的决定，并相继出台了《示范文化户文化独贵龙民间文艺团队资助及管理办法》《文化独贵龙管理办法及标准》，有效地推动了"文化独贵龙"的发展。

"文化独贵龙"的定位：以文化户、民间艺人为主体，以配合草原文化促进会和文化部门带动农牧民开展文体活动、提高农牧民综合素质为主要任务的自我管理、自我教育、自我服务的民间组织。

"文化独贵龙"的目标和宗旨：以丰富群众性文化生活、提高农牧民综合素质和生活质量为目标，致力于占领农牧区思想文化阵地，服务于社会主义新农村新牧区建设。

"文化独贵龙"的独特作用：作为公共文化服务体系的延伸，上接文化站、文化室，下衔文化户，弥补文化站服务距离不足，文化户实力单薄、能力有限等问题，与文化站、文化室、文化户协调配合开展群众文化活动，近距离服务广大农牧民。

"文化独贵龙"的主要活动内容："三学两保一传承"。学政策：了解党的方针政策，关心国家大事。学文化：学习现代文化知识，学习文艺创作和表演。学技能：学习并掌握先进的、适用的生产技术，增强致富本领。保护文物遗存：自觉保护文物遗存，坚决同盗卖文物、破坏遗存的不法分子作斗争。保护非物质文化遗产：注重非物质文化的原生态性，避免其受到兼容与变异。传承优秀民族文化和民间文艺：热爱民族文化和民间文艺，传承精粹，发扬光大。

(二)创新点

流动文化服务是我国公共文化服务的一种覆盖方式，对于地广人稀、居住分散的地区来说意义重大。20 世纪 60 年代，鄂尔多斯各旗区相继成立了乌兰牧骑。乌兰牧骑，队伍小而精悍，装备轻便灵活，队员一专多能，节目小型多样，被称为草原上的文艺轻骑兵。在鄂尔多斯创建国家公共文化服务体系示范区过程中，它们推动流动文化服务转型升级，成为鄂尔多斯公共文化服务体系建设的显著特色和新模式。其创新做法：一是政府主导，全市普遍建立了以流动图书馆、流动文化馆、流动文化站、流动博物馆和流动电影站为主体的流动文化设施体系。二是充分发挥各级图书馆、群艺馆等国办文化单位的职能作用，通过文化业务的拓展和延伸，积极探索定点服务与流动服务相结合、设立基层联系点、派驻"文化特派员"等服务方式，促进公共文化面向基层、面向群众服务，组织开展了一系列送图书下乡、送戏下乡等主题性群众文化活动，使流动文化服务常态化。三是发挥家庭文化户和民间文化组织在流动文化服务中的作用，使其成为流动文化服务的有益补充和有效终端。

二、浙江省衢州市流动"文化加油站"①

衢州市地处浙江省西部，在经济实力、人才储备等方面相对薄弱，是浙江省西部的一个欠发达地级市，城乡公共文化服务水平差异较大，尤其是厂矿企业和农村群众文化生活比较滞后。一方面乡村文化需求迫切，但难就地满足；另一方面城市有优势文化资源，但潜力未充分发挥。因此，从2005年开始，衢州市探索将现有优质文化资源的触角向难以享受固定文化服务的地区和人群延伸，建设流动在群众身边的、服务内容广泛的、便捷的文化服务阵地。针对这一实际，衢州市首先尝试将"流动大篷车"开进基层，即以当地群众喜闻乐见的婺剧戏种为主，将民间传说、故事演绎编排成舞台剧，通过流动演出车这一载体送戏下乡。丰富多彩、健康向上的文艺演出深受厂矿企业职工和农村群众喜爱，"流动大篷车"很快成为家喻户晓的文化品牌。在此基础上，衢州市又鼓励文化系统各单位根据各自实际探索多种形式的流动文化服务平台。如今，衢州市流动"文化加油站"已形成系列文化活动品牌。

(一)主要做法

1. 采取多样化的服务和组织形式

"流动文化馆"常年免费送美术、摄影、阅读与写作、舞蹈、声乐、戏曲等培训进社区、校园、企业、部门，打造民工书画培训基地、女领导干部书画培训班、社区中老年健身舞骨干培训班等系列公益文艺培训活动品牌。

"流动图书馆"按照网格化管理模式划分单元网格，合理布局分馆、农家书屋和农村图书流通点，立足市县级公共图书馆资源优势，定期向各网格配送各类报刊、农业技术信息资料及图书，开展定题定点送展览、解答信息咨询等延伸服务。

"流动博物馆"则通过展板巡展进基层，与厂矿企业、部队、机关事业单位、社区、监狱、民工子女学校、边远山区小学等建立精品展览长期免费巡展机制。

此外，还有市总工会等开展的流动电影进企业、"民工俱乐部"等活动。同时，实施社会文化团体"孵化器"工程，通过组织文化馆业务骨干与基层乡镇结对帮扶，培育发展了一大批诸如"衢职技院舞蹈团"、"电力职工艺术团"和"市总工会退离休职工艺术团"等文化社团。

2. "5＋X"流动模式统筹协调公共文化服务

流动"文化加油站"具体表现为"5＋X"流动模式。"5＋X"流动模式延伸了公共文化服务终端，其中，"5"为"流动文化大篷车""流动图书馆""流动文化馆""流动博物馆""流动电影院"，"X"为"96811(为衢州日报报业传媒集团旗下公众号)流动图书馆""流动

① 浙江省衢州市文化广播新闻出版局：《流动公共文化服务的"衢州模式"》，载《公共文化》，2016(5)。

青少年宫""流动科技大篷车""流动俱乐部"等流动服务方式。前5种服务方式，是地县市级文广新局系统内的服务职能延伸；后面的"X"，体现了大文化的思路。"5+X"流动模式努力突破体制障碍，建立公共文化服务体系建设协调机制，统筹服务设施网络建设，实现跨部门、跨领域、跨系统文化项目的合作，有效实现资源的整合利用，从而整体提升区域公共文化服务水平。

3. 形成"四有"基本标准和"四式"加油方式

流动"文化加油站"的建设，形成了"四有"基本标准，即有场所、有活动、有队伍、有机制；"四式"加油方式，即公益式、直通式、多元式、播种式。

(1)"四有"基本标准。

第一，有场所，统筹基础设施建设。通过"流动图书馆""流动文化馆""流动博物馆""流动电影院"，把城区图书馆、文化馆、博物馆、影剧院等基础设施和农村文化礼堂有机链接，为群众提供便于聚集、乐于参与、环境相对优越的文化服务环境。文化礼堂是一个集礼堂、讲堂、文化活动场所于一体的农村综合性文化场所，可以开展节庆礼仪、乡风文明、教育培训、文体娱乐等各项活动。通过文化礼堂建设，积极整合农村演出舞台、音像放映、文体活动室、农家书屋、讲堂等各类设施，建立起较为完善的农村加油站终端服务平台体系。

第二，有活动，合理设置服务内容。围绕"文化彩虹，精神家园"主题，将城区图书馆、文化馆、博物馆、影剧院的各类公共文化服务内容和资源，有计划地输送流动到农村文化礼堂，给农民进行"文化加油"，进而传播现代文明，营造人人崇善、人人向善、人人行善的良好道德风尚，不断提高农村文明程度。一是送精品。各类流动文化服务平台依托各线工作资源，积极交流，引进各地各类精品，使群众在家门口就能享受"上档次"的文化服务。二是送新品。例如，"流动电影院"及时采购城市影院尚未下线的商业电影节目送到农村基层，让老百姓能在家门口欣赏到城市影院播放的电影。三是送服务。根据各地农村对公共文化服务的不同需求，开展分类服务。例如，偏远山区留守儿童较多，流动文化服务工作者就精心挑选一批少儿读物、卡通漫画电影和科普展览送到各地进行巡展。

第三，有队伍，整合各项人力资源。一是专业队伍整体转为流动服务队伍。各级各类文化专业队伍就是流动服务队伍，全部有计划、有组织地参加流动服务。例如，为做好"流动大篷车"工作，市西安高腔传习所成立了农家乐文化大篷车艺术团，安排了一批固定的核心演员，所里其他演员按需参演。二是建立市县乡村四级流动"文化加油站"工作联络员队伍，具体联络和服务流动"文化加油站"建设。这些人员既是联络员又是组织员还是讲解员。三是建立农村文化礼堂管理员队伍，各村配备一名以上的专兼职管理员，负责农村文化礼堂的日常管理。四是打造一支管理有序、服务专业、覆盖全市的流动"文化加油站"志愿者队伍。目前全市登记在册的流动文化加油站志愿者有2万余人。

第四，有保障，建立健全各项机制。2006年以来，衢州市委市政府每年都将送戏、送书、送电影等文化惠民工程写入政府工作报告，列入为民办实事项目，列入市委市政府对各县(市、区)的年度综合考核项目，有力推动了流动"文化加油站"工作扎实、持久开展。每年年初将流动文化服务考核目标任务细化分解到各流动文化服务平台，再由相关责任单位制订年度工作计划，通过"一月一汇总，一季一通报，一年一考核"，保障流动文化服务有序开展、落实到位。稳步推进各流动文化服务平台标准化建设，以"流动图书馆"为例，研究制定了《图书流通操作办法》《图书流通车工作管理办法》《流通点管理员培训手册》《图书流通点准入制度》等系列规章制度，规范了"流动图书馆"的服务和运行。

(2)"四式"加油方式。

第一，公益式加油，实现城乡公共文化服务均等化。流动"文化加油站"以"政府主导、社会参与、市场化运作"为方向，对农民提供纯公益性服务，运作上不给农民增加任何负担，而且演职人员的吃、住、行等开支也全部自筹解决，即使在偏远乡村只能在农家吃饭，也严格按照每人每餐15元的标准支付，不花农民一分钱。

第二，直通式加油，实现文化资源效用最大化。流动"文化加油站"最大限度地发挥了文化资源的绩效，部分弥补了农村山区政府投入不足、文化资源贫乏等缺陷。由于各级财政投入的公共文化资金远远不能满足实际需求，因此县、乡、村普遍缺文化人才、缺文化器材、缺文化设施、缺文化场所；有的有器材有设施，但不能得到有效利用。为此，流动"文化加油站"直接开到农民家门口，减免中间环节，充分发挥城市文化资源效用，使政府投入绩效最优化、服务供给最大化。

第三，多元式加油，实现公共文化服务全社会共建共享。在内容上，把时事宣传和地方文化普及有效融合。近年来，流动文化平台编送的"最美"系列文艺节目，科技知识普及书籍、展览和影片，深受群众欢迎，起到了寓教于乐的独特作用。此外，地方特色文化是群众最感亲切、最喜闻乐见的文化，是群众最欢迎的文化。衢州市开展的流动"文化加油站"活动正是传承和弘扬中华民族优秀文化的有效方式。在活动主体上，它为社会各界开辟了支持参与文化的渠道，搭建了宣传自身、服务群众的理想载体。例如，团市委几年来与文化部门互动，开展"流动青少年宫"活动；市妇联与文化部门一起在全市开展留守儿童"文化微心愿"活动。江山廿八都民俗艺术团主动申报参与流动"文化加油站"活动，免费到学校、企事业单位演出。司法、计生、国土、药监、民航机场等许多部门单位都先后与"流动大篷车""流动电影院"这些平台合作，宣传自身工作，进一步丰富流动"文化加油站"内容，相得益彰。

第四，播种式加油，实现乡风文明。最美现象在衢州市发展的实践证明，再发达的媒体传播也不能取代面对面的信息交流和思想教育。社会主义核心价值观必须融于群众路线中，立足大众、贴近群众、关注民生，通过身边人讲身边事、身边事感动身边人，才能让更多的群众自我教育、自我管理、自我服务，做到内化于心、外化于行。

流动"文化加油站"以流动、灵活、见缝插针的宣传服务形式，将社会主义核心价值观以群众喜闻乐见的文化形式传达给基层群众，用社会主义的先进文化有效占领农村的思想文化阵地，是建设最美衢州、仁爱之城的有效抓手。

各类流动文化服务平台常年在全市基层流转服务。此处仅以"流动文化大篷车"的实践为例予以说明。

"流动文化大篷车"：田野上的舞台

"流动文化大篷车"以衢州市农家乐大篷车艺术团为依托，此艺术团由本土剧团衢州市西安高腔传习所改制而成。自2005年在全国率先启动以来，已巡回演出1600余场，受益观众达120余万人，得到了中宣部、文化部领导批示肯定。

一、"流动文化大篷车"的服务对象和服务内容

"流动文化大篷车"的服务对象为全市范围的乡镇、农村等基层人民群众，以学校、军营、监狱、敬老院等的人群为重点。其服务内容包括如下方面。

第一，配合宣传党委、政府的方针政策。大篷车把文艺演出与形势政策宣传结合起来，创作编排一系列喜闻乐见的文艺节目，以寓教于乐的专题演出深入浅出地传达党的方针政策和最新精神，引领农民群众积极投身社会主义新农村建设。

第二，宣传普及与农民群众生产生活密切相关的信息。大篷车可与相关部门单位合作，开展交通安全、食品、药品、土地法、计划生育、小额贷款等与农民群众生产生活息息相关的专题宣传演出。

第三，免费为农民群众提供送戏下乡服务。大篷车常年流动于农村基层，坚持"不花农民一分钱"的纯公益原则，全心全意为农民提供优质文化服务，缓解基层群众"看戏难"问题。对大篷车不能到达的偏远山区，以文艺小分队的形式开展演出。

第四，为基层农村培育和扶持文艺骨干。大篷车在下乡演出时，坚持"送文化"与"种文化"相结合，发现和培育农村文艺人才，把农村文艺骨干自编自演、具有浓厚乡土气息的节目请上舞台，充分展示农民群众的自身才艺。

二、"流动文化大篷车"的服务形式

第一，以流动舞台车为载体开展巡回演出。市本级和各县（市、区）要为具体提供流动文化服务的单位配置一辆特种演出车。演出车展开后可搭建成90平方米的舞台，并配有灯光、音响等成套设备。市、县"流动文化大篷车"每年免费送戏下乡不少于200场。

第二，以文艺小分队的形式开展文艺辅导培训。对于天气、路况等不允许大篷车到达的偏远山村，大篷车所在单位要组织文艺小分队，步行进村开展演出，并为农民文艺骨干开展文艺创作、表演等专题培训和辅导。市、县流动大篷车每年免费为农民群众开展培训和辅导不少于10次。

第三，建立"流动剧院"数字网络服务平台。在网络服务平台建立流动大篷车节目库，并实行动态管理，做到常换常新。适时在《农家报》等新闻媒体上公布多批次的储备节目，供农民群众自由挑选点演。农民喜欢什么节目，就可以点演什么节目，足不出户就可以预约演出，真正做到需求互动。

第四，建立"流动文化大篷车"服务联络点。以行政村为基本单元，建立"流动文化大篷车"服务联络点，每月做一次演出计划整体安排。在每次演出之前，"流动文化大篷车"联络人员与乡镇文化员进行联系沟通，确定演出时间和地点，以通知和预告的形式告知农民群众；演出后还要做好农民群众的意见征集反馈工作。

(二)创新点

流动文化服务是打通公共文化服务"最后一公里"的有效途径之一。浙江省衢州市地处浙江西部，经济实力、人才储备等方面相对薄弱，是浙江省西部的一个欠发达地级市，城乡公共文化服务水平差异较大。衢州市结合本市实际，以流动"文化加油站"为载体，让文化从城市"高地"流向农村"洼地"，成为全国基层公共文化服务工作的生动样本。2014 年 5 月 30 日，全国基层公共文化服务工作现场经验交流会在浙江省衢州市召开。其创新做法：一是实施"5＋X""文化加油站"流动模式，统筹文化系统内外流动文化设施资源，建立流动公共文化服务体系建设协调机制。二是形成"四有"标准和"四式"加油保障，确保流动文化取得实效。

三、浙江省宁波市鄞州区"流动文化服务平台"[①]

为完善文化下乡新机制，繁荣农村尤其是偏远地区文化生活，消除政府公共文化服务盲区，近几年浙江省宁波市鄞州区投入千余万元探索搭建了公共文化服务新平台"流动文化设施"，每年至少赴基层送图书 30000 册、送电影 5000 场、送演出 1000 场、送培训辅导 250 次、送讲座 30 场、送展览 20 期。

(一)主要做法

1. 通过"流动图书馆"，有效缩短公共图书馆与读者间的距离，实现图书馆公益服务全覆盖

一是 2008 年 11 月鄞州区政府出资 30 万元购置的全市首辆"汽车图书馆"投入使用。该流动图书车可装载书籍近 2000 册，配有电脑、打卡机、无线上网设备及空调、投影仪等，可提供咨询、办证、图书借还和电影放映等多项服务。"汽车图书馆"的"三选两定"服务模式即服务点选择、服务时间与地点选择、装载图书种类选择按需而定，固定时间、固定地点一月一次上门服务，不仅能在短时间内把服务点延伸至各个有需求的

---

① 金慧君：《鄞州搭建"流动文化服务平台" 致力打通公共文化服务最后一公里》，http://zw. nbwh. gov. cn/art/2013/3/18/art_49_38051. html，2016-09-10。

角落，而且变图书馆传统的"守株待兔"的被动服务为"送书上门"的主动服务，有效提高了馆藏图书资源利用率。2011年，鄞州区又新添一辆"汽车图书馆"，至2013年3月已建立起"汽车图书馆"服务点63个，上门服务2117次，车程5.42万千米，接待读者9.8万余人，借阅图书12.5万余册，办理借书证9744张。二是2012年起区图书馆品牌讲座"明州大讲堂"把主讲阵地从原来主要集中在区图书馆转移到基层，进一步扩大了服务受众面，2012年共举办的47场讲座中有29场送入基层；同时讲座形式也由以现场聆听为主拓展至现场聆听、电视聆听、网上聆听三条途径，并把每期讲座制作成视频放到文化共享工程网上，方便大家随时免费下载观看。三是2006年10月推出"漂流书库"爱心计划，区图书馆通过多渠道征集爱心书刊，通过多途径架起供需双方沟通桥梁，通过多形式服务不同漂流点受众群体。至2013年3月，已建立漂流点59个，累计征集书刊89318册，漂流书刊6万余册，受惠人次10余万，"漂流书库"足迹遍布山区偏远学校、外来务工子弟学校、军营、企业、新鄞州人聚居区，并远涉河南、贵州、云南等地，其最初梦想的"物尽其用，让闲置的书籍流动起来，让甬城每一个爱书人有书读"的局面正逐步实现。

2. 通过"流动电影院"，有效改变基层群众家门口看电影难、电影放映效果差的状况

一是2005年鄞州区已开始开展数字电影"五进"公益放映活动，区电影公司利用拥有的23套带有GPS监控功能的先进数字放映设备和一支由35名数字电影放映专员组成的"流动电影放映队"，常年奔波于区内各行政村、社区、企业、工地及学校，开展"农村电影放映工程""百场电影进企业、进社区""建筑工地周末影院""爱教电影进校园"等系列活动，确保了区内至少"每个村每月一场电影""大型建筑工地每周末一场电影""每个学年每位中小学生两场电影"的公益电影放映，仅2012年"五进"活动共放映公益电影5860场，惠及观众218万余人。二是2011年鄞州区启动"天天乐"农村文化娱乐工程，通过政府向符合条件的行政村文化中心统一配送成套音响设备和定期配送影片光盘，实现了从"送电影下乡"到"送影院下乡"的跨越式转变。每个"天天乐"村级文化娱乐中心都安装有一套价值6万余元、专为乡村量身研发的"多功能全数字电影、娱乐、会议系统"，每周至少放映两场公益电影，放映效果堪比城市影院，被村民誉为家门口的"免费万达影院"。目前已建成村级文化娱乐中心110家，今后还将向其他村（社区）推广。

3. 通过"流动大舞台"，有效解决基层演出场地与设施受限以及演员缺乏等问题

一是2006年4月鄞州区政府出资100余万元在全市推出首辆"文化直通车"。此辆多功能流动舞台车集舞台、音响、灯光等演出常用设备于一体，配有流动的全数字调光系统及应急发电系统，每到一处卸下车门短短半小时内就能由一辆普通集装箱货车平展为一个面积约120平方米的临时舞台，大大缩短了以往1至2天的搭台时间，且其视声觉效果不亚于城市影院，又突破了剧场人数限制，可满足近5000名观众的观赏需求。"文化直通车"目前已建立了有 200 多个常规节目的节目库,每年下乡搭台演出 250 场以上,至今已演出 2000 余场。二是 2009 年 3 月启动"天天演"文化惠民工程。政府每年出资 800 余万元委托专业文化公司搭建演艺产品供需信息、集中采购、统一配送三大平台,并按照每年 800 多场、20 余类高质量演出 95% 的比例免费送到基层,每村至少 1 至 2 场,鄞州区百姓不用跑北京、上海的大剧院,在家门口即可亲睹国家、省市级专业演艺团队风采。至今"天天演"已累计送演出下乡 3280 场,其中市级以上 707 场。三是 2012 年 10 月区文艺中心小剧场开辟出"周末戏曲群星大舞台"。在小剧场每个无演出安排的双休日,区内优秀业余戏曲团队通过自愿申报、相关审核,即可登上群星大舞台展演各自优秀剧目;百姓免费观看。这成为鄞州区百姓一个可免费登台唱戏、免费看戏、免费交流切磋的周末"文化基地"。

4. 通过"流动文化馆",有效破解基层尤其是偏远地区共享文化馆资源受限的难题

一是区文化馆专门组建了一支"流动文艺讲师团",根据基层需求申报或预约,主动将公益文化服务(含各类群众文艺项目培训、广场演出指导、基层文化活动策划与辅导及流动展览等)送到乡镇(街道)、村(社区)、工业园区,送到交通不便的群众家门口,形成了区文化馆业务骨干定期、不定期下基层的常态服务机制。仅 2012 年"流动文艺讲师团"就下基层举办各类培训 64 期,上门提供辅导 159 次,送展览进基层 4 期,内容涉及美术、摄影、书法、舞蹈、声乐、戏曲、文艺创作、非遗等 20 余种。二是区文化馆在外来务工人员较集中的工业园区设立"园区文化艺术培训基地",每月定期派遣业务干部赴园区开展辅导培训,把公共文化服务全方位融入园区的企业文化建设之中。目前首个"园区文化艺术培训基地"已在滨海工业园区成立,并针对园区外来务工人员开办了声乐和舞蹈两个培训班。

5. 通过"流动博物馆",有效扩大博物馆的辐射力和文化影响力,实现全民共享博物馆

一是鄞州区通过出台政策,对民办博物馆增添"流动博物馆"设施设备给予最高不超过 5 万元的补助,以鼓励各博物馆积极开展"流动博物馆基层行"活动。例如,2012 年区内多家博物馆联合开展了为期一个月的"流动博物馆基层服务鄞州行"活动,以博物馆藏品(或复制品)流动展览、主题流动展板、现场非遗演示、现场鉴宝等为主要内容,在全区各乡镇(街道)流动巡展,后来巡展范围又具体至学校、企业、广场、工地等。二是"引进来"和"走出去"盘活博物馆资源。鄞州区民办博物馆补助政策规定,对民办博物馆引进或赴外地博物馆举办的临时展按展品数量和档次将分别给予每次 2 万~ 4 万、3 万~10 万元的补助,这极大地激发了博物馆举办临时展的热情。例如,宁波(鄞州)博物馆每月都有不同主题的临时展推出,近两年区内民办博物馆共引进外地博物馆临时展 21 场,赴外地博物馆举办临时展 9 场。此外,还鼓励区内民办博物馆间经常交换展品互展,在博物馆间建立起畅通的"内循环",实现了百姓在家门口对博物馆资源的互惠共享。

(二)创新点

宁波市鄞州区是浙江省相对发达的地区，但是公共文化服务依然在农村尤其是偏远地区存在"盲区"。鄞州区是第一批国家公共文化服务体系示范区。鄞州区结合本地实际，搭建了公共文化服务新平台"流动文化设施"。其创新做法：一是搭建"流动图书馆"，有效缩短了公共图书馆与读者间的距离，实现了图书馆公益服务全覆盖；二是搭建"流动电影院"，有效改变了基层群众家门口看电影难、电影放映效果差的状况；三是搭建"流动大舞台"，有效解决了基层演出场地与设施受限以及演员缺乏等问题；四是搭建"流动文化馆"，有效破解了基层尤其是偏远地区共享文化馆资源受限的难题；五是搭建"流动博物馆"，有效扩大了博物馆的辐射力和文化影响力，实现了全民共享博物馆。

四、江苏省苏州市吴江区"区域文化联动"巡演活动①

吴江位于江浙沪交界之处，南接杭州、北依苏州、东临上海、西濒太湖，被称为"吴根越角"。2012 年 10 月，吴江撤市设区。目前，下辖 8 个镇，其中 1 个国家级开发区、2 个省级高新区、1 个省级旅游度假区。因地理位置的差异，吴江南、北、东面文化认同也有所差异，文化元素具有多样性。南面与浙江有割舍不断的丝缕关系，北面受到苏州的辐射，东面受海派文化影响深刻。西面太湖滩涂上还有新建的移民乡镇，更是南北文化的熔炉。

(一)总体构思和预期目标

第一，有效地整合、利用区域内文化资源，降低公共文化服务成本，利用政府的公共服务平台提高公共文化服务效益。

第二，利用吴江处于江浙沪的交界处，有"吴根越角"这一特殊的地理优势，将吴江乡镇文化建设放到全辖区乃至长三角一个较为宏大的格局中，加强同质和异质文化之间的交流、交融和互动，促进区域内文化的共享、共建与共荣。

第三，通过实施区域联动项目，活跃和丰富城乡文化生活，满足人民群众的精神文化生活需要，维护和实现人民群众的基本文化权益。

第四，创新载体，创设活动，创优作品，提升吴江公共文化服务水平和质量，完善公共文化服务体系。

第五，践行科学发展观，以区域文化联动促进吴江经济社会文化协调发展，促进社会和谐稳定。

第六，通过打造区域文化联动项目品牌，彰显吴江的文化品格，增强吴江的文化软实力和核心竞争力。

---

① 文化部科技司：《第三届文化部创新奖获奖项目：区域文化联动》，http://www.mcprc.gov.cn/sjzz/whkjs_4737/whkjs_ztlm/whkjj_whbcxj/201111/t20111128_345275.htm，2016-09-11。吴采莲：《吴江区域文化联动向"长三角"扩展》，载《长三角》，2009(4)。

（二）主要措施

1. 建立区域文化联动组织机制

先是在 2003 年建立了由原吴江市文化馆牵头，盛泽、平望、震泽 3 个镇的文化服务中心参加的文化联动组织机制；2004 年，建立了由原吴江市委宣传部、原吴江市文广局牵头，会同诸多政府部门、原十个镇党委镇政府参加的联动组织机制；2009 年 2 月，建立了由原吴江市文广局牵头，上海市青浦区文广局、浙江省湖州市文化馆、浙江省嘉善县文广新体局共同参加的"长三角区域文化联动"组织机制。

2. 创设区域文化联动载体和平台

创设了"吴江市三镇联动大型文艺巡回演出""吴江市十镇联动大型文艺巡回演出""江浙沪文化联动大型文艺巡回演出"等载体和平台，举办了系列农村文化广场演出活动。整个活动由原吴江市委宣传部、原市文广局，以及各镇党委、政府等主办；原吴江市文化馆、各镇文化服务中心承办；相关政府机关、企事业单位协办。

3. 制定开展区域文化联动的一整套方法

为了切实做到文化联动，使"吴江市十镇联动大型文艺巡回演出"收到良好的效果，吴江形成了一整套工作方法。每年"十镇联动大型文艺巡回演出"举行之前，原吴江市委宣传部、原吴江市文广局都要召集所有乡镇及相关部门开会，研究演出主题、内容和形式。在具体实施过程中，由原吴江市文化馆负责演出活动的策划、辅导、统筹、舞台、灯光、音响、舞美等工作，并在组织、业务、技术上提供服务和保障。各镇各自创作、排演一台 90 分钟的节目，先在本镇的文化广场演出，再由原市文化馆从各镇排演的节目中抽调部分优秀的节目组成一台综合节目，到各镇巡回演出。每年区域文化联动大型广场文艺演出活动全程历时均为 3 个月，原则上从 5 月开始至 7 月结束，每周在镇文化广场演出 2 场，共演出 20 场以上。

4. 不断丰富区域文化联动的内容和形式

为了使区域文化联动常搞常新，吴江不断丰富区域文化联动的内容和形式。在内容和形式上做到年年有不同，年年有新意，使区域文化联动始终保持强大的吸引力、感召力，以及旺盛的内在活力。每年确定不同的活动主题，始终做到"三个贴近"；演出节目、演艺设备不断更新；让老百姓不仅能得到基本的文化权益享受，而且能享受到更高更优更新的文化成果。

（三）创新点

江苏省苏州市吴江区"区域文化联动"巡演活动拓展了区域文化建设的途径和空间，开启了构建公共文化服务体系、提升公共文化服务能力、推动文化大发展大繁荣的新思维，创造了区域文化交流、合作、共享、共建、共荣的成功模式。从 2003 年的"三镇联动"到 2004 年覆盖整个吴江的"十镇联动"，再到 2009 年发展到包括浙江省湖州市、嘉善县和上海市青浦区等在内的长三角地区的文化联动，肇始于吴江的区域文化联动，盘活了覆盖更广大地域的农村文化资源，极大地丰富了区域内群众文化生活，这对于破解当前农村文化建设中存在的经费紧张、设施落后、人才短缺、艺术水准较低等困境，均具有重要借鉴意义。2009 年 10 月，区域文化联动获得第三届文化部创新奖，并被列为国家文化创新工程项目。其创新做法：一是建立区域文化联动组织机制。先是在 2003 年建立了由原吴江市文化馆牵头，盛泽、平望、震泽三个镇的文化站参加的文化联动组织机制；2004 年，建立了由原吴江市委宣传部、原吴江市文广局牵头，原十个镇党委镇政府共同参加的联动组织机制；2009 年 2 月，建立了由原吴江市文广局牵头，上海市青浦区文广局、浙江省湖州市文化馆、浙江省嘉善县文广新体局共同参加的"长三角区域文化联动"组织机制。二是创设区域文化联动载体和平台。创设了"吴江市三镇联动大型文艺巡回演出""吴江市十镇联动大型文艺巡回演出""江浙沪文化联动大型文艺巡回演出"等载体和平台，举办了系列农村文化广场演出活动。整个活动由原吴江市委宣传部、原市文广局，以及各镇党委、政府等主办；原吴江市文化馆、各镇文化站承办；政府机关、企事业单位协办。三是制定开展区域文化联动的一整套方法。为了切实做到文化联动，吴江市形成了一整套工作方法。每年"十镇联动大型文艺巡回演出"举行之前，原吴江市委宣传部、原吴江市文广局都要召集所有镇及相关部门开会，研究演出主题、内容和形式。在具体实施过程中，由原吴江市文化馆负责演出活动的策划、辅导、统筹、舞台、灯光、音响、舞美等工作，并在组织、业务、技术上提供服务和保障。各镇各自创作、排演一台节目，先在本镇的文化广场演出，再由原市文化馆从各镇排演的节目中抽调部分优秀节目组成一台综合节目，到各镇巡回演出。每年区域文化联动大型广场文艺演出活动全程历时均为 3 个月，原则上从 5 月开始至 7 月结束，每周在乡镇文化广场演出 2 场。四是不断丰富区域文化联动的内容和形式。为了使区域文化联动常搞常新，吴江不断丰富区域文化联动的内容和形式。在内容和形式上做到年年有不同，年年有新意，使区域文化联动始终保持强大的吸引力、感召力，以及旺盛的内在活力。"区域文化联动"盘活了区域内的文化资源，突破了以行政区划为界限配置公共文化服务资源的体制，特别是农村公共文化服务体系建设问题。①

五、四川省成都市百姓故事会巡讲活动②

2012 年 3 月底，成都市在全市开展了以"传播主流价值、丰富文化生活、提升文明素养、展示成都精神"为主旨的百姓故事会巡讲活动。

---

① 金健康：《江苏吴江市深化"区域文化联动"》，http://www. wenming. cn/whtzgg_pd/ggjxs/201105/t20110505_166684. shtml，2016-09-20。

② 夏光明、欧阳金雨、赵雷：《故事妙趣横生 道理深入人心——成都"百姓故事会"见闻与启示》，载《光明日报》，2013-07-11。

（一）主要做法

1. 健全机制，组织性强

自 2012 年开始，成都市委先后多次发文，制定出台开展百姓故事会巡演活动的实施意见。市委宣传部会同有关部门和各区（市）县，提出了"有组织领导、有活动场地、有经费保障、有骨干人员、有提炼故事、有活动现场背景、有活动记录"的"七有"要求。活动开展以来，全市建立起团队联络、信息报送、工作推进、专家评议、效果测评"五位一体"的工作机制，组建市、县、镇、村四级 5000 余人的工作团队。2012 年 4 月，成都电视台组织开展故事会 PK 赛，按电视选秀模式面向基层广泛征集故事达人。这批故事达人逐渐成长为繁荣基层群众文化活动的骨干力量。全市还建立故事资源库，收集故事，编印《百姓故事会》月刊并向百姓发放。

2. 创新载体，参与性强

成都故事会有基层现场故事会、广播电视远程故事会、百姓故事会 PK 赛、故事会·道德讲堂、网络故事会五大板块，通过创新载体不断拓宽故事传播的渠道。老百姓创作、表演、欣赏没有任何门槛。他们可以作为观众，聆听、观看各个妙趣横生的故事；也可以作为创作者，自发寻找线索、采访记录，挖掘身边的好人好事；还可以作为讲述者，绘声绘色演绎身边人、身边事。百姓故事会不仅在日常生活中给基层群众带来了丰富的文化生活，也满足了更多人交流、讲述、互动的需求，把越来越多的听众最终变成了参与者、践行者。

3. 细分受众，针对性强

故事会巧妙地将国家大政方针和党委政府的中心工作融入故事中，针对不同对象设置不同的内容。在城乡接合部讲述美丽村镇建设故事，在产业园讲述大学生创业故事，在拆迁社区讲述道路改造、城市建设故事，在老人较多的居民楼里讲述劳动社保故事、卫生保健故事。针对不同的对象，故事会活动形式也不一样。针对青年群体，新都区推出"情景剧"版故事会，高新区推出"微电影"版故事会；针对曲艺爱好者，金牛区推出曲艺故事会；针对社区群众，肖家河街道成立邻里文化社区。故事会把城市街巷记忆融入百姓故事中，深受群众欢迎。

（二）创新点

四川省成都市别具一格以百姓故事会巡讲活动为载体，以"传播主流价值、丰富文化生活、提升文明素养、展示成都精神"为目的，用老百姓喜闻乐见的方式，讲述百姓身边真实故事，使百姓故事会巡讲活动成为全市弘扬社会主义核心价值观的重要抓手和展示成都城市精神的重要窗口，在全国产生积极影响。[①] 其创新做法：一是建立健全组织机构，形成环环相扣的工作体系。成都市委先后制定出台开展百姓故事会活动的

---

① 付启、杨甦：《分享百姓好故事 争做美丽成都人》，载《成都日报》，2013-04-15。

实施意见，市委宣传部会同有关部门和各区（市）县提出活动"七有"要求，同时，全市建立起"五位一体"的工作机制。二是坚持载体多样化，使活动覆盖到最基层的村和社区。三是树立百姓故事会的主角是广大人民群众的理念，实行故事会的内容随群众的需求而定的策略，实现了常讲常新，令群众百听不厌。

第三部分　案例分析

一、公共文化流动服务是实现公共文化服务均等化目标的重要举措

受城乡二元结构的影响，我国的公共文化服务在城市和乡村出现了两极分化现象，城乡公共文化服务水平的落差既反映了城乡经济社会发展水平的差距，又助长了城乡差别的持续扩大。因此，打破城乡二元结构，分阶段实行均等化，最终实现一体化，将会贯穿我国城乡一体化进程的始终。同时，我国幅员辽阔，东西部地区经济社会发展程度差距很大，特别是边疆少数民族地区，固定的公共文化设施很难做到服务人群的全覆盖。比如，鄂尔多斯牧区游牧生活流动性强，光靠固定的文化设施作用有限，流动文化服务就十分必要。实际上，不仅偏远的农牧区需要流动文化服务，大城市同样需要，大城市同样存在公共文化服务的盲区，比如就农民工和老弱病残者的公共文化服务而言，流动文化服务大有可为。比如，衢州市流动"文化加油站"的流动电影进企业、进校园活动，之所以受到热烈欢迎，就是因为这些流动文化活动极大地方便了群众，让文化从城市"高地"流向农村"洼地"，大量流动的公共文化资源在农村文化礼堂集散，形式多样的文娱活动在这里开展。宁波市鄞州区搭建的"流动图书馆""流动电影院""流动大舞台""流动文化馆""流动博物馆"五大"流动文化服务平台"，有效地促进了城区公共文化服务资源向基层的延伸，保障了广大群众的基本文化权益，打通了公共文化服务"最后一公里"。成都市"百姓故事会"系列群众文化活动的开展，打破了文艺创作与生活的界限，把群众从文化的旁观者变为参与者，充分调动了广大基层群众参与文化活动的积极性。同时，成都市百姓故事会重心下移的服务模式，带动了各级公共文化服务面向基层，实现了公共文化服务、资源的公平分配和均衡布局。成都市基层百姓故事会的开展，把村一级的公共文化设施有效利用起来，使基层文化活动的开展得以均衡布局。所以，流动文化服务是有效扩展公共文化服务覆盖面、缩小城乡公共文化服务水平差异、逐步实现公共文化服务的均等化目标的重要手段。

二、公共文化流动服务是实现跨部门、跨行业、跨地域公共文化资源的整合流动和互联互通、共建共享的有效手段

《中共中央办公厅、国务院办公厅关于加快构建现代公共文化服务体系的意见》明确指出，要开展公共文化巡展巡讲巡演服务，实现区域文化共建共享。当前公共文化

建设存在着资源不足与资源浪费并存的状况，对于当下我国公共文化服务体系建设而言，其根本症结不在于资源匮乏，而在于加大投入、加强建设的同时必须先解决文化系统及全社会资源如何有效整合、提高效能的问题。对此，开展公共文化巡展巡讲巡演服务是行之有效的手段。江苏省苏州市吴江区"区域文化联动"巡演活动和四川成都百姓故事会巡讲活动为我们提供了鲜活的案例。

三、公共文化流动服务是传承地域文化、加强公共文化单位之间相互交流的有效载体

吴江区域文化联动活动，不仅把喜闻乐见、精彩纷呈的"文化大餐"送到了农村，优化整合了农村的特色文化资源，丰富和繁荣了农村群众文化，更关键的是区域文化联动逐步走出本地小区域，在整个长三角地区扩展，为传承吴越文化，推进长三角区域文化融合作出了积极的努力。把吴江特色的传统的优秀文化奉献给更大范围社会区域的同时，让吴江更多地看到、学到其他地区构建公共文化服务体系、开展新农村文化建设的经验。县区互动、区镇联动、镇村齐动，区域文化联动的扩展，不仅是对本区域新农村的建设，还是更大区域范围内的共同发展，无疑是一项具有积极意义的好举措。

第四部分　结语

大力开展流动文化服务，有利于完善公共文化服务体系，实现与固定设施服务、数字服务的相互补充、有机结合，扩大服务范围，实现公共文化服务全覆盖；有利于整合公共文化资源，提高公共文化服务效能，使群众能够便捷地享受服务，实现公共文化服务低成本、高效率运行；有利于促进基本公共文化服务均等化，解决老少边穷地区以及老年人、未成年人、残疾人和农民工等特殊群体公共文化服务供给不足的问题，对于弘扬社会主义核心价值观，改善文化民生，更好地保障群众基本文化权益具有重要意义。

大力开展流动文化服务，要发挥政府的主导作用，协调相关部门、动员社会力量广泛参与，共同推进流动文化服务工作开展。要面向基层，把基层作为流动文化服务的重点，以需求为导向，开展群众便于参与、乐于参与的文化服务，提高工作的针对性和精准度。要创新流动服务的工作模式和运行机制，统筹利用各方资源，丰富服务内容，为群众提供更多优质的公共文化产品和服务。要因地制宜，注重实效，根据各地经济社会发展水平、自然条件和文化工作基础等因素，采取符合实际的措施和方法开展流动文化服务，确保取得良好效果。

思考题

1. 简述流动文化服务的概念、类型及特征。

2. 简述公共文化流动服务的意义。

3. 结合地区实际，分析当前公共文化流动服务存在的主要问题并提出解决的举措。

案例 4　总分馆制建设

第一部分　背景透视

一、总分馆制的概念、特征及类型

总分馆制是公共文化服务体系建设的一种模式，是实施公共文化服务与管理的一种机制，是由同一个建设主体资助建设、一个主管机构管理的公共文化服务机构群，其中一个机构处于核心地位作为总馆，其他机构处于从属地位作为分馆；分馆在行政上隶属于总馆，或与总馆一起隶属于同一个主管部门，总馆在业务上领导和管理分馆。总分馆制是公共文化服务内容方式和体制机制的创新，是推进公共文化服务发展的重要政策措施。

总分馆制的基本体制是"一个总馆＋多个分馆"，总馆处于核心地位，分馆处于从属地位；分馆在行政上隶属于总馆，或与总馆一起隶属于同一个主管部门，在业务上接受总馆的管理和领导。在"一个总馆＋多个分馆"的基本结构下，分馆还可以下设服务点，深入文化服务，从而形成"一个总馆＋多个分馆＋若干服务点"的结构。

总馆与分馆具有相同的管理理念和服务理念，总馆对分馆实行业务管理或进行业务指导。总馆与分馆有相同的服务规范和服务模式，分馆可根据自身的条件，有选择地推出与总馆相同的服务项目，也可以形成自己有特色的服务项目。分馆或服务点深入地方或基层推动公共文化服务，从而实现公共文化服务标准化、均等化。

由于公共图书馆总分馆制相对成熟，此处以公共图书馆总分馆制的类型划分来阐释总分馆制的类型，文化馆总分馆制可以依此类推。根据不同的标准，可以将公共图书馆总分馆制划分为不同的类型。例如，依据服务对象及馆藏性质，在总馆下，分馆可区分为一般性分馆及专门性分馆；依据分馆规模和功能，在总馆下，分馆可区分为地区分馆、社区分馆或邻近分馆、次分馆，并设有寄存站、图书馆分送中心（阅览中心）、移动图书馆（汽车图书馆）。[①] 此处重点介绍依据总分馆组织体系及紧密程度，将公共图书馆总分馆制整个体系所划分成的四种类型，即标准型、准标准型、联盟型（合作型）、集群管理型。这四种类型也是"图书馆总分馆模式"。[②]

[①] 刘兰、黄国彬：《国外公共图书馆总分馆制典型案例分析及其启示——以洛杉矶公共图书馆总分馆制为例》，载《图书馆建设》，2010(8)。

[②] 王以俭：《公共图书馆实行总分馆制管理模式研究》，载《绍兴文理学院学报（哲学社会科学）》，2010(1)。

第一，标准型图书馆总分馆制。

标准型图书馆总分馆制，也称为"较为彻底的总分馆制"，① 亦称"真正意义上的总分馆制"，即国际上通行的总分馆制，即总馆和分馆共享同一个建设主体并隶属于同一管理单元。分馆是总馆的一个直属部门和派出机构，人、财、物由总馆统一规划和管理，文献资源由总馆统一采购、编目、配置，分馆从事读者服务工作，总馆与分馆实现一卡通用、通借通还、文献检索与数字资源共享。总分馆之间紧密联系在一起。

第二，准标准型图书馆总分馆制。

准标准型图书馆总分馆制是一种准总分馆制，即基本上不改变各参与图书馆的行政隶属、行政和人事关系，总馆对分馆没有完全实行人、财、物的统一管理，但在文献资源方面实行统一采编、统一配送、统一管理、统一标识，服务上实行一卡通，图书借阅实行通借通还，总分馆之间实现资源共享等。总分馆之间具有紧密型关系。

第三，联盟型(合作型)图书馆总分馆制。

图书馆联盟是指为了实现资源共建共享、利益互惠的目的而组织起来的，受共同认可的协议和合同制约的图书馆联合体。②

一般认为图书馆联盟必须具备三个充要条件：一是两个或多个图书馆联合致力于某一目标，但保持各自的独立性；二是联盟图书馆分享联盟收益；三是联盟图书馆在一个或多个关键领域(如采购或编目等方面)作出持续贡献。

图书馆联盟的主要特点有：一是通过联合采购方式，降低文献信息资源的价格，使有限的文献信息资源建设经费获得最大效益；二是联盟内各馆联合创建标准化的计划和服务项目，改进获取文献信息资源的操作过程，合作开展用户培训和数字参考咨询服务等；三是联盟内各馆仍然保留着相对独立的管理运作系统，特别是采购、分编、典藏、流通等基本业务流程均以各馆为单位自行进行，联合书目系统仅提供书目的查询与下载服务。③ 总分馆之间不存在管理与被管理关系，而是以联盟合作方式实现合作。这种模式以资源共建共享为目的，采取联合协作的方式，开展联合编目、联合知识导航和信息服务、网上数字资源共享、人员交流、项目合作等工作，实现人才、技术、资源的互补。图书馆联盟实际上是一种比较松散的图书馆联合体。

第四，集群管理型图书馆总分馆制。

图书馆集群管理是指利用现代通信技术和计算机网络设备，将分散在各地区、各系统、各种类型的图书馆组织起来，使其在一定管理职能机构的统一领导、统一规划下统一行动，形成一个既有分工又有合作的图书馆联合体。在这一管理模式中，无形

---

① 李玲丽、谢黎：《纽约公共图书馆系统总分馆建设经验研究》，载《图书馆学刊》，2014(3)。

② 戴龙基、张红扬：《图书馆联盟——实现资源共享和互利互惠的组织形式》，载《大学图书馆学报》，2000(3)。

③ 赖辉荣：《从联盟到集群管理：区域图书馆信息资源共享的新选择》，载《江西图书馆学刊》，2009(3)。

的虚拟网络和有形的实体网络相互联系，缺一不可。无形的虚拟网络是通过图书馆业务管理系统与城域网、广域网的联合，所构架的一个以丰富的传统文献资源和现代化数字资源为保障、信息资源高度共享、读者服务高度协作、对外全面开放、对内高度集成的区域电子化、网络化、数字化的虚拟信息空间，通过统一的门户对读者提供服务。有形的实体网络是指覆盖全域范围的图书馆阵地服务网点。

图书馆集群管理除了具有图书馆联盟所拥有的资源合作采访和联合参考服务等方面内容外，还包括以下内容：一是有一个集成式门户；二是有基本业务数据的整合；三是有资源建设的统一规划；四是可能会有组织结构的变更。图书馆集群管理是当前乃至今后区域图书馆信息资源共享的一种新选择和必然趋势。

二、总分馆制的价值和总分馆的设置因素

(一)总分馆制的价值

国内外公共文化建设的历史发展和现实情况都显示，总分馆制具有如下价值。

第一，总分馆的建设可以将不同行政级别的文化机构联系成一个整体，使其成为一个大的一体化服务体系，扩大公共文化服务机构的服务半径和服务人群，实现覆盖全社会的公共文化服务。

第二，总馆下设多个分馆，分馆的数量是根据城市人口密度和城市布局确定的，从而实现公共服务体系的科学布局。这种科学布局是实现公民平等文化权利的有力保障。

第三，总馆在业务上对分馆进行管理和指导，统筹管理服务体系的资金、设备设施、人力、文献信息等资源，从而促进资源共享，提高服务效益，降低服务成本，更好满足广大人民群众的文化需求。

第四，总分馆采用相同的服务标准，通过一体化和专业化管理，为社会提供更专业更规范的公共文化服务。

(二)总分馆的设置因素

设置总分馆需要进行系统规划，综合考虑多种因素。

第一，目标导向。设置总分馆不是为了追赶时髦而对原有公共文化服务机构进行盲目改造；设置总分馆是因地制宜，需要符合当地实际情况，确保通过设置总分馆能更好地提供公共文化服务。

第二，辖区的人口状况。为了有效覆盖服务人群，总分馆设置必须对服务人口状况进行科学计算。

第三，辖区的空间状况。通过总分馆实现网格化服务体系，需破除空间距离障碍，设定一定的服务半径。

第四，辖区的社会经济因素。包括社区内的经济、种族、教育状况等。

三、总分馆制的发展历程

总分馆制目前主要包括图书馆总分馆制和文化馆总分馆制。图书馆总分馆制源于西方国家，最早始于公共图书馆，其中美国是总分馆制实行比较普遍的国家，其体制也比较完备。美国公共图书馆的总分馆制差不多与美国公共图书馆的创建同步产生，不少公共图书馆在建馆之初，为了扩展图书馆服务的地域和影响，就开始设立分馆。我国是从2000年开始探讨图书馆总分馆制度的。2000年11月，上海市开展"上海市中心图书馆"工程建设。随后，我国图书馆总分馆制逐步在全国实践，经过10多年发展日趋成熟，积累了一定的经验成果。图书馆总分馆制实施后，图书馆服务效益不断提升，公众满意度不断提高。

相比而言，文化馆总分馆制起步较晚，2011年创建第一批国家公共文化服务体系示范项目时，重庆市大渡口区率先在全国提出了"文化馆总分馆制"的思想并加以实践。随后浙江嘉兴、山东、广东、新疆克拉玛依等地不断对文化馆总分馆制建设进行创新探索，在做法和路径方面积累了一定的经验。

1992年，文化部颁布的《群众艺术馆文化馆管理办法》提出："文化馆分馆最低限为1000平方米。"2002年4月，《文化部关于进一步活跃基层群众文化生活的通知》首次提出："有条件的地方要积极推行中心图书馆与分馆制，发挥中心图书馆的资源优势，对区县、乡镇、社区、学校图书馆等实行文献统一采购，集中分编，通借通还，资源共享，增强中心图书馆的辐射能力和基层图书馆的服务能力，更好地为群众服务。"从此，图书馆总分馆制建设提上日程，各地开始了图书馆总分馆制的实践探索。2006年9月，《国家"十一五"时期文化发展规划纲要》指出："县(市)图书馆逐步实行分馆制，丰富藏书量，形成统一采购、统一编目的图书配送体系，充分发挥县图书馆对乡镇、村图书室的辐射作用，促进县、乡图书文献共享。"2015年1月，《中共中央办公厅、国务院办公厅关于加快构建现代公共文化服务体系的意见》明确提出："以县级文化馆、图书馆为中心推进总分馆制建设，加强对农家书屋的统筹管理，实现农村、城市社区公共文化服务资源整合和互联互通。"2015年11月，文化部等七部委印发的《"十三五"时期贫困地区公共文化服务体系建设规划纲要》强调，贫困地区采取试点先行、逐步推广的方式，到2020年初步形成以县级公共图书馆、文化馆为总馆，乡镇(街道)综合文化站为分馆，村(社区)综合性文化服务中心(农家书屋)为流通服务点的总分馆体系。2016年，原中央全面深化改革领导小组把"继续推进现代公共文化服务体系建设，以县级文化馆、图书馆为中心推进总分馆制，实现乡村、社区公共文化服务设施的资源整合和互联互通，推进基层综合性文化服务中心建设"作为重点改革任务。2016年12月，文化部、原新闻出版广电总局、体育总局、发展和改革委员会、财政部《关于印发〈关于推进县级文化馆图书馆总分馆制建设的指导意见〉的通知》，明确了总分馆制建设的指导思想、基本原则、工作目标、主要措施、组织保障，对未来一个时期县级文化馆图书馆总分馆制建设作出了顶层制度设计，且明确提出"到 2020 年,全国具备条件的地区因地制宜建立起上下联通、服务优质、有效覆盖的县级文化馆、图书馆总分馆制,广大基层群众享受的基本公共文化服务内容更加丰富,途径更加便捷,质量显著提升,均等化水平稳步提高"。

第二部分　案例描述

一、图书馆总分馆制案例

(一)浙江省嘉兴市公共图书馆总分馆制

2007 年嘉兴市开始了城乡一体化公共图书馆服务体系建设的探索,形成了"政府主导、统筹规划,多级投入、集中管理,资源共享、服务创新"的乡镇分馆建设模式,被誉为打破玻璃墙的"嘉兴模式"。至 2012 年 5 月,全市已建成 1 个中心馆(含 2 个区分馆),6 个总馆,57 个镇、街道分馆,72 个村、社区分馆,400 多个流通站,并完成了 RFID(电子标签)项目,开通了移动阅读服务,形成了"中心馆—总分馆"、图书馆联盟、社会资源整合三重服务体系,构建了固定网点和流动服务、实体和虚拟相结合,纵向到底、横向到边的无缝隙服务网络。嘉兴市已成为我国城乡一体化公共图书馆服务体系建设的示范基地。

1. 主要做法

第一,政府主导。嘉兴市政府专门出台了《嘉兴市构建城乡一体化公共图书馆服务体系的实施意见》,根据各镇(街道)的人数、覆盖半径和行政区划,对服务体系的网点布局进行统一规划,提出了统一的建设标准。嘉兴图书馆形成了以市(区、县)图书馆为中心、镇(街道)分馆为骨干、村(社区)分馆和图书流动站(车)为基础,以企业、学校等的图书馆联合加盟为补充的总分馆服务体系,结构完整、覆盖全市、城乡一体,功能完善、资源共享、管理规范。嘉兴图书馆形成了"建设、管理主体统一,管办分离"的集约型的总分馆制:嘉兴模式。

第二,三级投入。镇一级政府财力无力独自承担起公共图书馆建设,嘉兴市明确镇分馆的建设资金和正常运营资金由市、区(县)、镇三级政府按 1∶1∶1 的比例投入,形成了由政府主导,上级政府和下级政府共同出资,共同作为建设主体推行总分馆制建设的模式。打破了"一级政府建设一个图书馆"的传统体制,构建了由多级政府联合建设公共图书馆服务体系的事业发展模式。

第三,集中管理。嘉兴图书馆形成了"市—区(县)—镇"三级网络,市图书馆作为总馆,负责管理分馆的经费、人员、设备、资源建设和相关业务活动。任何一个分馆从立项论证到建设规划再到日常运行,全部由总馆统一操作和管理。总馆对分馆负有如下责任:制定并监督落实分馆建设标准和服务规范;派遣分馆馆长;对资源进行采购、加工与配送;建立物流系统;调配系统内资源;维护自动化管理系统;对分馆给予技术支持；向分馆提出开展读者活动的要求，组织指导实施并提供费用；对分馆全年的工作进行评价。市图书馆设立镇分馆的专项账户，市补助经费直接拨付给总馆。区（县）财政的补助经费也由区教文体局拨付到总馆，年终经市、区（县）联合考核小组对镇分馆绩效考评后，依据考核等级，通过以奖代补、分期拨付、分类补助等形式拨付。市图书馆对代管的镇分馆的补助经费使用情况进行审计和通报。总馆对分馆的资源进行统一采购、加工和配送，并进行定期（通常是一至两周）轮换。总馆与分馆共享同一个资源体系和同一个自动化管理系统，实行统一借书证和通借通还服务。镇分馆的图书资源产权为市馆所有，在总分馆系统内统一调配和共享，其他设备产权归区（县）政府或镇政府统一招标。其中镇分馆必需的业务活动经费和维修及消耗件的补充由总馆决定开支。

2. 创新点

2006 年 9 月，《国家"十一五"时期文化发展规划纲要》提出："县（市）图书馆逐步实行分馆制。"2007 年，嘉兴市开始了城乡一体化公共图书馆服务体系建设的探索，形成了"政府主导、统筹规划，多级投入、集中管理，资源共享、服务创新"的镇分馆建设模式。嘉兴市公共图书馆总分馆制是准标准型公共图书馆总分馆制。其创新的做法是：明确乡镇分馆的建设资金和正常运营资金由市、区（县）、镇三级政府按比例平均投入，打破了"一级政府建设一个图书馆"的传统体制，构建了由多级政府联合建设公共图书馆服务体系的事业发展模式。在总分馆建设中，政府导向十分明显，嘉兴市已成为我国城乡一体化公共图书馆服务体系建设的示范基地，其模式被业界推崇为"嘉兴模式"。

（二）上海市中心图书馆联盟

上海市是我国的经济、金融、贸易、航运中心，也是公共图书馆事业发达的地区，是我国较早开展服务网络建设的图书馆。2000 年 11 月，上海市委、市政府作出重要指示，要求上海图书馆打破行业壁垒，开展"上海市中心图书馆"工程建设，进一步扩大上海图书馆的服务功能，辐射到全市高校和各区县图书馆。

2000 年启动"上海市中心图书馆"一卡通项目，在不改变参与图书馆的行政隶属、人事和财政关系的情况下，以网络为基础，以知识导航为动力，以资源共建共享为宗旨，以提高知识服务水平为目的，构建覆盖上海全市的图书馆服务体系。该体系即为上海地区的图书馆联盟，通常被简称为"上海市中心图书馆"。

1. 主要做法

第一，围绕中心，纵横联接。上海图书馆于 2000 年 12 月在全国率先推出了城市中心图书馆总分馆制，以上海图书馆为中心馆，纵向联接市和区县公共图书馆以及基层服务点［包括街道（乡镇）图书馆、社区文化活动中心、商厦服务点、车站服务点等］，横向联接学校、科研系统、专业图书馆等。

第二，采用跨类型、跨层次服务方式。加入"上海市中心图书馆"的成员馆基于各自的性质、地位，在合作重点上存在较大差异。高校馆主要解决外文书刊的联合采购和知识导航问题。专业图书馆合作的主要内容是联合采购网络资源，共建专业数字图书馆。公共图书馆由上海图书馆与区县图书馆构成资源共享型总分馆，实现书目数据统一检索，让读者通过图书馆一卡通实现通借通还。

第三，类型有别，各司其职。上海图书馆是"上海市中心图书馆"一卡通的总馆，将丰富的文献资源、人力资源和服务功能辐射到全市的区县、街道（乡镇）图书馆，为区县、街道（乡镇）图书馆提供科学管理和读者服务的指导。区县图书馆是分馆，挂上海图书馆分馆的牌子，同时又是本区县、街道（乡镇）和社区文化活动中心图书馆的总馆，指导本区域公共图书馆的各项工作，起着承上启下的桥梁作用。街道（乡镇）图书馆、社区文化活动中心、商厦服务点、车站服务点是"上海市中心图书馆"一卡通的基层服务点，就近为市民普及科学文化知识，提供信息，开展社区教育。

第四，采用"浮动馆藏"方式，管理文献资产权。文献主要由总馆即上海图书馆提供，但是各成员馆也必须投入一定量的文献或有相应的财政保障。例如，街道（乡镇）基层服务点在启动时由区图书馆投入 5 万元增添设备、资源等；根据上海图书馆、区县图书馆、街道（乡镇）图书馆三方协议，街道（乡镇）图书馆每年必须投入一卡通图书1000 册，上海图书馆投入 2000 册。按照"浮动馆藏"的方式：一本书刊最初由哪个图书馆投入，产权和处理权就永远归该馆所有，但其流通范围却是"上海市中心图书馆"一卡通的所有成员馆，其当前的馆藏地点也可能是其中任何图书馆；对于一个图书馆而言，某特定时刻收藏在此馆（馆藏地点标记为此馆）的文献，产权不一定都归此馆所有；为了便于区分和管理，用条码的前三位区分最初的所有权，在图书剔旧上各图书馆只能对自有产权的文献进行剔旧。"上海市中心图书馆"一卡通采取"浮动馆藏"方式，有效地解决了文献资源产权对跨馆流通的限制，使进入"上海市中心图书馆"一卡通大流通的文献资源能够实行完全的通借通还。

以上海图书馆为总馆，以其他区县图书馆、高校图书馆以及专业图书馆等为分馆，以全市一卡异地通借通还作为中心图书馆业务发展的着力点，开始实现总馆与分馆之间的文献资源和信息服务的共建共享。目前上海市中心图书馆联盟成为全球城市图书馆最大的单一集群系统，其总分馆达上百家。

2. 创新点

联盟实际上是一种比较松散的总分馆制。上海市中心图书馆联盟建设在不改变参与图书馆的行政隶属、人事和财政关系的情况下，以网络为基础，以知识导航为动力，以资源共建共享为宗旨，以上海图书馆为总馆，以其他区县图书馆、高校图书馆以及专业图书馆等为分馆，以全市一卡异地通借通还作为中心图书馆业务发展的着力点，实现总馆与分馆之间的文献资源和信息服务的共建共享。其创新的做法是：采用"浮动馆藏"方式，管理文献资产权，有效地打破了文献资源产权对跨馆流通的限制。上海市中心图书馆联盟建设被业界推崇为"上海模式"。

二、文化馆总分馆制案例

(一)重庆市大渡口区文化馆总分馆制①

重庆市大渡口区文化馆总分馆制的探索，始于 2011 年 6 月，是参照国内外公共图书馆总分馆制的成功做法，结合创建第一批国家公共文化服务体系示范项目而开始探索的。文化馆按照"一个总馆＋多个分馆＋若干服务点"的模式，让分馆成为总馆的有机组成部分，让若干基层服务点成为分馆的延伸或补充，实现了公共文化服务有效覆盖。大渡口区在文化馆总分馆制探索中遵循了建设一体化、管理一体化和服务一体化的总体要求。

1. 主要做法

(1)大力推进机制不断创新。

第一，建立工作协调机制。成立大渡口区文化馆总分馆制工作组，定期研究解决建设中的困难和问题；成立大渡口区文化馆总分馆制业务协调组，文化馆总分馆业务由文化馆总馆负责统筹。第二，实行双向委托机制。在不改变现有行政体制的前提下，通过签订委托协议，实现总分馆上下联动运营。分馆委托总馆对其业务建设进行策划指导，对分馆工作人员业务进行培训辅导。分馆馆长由街镇选派文化专干担任，分馆业务副馆长由总馆统一选派业务干部轮岗派驻。总馆委托分馆对业务副馆长和所辖区域公共文化设施设备进行统一的统筹管理。分馆接受总馆和街镇的双重管理。第三，建立双重考核机制。建立总馆对分馆和分馆馆长、业务副馆长、工作人员，街镇对分馆和分馆馆长、业务副馆长、工作人员的双重考核机制。总馆对分馆、分馆馆长和工作人员的考核结果作为街镇年度目标考核的重要依据；街镇对业务副馆长的考核结果作为其个人年度评先评优、分配绩效工资的重要依据。第四，建立经费统筹运行机制。设立总分馆制运行管理专项基金，用于总分馆日常业务工作基本运行，由总分馆制业务协调组进行统筹管理，确保基金的高效调配使用，并以项目申报及绩效考核等方式，按照《大渡口区文化事业专项资金项目申报管理办法》进行分配，充分调动总分馆开展各项工作的积极性。

(2)探索推进文化馆总分馆"五个统一"服务模式。

第一，统一规划布局。大力完善总馆、分馆、社区(村)三级公共文化服务网络。以文化馆总馆为龙头，在巩固现有文化馆设施设备的基础上，做大文化馆总馆，建设现代化数字文化馆；打造街镇分馆，建设 8 个各具特色的主题文化馆分馆，每个街镇建设 1 个特色文化广场，并在有条件的社区(村)探索建设中小型文化广场；全面建成标准化社区文化室，依托现有社区(村)文化室，探索建设居住小区的楼道文化服务点、

---

① 重庆市大渡口区文化委员会：《贴近文化民生 创新服务模式——大渡口区推进文化馆总分馆制建设情况》，载《公共文化》，2016(12)。

社区市民艺术学校作为分馆的末端。打造流动文化馆，把演出、辅导、展览等免费开放文化服务项目送到学校、企业、社区、广场、工棚等群众聚集地，实现从"馆内"向"馆外"延伸。第二，统一资源配用。文化设施调配使用，将三级公共文化设施设备登记造册，建立文化设施设备数据库，由文化馆总馆统筹运营，形成总分馆之间、分馆之间的联动，规范总馆、分馆、社区（村）文化室设施设备标准并统一上墙公示。文化专干调配使用，实施"1＋N"业务副馆长派驻制，即每个分馆由总馆两年一轮相对固定派驻1个业务副馆长，其他N个总馆专业干部根据各街镇需要配合协助各分馆业务副馆长开展业务指导工作，实现专业人才的有序流动。第三，统一服务内容。统一活动组织策划，由总馆牵头组织策划总分馆常年节庆活动、"梦想舞台"活动及特色文化广场等文化活动。统一辅导培训，以"星火培训计划"为载体对全区的文化专干、文化管理员、文艺团队、文化志愿者进行统一辅导培训，提高文化队伍综合业务素质。统一文化交流，组织总分馆专业干部、文艺团队进行总馆与分馆、分馆与分馆以及区外的横向纵向文化交流。统一文艺创作，由总馆牵头，结合各街镇分馆特色，深入挖掘义渡文化、抗战文化及非遗文化等特色区域文化，开展各具特色的群众文艺精品创作。统一数字服务，将文化馆的文化服务、文化产品与数字技术相结合，开发网站系统、App应用系统、线下展示系统，拓展和延伸服务功能。第四，统一服务标准。制定文化馆总馆、分馆、服务点三级服务标准。第五，统一管理体系。制定文化馆总馆、分馆、服务点三级公共文化服务机构工作职能职责；制定总馆长、分馆长、业务副馆长的岗位职责和行为规范；制定考核管理、资源调配等一系列管理制度，实现文化馆总分馆管理制度化、规范化。

2. 创新点

文化馆是中国特色的公共文化机构。文化馆总分馆制滞后于图书馆总分馆制，同时文化馆总分馆制是借鉴了图书馆总分馆制的经验，并结合文化馆工作特点而建设的。重庆市大渡口区文化馆总分馆制在我国率先建设，由此带动了全国文化馆总分馆制的建设。重庆市大渡口区文化馆总分馆制是第一批国家公共文化服务体系示范项目。其创新做法：一是建立工作协调机制。成立总分馆制工作组和业务协调组，打通行政主导和业务主体的"两条主干线"。二是实行双向委托机制。在不改变现有行政体制的前提下，通过签订委托协议，实现总分馆上下联动运营。三是建立双重考核机制。建立总馆对分馆和分馆馆长、业务副馆长、工作人员，街镇对分馆和分馆馆长、业务副馆长、工作人员的双重考核机制。四是建立经费统筹运行机制。设立总分馆制运行管理专项基金，用于总分馆日常业务工作基本运行，由总分馆制业务协调组进行统筹管理，确保基金的高效调配使用，并以项目申报及绩效考核等方式，按照《大渡口区文化事业专项资金项目申报管理办法》进行分配，充分调动总分馆开展各项工作的积极性。五是建立统一管理体系。制定文化馆总馆、分馆、服务点三级公共文化服务机构工作职能职责；制定总馆长、分馆长、业务副馆长的岗位职责和行为规范；制定考核管理、资源调配等一系列管理制度，实现文化馆总分馆管理制度化、规范化。大渡口区文化馆总分馆制形成了"一个总馆＋多个分馆＋若干服务点"的准标准型总分馆制模式。

（二）广东省深圳市文化馆联盟①

为进一步落实党的十八届三中全会关于"构建现代公共文化服务体系"要实现公共文化"标准化、均等化、社会化和数字化"的建设战略部署，落实文化部关于"发挥好文化馆体系在现代公共文化服务体系中的重要作用，充分发挥行业组织的作用，建立文化馆行业自我建设、自我发展的良性机制"的发展要求，充分考虑市、区两级行政体制下文化馆发展的特殊现状，在深圳市文体旅游局的统一部署下，由深圳市文化馆牵头组建"深圳市文化馆联盟"。通过联盟，统筹、协调全市文化资源，建立行业发展协调机制；联合各区文化馆、文体中心，实现资源共享、人才共建，共同推动深圳市文化馆行业发展。

2015 年 7 月 30 日，"深圳市文化馆联盟"成立大会召开，深圳的文化馆事业和公共文化事业发展至此揭开了新的篇章。

1. 主要做法

第一，打造资源共享平台。在目前深圳市仍然存在公益文化场馆分布不均、人员配置不均、资源分配不均等问题的情况下，通过成立联盟，打造资源共享平台，在人员编制、职称职数有限的前提下，为各成员单位结合区域发展特色、打造优势项目提供互补资源，进一步推动深圳市公共文化服务的"标准化"和"均等化"建设。

在深圳市"数字文化馆"建设工作中，以联盟为平台，对全行业的资源进行统一数字化建设，建立并不断完善文艺资源数据库。这既丰富了"数字文化馆"的内容，突出各区、各单位的特色资源；也避免了各单位的重复建设、重复劳动。

第二，打造人才共建平台。以联盟为平台，每年组织开展多场次、多层次、多内容的业务培训、观摩和学习活动，全面地提升全市文化馆行业工作人员的综合能力和服务水平，为带动和促进深圳市公共文化事业的发展奠定坚实的基础。

2015 年 11 月，主席团成员、各成员单位部分业务骨干由联盟组织赴华东学习，先后到江苏省文化馆、上海市群众艺术馆、浙江省文化馆等单位参观座谈，详细了解各单位在公共文化服务理念、内部管理体制、业务团队建设及数字文化馆建设等方面的先进经验；并召开工作会议，及时交流和消化学习成果，对完善联盟框架建设以及未来工作开展进行思考。

第三，打造服务品牌孵化平台。伴随着深圳市文化体制改革和政府职能转移工作的不断推进，近年来深圳市各级文化馆承接越来越多的工作任务。以联盟为平台，群策群力，创新发展，共同提升既有品牌活动的品质和影响力、扩大区级活动品牌的参与范围，同时结合广大市民日益增长的文化需求开展新活动、创设新品牌。在高水平

---

① 深圳市文体旅游局：《联盟促进文化馆行业创新发展》，载《公共文化》，2016(12)。

的文化活动中引入竞争机制，激发成员单位的工作热情，这正是联盟的核心工作理念。

2015年举办的"深圳市第十一届少儿艺术花会""深圳市第十二届'鹏城金秋'文化艺术节"等品牌活动，受市委宣传部、市文体旅游局等主办单位委托，由市文化馆总承办，各区文化馆、文体中心联合承办。在活动实施过程中，市、区两级单位团结一心、密切合作，共同策划、共同实施，共同评审、相互学习。无论品牌活动的参与面、覆盖面、产生的社会影响，还是评选产生的优秀作品数量和质量，都达到了新高度。

第四，打造共谋事业发展平台。根据联盟章程规定，市文化馆馆长任联盟主席，各区馆负责人任联盟副主席；同时，为了更加精准、有针对性地开展各项公共文化工作，经联盟主席团研究决定，成立深圳市文化馆联盟执行办公室，组建品牌活动、理论研究、培训辅导、艺术创作和数字化建设五个专业工作委员会，并明确各委员会工作职责。通过不定期召开主席团会议和各类专项业务会议，学习各级党委、政府关于文化事业发展新部署，研究、讨论深圳市文化馆行业发展方向，制定深圳市文化馆行业发展标准和总体工作规划。

2. 创新点

联盟与总分馆制的区别，在于联盟不是对所有业务的共建共享，而是在一些关键领域进行联合攻关，致力于实现某一目标，达到共赢。与此同时，联盟内各馆仍然保留着相对独立的管理运作系统，总分馆之间不存在管理与被管理关系。同时，联盟总馆要贡献多一些，分享要少一些。广东省深圳市文化馆联盟紧紧围绕打造资源共享平台、打造人才共建平台、打造服务品牌孵化平台、打造共谋事业发展平台这四个关键领域进行合作共建，为全国省级文化馆参与总分馆制建设提供了一种范本。

第三部分　案例分析

一、树立科学的总分馆制建设理念是总分馆制建设的前提

我国现有的绝大多数总分馆是在已有各级图书馆、文化馆的基础上改建的，不论乡镇（街道）规模大小、服务人数多少，几乎是按照行政区划普遍设置，且不是宜建则建；文化馆分馆与总馆同步建设的基本没有，大多是在原有的乡镇（街道）综合文化站基础上建设分馆。因此，统一规划建设，确定合理的范围，因地制宜建设总分馆显得十分重要。浙江省嘉兴市公共图书馆总分馆制、上海市中心图书馆联盟，以及重庆市大渡口区文化馆总分馆制、广东省深圳市文化馆联盟都给我们提供了有益启示。与此同时，在总分馆制建设中，注重整合优势资源，实现特色化、专业化发展，兼顾分馆的平衡性和互补性，构建各分馆之间差异化的馆藏服务，实现资源的互补，显示各馆的独特性、个性化、多样性。

二、明确总分馆制建设内容是总分馆制建设的重点

采取适合的模式，总分馆形式多样化。浙江省嘉兴市采取"建设、管理主体统一，管办分离"的图书馆总分馆制模式；上海市中心图书馆联盟以上海图书馆为总馆，以区县图书馆、高校图书馆以及专业图书馆等为分馆，以全市一卡异地通借通还作为中心图书馆业务发展的着力点，采用"浮动馆藏"方式，管理文献资产权，实现总馆与分馆之间的文献资源和信息服务的共建共享。重庆市大渡口区文化馆按照"一个总馆＋多个分馆＋若干服务点"的模式，让分馆成为总馆的有机组成部分，让若干基层服务点成为分馆的延伸或补充，实现了公共文化服务有效覆盖。深圳市文化馆联盟采取打造资源共享平台、人才共建平台、服务品牌孵化平台、共谋事业发展平台的模式，实现资源互联互通和共建共享。这些模式都是各地基于自身实际情况进行的总分馆制创新探索，既突破现有体制的束缚，又借用现有体制的资源，积极争取政府的支持，促进向行业现代管理的过渡。总馆发挥引领作用，分馆发挥服务职能。重庆市大渡口区的文化馆总馆对分馆业务进行策划和指导，对分馆工作人员进行培训和辅导；分馆业务副馆长由总馆统一选派业务干部轮岗派驻。

三、加强总分馆制资金保障、人才保障是总分馆制建设的支撑

目前资金保障问题是总分馆制建设的最大制约。浙江省嘉兴市明确镇图书馆分馆的建设资金和正常运营资金由市、区、镇三级政府按比例平均投入，由政府主导，上级政府和下级政府共同出资，共同作为建设主体推行总分馆制建设。同时，各级应重视多元投入，积极引导社会资本、民间资本等参与公共文化服务体系建设。

重庆市大渡口区文化馆总分馆制建设重视加强文化队伍建设，按照每个街道分馆4名、每个镇分馆3名的标准配齐文艺专干，新增事业编制若干名，通过公开招考、遴选引进方式有效壮大了专业文化干部队伍。同时，实施"十百千"文化队伍组建计划，招募文化广场管理员10名，培养群众文化能人200名、文艺骨干300名，组建民间文艺队伍120支，招募文化志愿者1000名；通过"星火培训计划""梦想课堂""义渡讲堂""文艺沙龙"等载体，总馆每年面向全区文化专干、群众文艺骨干组织各类业务技能培训辅导班100余场次，参训人员上万人次，每年选派文艺骨干外出学习培训200余人次[①]，建立了一支专兼结合、质量优良的基层文化队伍。

第四部分　结语

总分馆制目前在我国部分公共图书馆和少数文化馆系统开展了探索和创新，取得

---

① 重庆市大渡口区文化委员会：《贴近文化民生 创新服务模式——大渡口区推进文化馆总分馆制建设情况》，载《公共文化》，2016(12)。

了一定的成果，获得了一定经验。它们的建设表明，单个文化机构服务半径是有限的、效能发挥是不够的，或许建立布局合理、设施完善、功能齐全、服务方便的总分馆体系，才能使文化资源和文化服务尽可能覆盖该区域所有人群，才能提供普遍均等的公共文化服务。

由于我国各地地理、经济、文化发展不均，传统体制下公共文化场馆分布不均、人员配置不均、文化资源分配不均等问题在全国普遍存在。各级图书馆、文化馆之间各自为政，信息资源和文化活动极少交流和分享，文化资源造成极大的浪费。通过建设总分馆制，各个图书馆、文化馆在人员编制、服务资源有限的情况下，可以根据自己的人才力量和传统，着重打造优势服务项目，不必一味地追求"大而全"，从而减少因购买设备、图书、聘请人员等因素而产生的重复投资，避免资源浪费及效率低下。同时，总馆、各分馆和基层服务点间坚持"优势互补、共同发展"的原则，将自己的优势资源共享于整个公共文化服务系统。

推进以县级文化馆、图书馆为中心的总分馆制建设，是构建现代公共文化服务体系的重要任务，对于有效整合公共文化资源、提高公共文化服务效能、促进优质资源向基层倾斜和延伸具有重要的推动作用。在总分馆制建设中，必须坚持以社会主义核心价值观为引领，坚持以人民为中心的工作导向，以县为基本单位，以乡村为重点，以统筹发展、提高效能、促进均等为主线，推动具备条件的地方因地制宜建设县级文化馆、图书馆总分馆制，发挥总馆在县域公共文化建设中的中枢作用，通过分馆把优质公共文化服务延伸到基层农村，增加公共文化产品和服务供给，为更好地满足广大群众基本文化需求创造良好条件，提供有力保障。

思考题

1. 简述总分馆制的概念、特征、类型。
2. 简述总分馆制的价值和总分馆的设置因素。
3. 加快构建现代公共文化服务体系为什么需要建设总分馆制？
4. 结合实际，谈谈你对本单位建设总分馆制的看法及设想。

案例 5　特殊群体公共文化服务

第一部分　背景透视

一、特殊群体的概念及特征

"特殊群体"是一个相对概念，相对于社会正常群体而言，特殊群体主要是指那些在社会生活中经济地位等较低且存在生活困难或社会问题的人群。一般来说，那些处在社会认可的一般生活水平之下的人群都可以宽泛地界定为社会特殊群体。特殊群体往往因为缺乏必备的生活能力或谋生技巧，而陷入经济困境或生存困境，在社会中处于地位低下或边缘化状态，从而遭受不平等待遇或社会排斥。

"弱势群体"和"特殊群体"的含义基本上是一致的，只是由于"弱势群体"这一称谓在概念内涵上具有一定的歧义性和社会歧视色彩，因此并未被广泛使用在公共管理和公共服务领域，而是替代性地使用了"特殊群体"这一称谓。

"特殊群体"这一概念的内涵和外延随着社会的变化和时代的变迁而有所不同。就公共文化服务而言，《中共中央办公厅、国务院办公厅关于加快构建现代公共文化服务体系的意见》指出：特殊群体是指老年人、未成年人、残疾人、农民工、农村留守妇女儿童、生活困难群众等公共文化服务的重点对象。

结合特殊群体和弱势群体的内涵和现状，我们认为，低职化或无职化、贫困化、边缘化、脆弱性、严峻性、相对性是公共文化服务领域中所涉及的特殊群体的基本特征。

二、我国特殊群体公共文化服务的现状

虽然国家在 20 世纪 90 年代甚至更早就开始关注社会特殊群体的就业和社会保障等问题，但对社会特殊群体的文化权益保障及公共文化服务等问题关注较少，只是从人权角度笼统地涉及公民的文化权利和文化权益保护。进入 21 世纪以来，随着国家公共文化服务体系建设工作逐步推进，对特殊群体的文化权益保障和公共文化服务等问题也逐渐得到国家和社会的广泛关注和大力支持。2002 年 1 月，《国务院办公厅转发文化部国家计委财政部关于进一步加强基层文化建设指导意见的通知》提出："要在现有公共服务设施中开辟老年、少儿和残疾人文化活动场所，建设老年文化活动中心、老年大学(学校)、青少年校外文化活动设施和场所。"2002 年 4 月，《文化部关于进一步活跃基层群众文化生活的通知》指出："要经常举办适合老年人和少年儿童参加的活动，为流动人口、弱势人群参加活动提供方便。"2006 年 9 月，《国家"十一五"时期文化发展

规划纲要》提出："抓好基层文化建设，加大力度改善农村及中西部地区公共文化基础设施条件，完善公共文化服务体系，保障农民和城市低收入群体的基本文化权益。""采取政府采购、补贴等措施，开辟服务渠道，丰富服务内容，保障和实现城市低收入居民、残疾人、老年人和农民工等群体的基本文化生活需求。"2007年8月，《中共中央办公厅、国务院办公厅关于加强公共文化服务体系建设的若干意见》强调："鼓励和支持国家投资建设的影剧院每年安排一定场次，为低收入居民、农民工及其他特殊群体免费或低价演出。"2012年2月，《国家"十二五"时期文化改革发展规划纲要》指出："完善面向妇女、未成年人、老年人、残疾人的公共文化服务设施。"2013年1月，《文化部"十二五"时期公共文化服务体系建设实施纲要》提出："完善面向妇女、未成年人、老年人、残疾人的公共文化服务设施。""加快推进农民工文化建设。"

2015年1月，《中共中央办公厅、国务院办公厅关于加快构建现代公共文化服务体系的意见》明确提出："保障特殊群体基本文化权益。将老年人、未成年人、残疾人、农民工、农村留守妇女儿童、生活困难群众作为公共文化服务的重点对象。积极开展面向老年人、未成年人的公益性文化艺术培训服务、演展和科技普及活动。开展学龄前儿童基础阅读促进工作和向中小学生推荐优秀出版物、影片、戏曲工作。指导互联网网站、互联网文化企业等开发制作有利于青少年身心健康的优秀作品。将中小学生定期参观博物馆、美术馆、纪念馆、科技馆纳入中小学教育教学活动计划。加强乡村学校少年宫建设。实施青少年体育活动促进计划。公共文化服务机构要为残疾人提供无障碍设施。实施盲文出版项目，开发视听读物，建设有声图书馆，鼓励和支持有条件的电视台增加手语节目或加配字幕。加强对残疾人文化艺术的扶持力度。加快将农民工文化建设纳入常住地公共文化服务体系，以公共文化机构、社区和用工企业为实施主体，满足农民工群体尤其是新生代农民工的基本文化需求。"《中华人民共和国公共文化服务保障法》第9条规定："各级人民政府应当根据未成年人、老年人、残疾人和流动人口等群体的特点与需求，提供相应的公共文化服务。"这意味着特殊群体的公共文化服务已纳入国家法律保护层面。在这些政策文件的指引下，特殊群体公共文化服务不断开展，其基本文化权益日益得到保障。

(一)残疾人文化服务

残疾人是社会的弱势群体之一。根据第二次全国残疾人抽样调查数据推算，目前我国有各类残疾人8296万人。① 2001年，国务院批转的《中国残疾人事业"十五"计划纲要(2001年—2005年)》强调，公共文化机构要为残疾人提供服务，广泛开展文化体育活动，丰富残疾人精神文化生活。2008年3月，《中共中央、国务院关于促进残疾人事业发展的意见》再次强调，要加强残疾人公共文化生活，鼓励从事特殊教育，关注残

---

① 史雅乔：《科技助残信息共享，托起八千万人的中国梦想——第二十四个"全国助残日"中国信息无障碍报告》，http://gongyi.people.com.cn/n/2014/0519/c152509-25033302.html，2016-09-25。

疾人精神文化生活。同年 4 月修订通过的《中华人民共和国残疾人保障法》提到，"国家保障残疾人享有平等参与文化生活的权利"，"残疾人文化、体育、娱乐活动应当面向基层，融于社会公共文化生活，适应各类残疾人的不同特点和需要，使残疾人广泛参与"。

在党和政府的关怀下，残疾人精神文化建设也有了一定的发展。残疾人文化事业开始于 20 世纪 80 年代，1986 年广东省中山图书馆出现轮椅通道，1988 年上海成立有声读物图书馆。2000 年以来，全国大部分地区的图书馆都设立了盲人图书室。[①] 2012 年中国残联和文化部通过信息数字化平台，为有这种服务终端的社区的残疾人带去了文化资源[②]，这非常有利于残疾人进行文化学习。随着时间的推进，残疾人的文化活动也随之丰富起来，2012 年党中央有关领导在出席全国助残日文化活动时强调要大力加强残疾人的公共文化服务，鼓励举办多种有利于残疾人发展的公共文化活动[③]；2012年河北省张家口市对残疾人家庭开展"送文化进家庭""帮扶送教"等活动[④]。同年内蒙古呼和浩特市积极举办残疾人文艺汇演、电视知识竞赛、文艺晚会、书画摄影、工艺品展、演讲会等活动。[⑤] 2013 年 4 月，中国残联召开了成立以来的首次全国残疾人文化建设工作会议，梳理总结了残疾人文化建设取得的成绩和经验，也确定了今后一个时期残疾人文化建设的工作方向、重点任务、措施手段和目标要求。当前我国残疾人文化工作呈现由单一自发活动向多样化有组织方向发展、由专业性表演向群众性参与方向发展、由残联主导向社会各界广泛参与方向发展的新特点。[⑥]

（二）农民工文化服务

农民工是进城务工但没有改变农民身份的劳动群体。农民工群体是我国主要的社会群体之一，近年来，我国开展了一系列农民工公共文化服务的活动，与此同时，我国也陆续出台了一系列保护农民工文化权益的法律法规。[⑦] 2007 年 8 月，《中共中央办公厅、国务院办公厅关于加强公共文化服务体系建设的若干意见》强调："精心安排适合农民工需要的广场文化，组织实施送书、送戏、送电影到工地。"2011 年 10 月，党的十七届六中全会审议通过的《中共中央关于深化文化体制改革推动社会主义文化大发展

---

① 金鑫：《我国图书馆残疾人公共文化服务均等化研究》，硕士学位论文，辽宁师范大学，2014。

② 刘丽英、郭鲁川：《我国残疾人社区文化服务理念创新与对策研究》，载《江苏社会科学》，2015(5)。

③ 潘跃：《大力加强残疾人文化服务 让广大残疾人共享改革发展成果》，载《人民日报》，2012-05-21。

④ 侯桂兰：《加强残疾人文化服务 保障残疾人文化权益》，载《张家口日报》，2012-05-19。

⑤ 孙洁：《加强残疾人文化服务 保障残疾人文化权益》，载《呼和浩特日报(汉)》，2012-05-19。

⑥ 刘奕湛：《让文化走进每个残疾人的生活——我国残疾人文化事业发展综述》，http://news.xinhuanet.com/politics/2013-12/02/c_118385303.htm，2016-09-25。

⑦ 刘文玉：《农民工的公共文化服务问题研究》，硕士学位论文，兰州大学，2007。

大繁荣若干重大问题的决定》，提出"尽快把农民工纳入城市公共文化服务体系"的战略任务。2011 年 8 月，《文化部人力资源社会保障部中华全国总工会关于进一步加强农民工文化工作的意见》提出：充分认识加强农民工文化工作的重要性和紧迫性；进一步加强政府在农民工文化工作中的主导作用；以城市社区为主要平台和载体，促进农民工城市融入；鼓励和引导用工企业加强农民工文化工作；注重满足农民工群体的特殊文化需求。2014 年 9 月，《国务院关于进一步做好为农民工服务工作的意见》明确提出：逐步推动农民工平等享受城镇基本公共服务，特别是城市中的公共文化服务。2016 年 2 月，文化部印发《关于进一步做好为农民工文化服务工作的意见》，对开展农民工公共文化服务作出部署，旨在把农民工纳入城市公共文化服务体系，使文化成为农民工融入城市的桥梁。国家陆续出台的文件都表示要把农民工群体纳入城市公共文化服务体系中来。

近年来，各地高度重视农民工文化工作，注重加强农民工精神家园建设，创新机制，精准发力，不断探索具有地方特色的农民工公共文化服务新模式。浙江省创建省级"农民工文化家园"，实施"文化低保工程"；重庆市专门设立"重庆农民工日"，连续多年开展系列活动；云南省自 2011 年以来先后组织多届"建设者之歌——云南省农民工文化节"，参加创作和演出的农民工约 2 万人；陕西省组织开展农民工社会融合评估工作，将文化融合作为重要评估指标；辽宁省大连市将每年对农民工开展定向文化"四送"活动纳入市政府民生工程；江苏省南京市引导农民工积极参与全民阅读活动；山东省青岛市打造"驿动书香"流动服务品牌。各地的创新实践，为推进农民工文化工作提供了有益的经验和借鉴。①

2012 年 5 月，文化部在浙江省东阳市召开了全国农民工文化建设现场经验交流会，会议要求各地从构建社会主义和谐社会的高度，进一步认识到农民工文化工作的重要性和紧迫性，要从将农民工文化建设"纳入政府基本职责、纳入经济社会发展规划、纳入财政预算、纳入公益性文化单位工作内容、纳入社区和企业文化建设、纳入当地文化体制机制创新"六个"纳入"入手，切实把党的十七届六中全会提出的要求落实到位。2016 年 8 月，为贯彻落实《国务院关于进一步做好为农民工服务工作的意见》，推动农民工平等享受城镇基本公共文化服务，促进农民工社会融合，国务院农民工工作领导小组办公室在辽宁省大连市组织召开全国农民工文化服务工作座谈会，交流各地推动农民工平等享受城镇基本公共文化服务工作的经验，研究探讨农民工工作存在的难点问题和对策。会议要求，从有利于农民工融入城市、有利于增强社会的凝聚力、有利于转变经济发展方式的高度，充分认识做好农民工文化服务工作的重要性，深刻认识当前农民工文化服务工作面临的新形势，进一步做好为农民工文化服务工作。

---

① 《全国农民工文化服务工作座谈会召开》，http://www.gov.cn/xinwen/2016-09/05/content_5105498.htm，2016-09-25。

(三)未成年人文化服务

未成年人的公共文化服务是公共文化服务中的重要组成部分。1998年1月，中共中央办公厅、国务院办公厅转发的《中央宣传部、国家教委、民政部、文化部、国家文物局、共青团中央关于加强革命文物工作的意见》提出，要组织好各种革命文物的陈列和展览，广泛、深入、持久地向人民群众特别是广大青少年进行革命传统、爱国主义、集体主义和社会主义教育。2000年6月，《中共中央办公厅国务院办公厅关于加强青少年学生活动场所建设和管理工作的通知》要求，各类博物馆、纪念馆、文化馆(站)等公共文化设施，必须坚持公益性原则，增加向青少年学生开放的时间，节假日免费或低费向青少年学生开放。2002年4月，《文化部、教育部关于做好基层文化教育资源共享工作的通知》指出："现有的各类文化设施要坚持为群众服务，为青少年学生服务。"2004年2月，《中共中央国务院关于进一步加强和改进未成年人思想道德建设的若干意见》指出："各类博物馆、纪念馆、展览馆、烈士陵园等爱国主义教育基地，要创造条件对全社会开放，对中小学生集体参观一律实行免票，对学生个人参观可实行半票。要采取聘请专业人才、招募志愿者等方式建立专兼职结合的辅导员队伍，为未成年人开展参观活动服务。""要积极推动少儿文化艺术繁荣健康发展。"2004年4月，文化部、国家文物局发布关于贯彻落实《中共中央国务院关于进一步加强和改进未成年人思想道德建设的若干意见》的通知，要求充分认识到文化文物工作肩负着加强未成年人思想道德建设的重要责任，把少儿文化工作放在重要地位，充分发挥文化文物工作在丰富未成年人精神文化生活，提高未成年人思想道德和科学文化素质方面的重要作用。要把加强未成年人思想道德建设作为少儿文化工作的中心环节，从内容形式、方法手段、队伍建设、经费投入等方面，切实加强基层少儿文化工作。2010年，《文化部关于进一步加强少年儿童图书馆建设工作的意见》指出，少年儿童图书馆建设，是保护广大未成年人的文化权益，丰富其精神文化生活的重要举措，所以应该加大力度对少年儿童图书馆进行建设。2012年修订的《中华人民共和国未成年人保护法》规定，"各级人民政府应当建立和改善适合未成年人文化生活需要的活动场所和设施，鼓励社会力量兴办适合未成年人的活动场所，并加强管理"。

2003年，吉林省长春市图书馆专门成立青少年阅读工作部，专门为青少年儿童提供文化服务。① 为了给青少年创造健康成长的环境，2005年，文化部、财政部、教育部、原新闻出版广电总局、共青团中央、北京市政府、中国音协联合发起了新创少儿歌曲推荐活动。2013年，重庆市开县(今开州区)图书馆专门开展针对农村留守儿童的文化学习活动；同年，四川省巴中市图书馆专门在暑期为留守儿童举办了"闻书启悟"

---

① 于雅彬：《公共图书馆如何履行为未成年人服务与维权的社会职责——长春图书馆未成年人公益性文化服务纪实》，载《科技情报开发与经济》，2013(12)。

关爱留守儿童专题讲座。① 2013 年，河南省鹤壁市图书馆为鹤山区希望小学送去了丰富的图书资源，为在校学生提供了丰富的精神文化生活。② 2015 年，四川省图书馆对留守儿童、农民工子女进行了文化惠民活动，具体开展了主题阅读、绘画等活动。③ 未成年人的文化服务活动，在近年来发展较快，总体呈现较好的发展趋势。

(四)老年人文化服务

党中央、国务院十分重视、关心老年工作，要求社会各方面共同努力，真正实现老有所养、老有所医、老有所为、老有所学、老有所乐。《中华人民共和国老年人权益保障法》明确规定，老年人有继续受教育的权利。国家发展老年教育，把老年教育纳入终身教育体系，鼓励社会办好各类老年学校。1999 年 7 月，文化部《关于加强老年文化工作的意见》，就加强老年文化工作、丰富老年人文化生活问题作出了部署，要求提高认识、切实做好老年文化工作，认真搞好老年文化场所建设、积极开展丰富多彩的老年文化活动，办好老年大学、建立老年教育网络，动员社会力量参与、开创老年文化工作的新局面。2001 年 6 月，中央组织部、文化部、教育部、民政部、全国老龄工作委员会办公室下发《关于做好老年教育工作的通知》提出：文化行政部门要会同有关部门认真学习和借鉴各单位发展老年教育事业的成功经验，尽快制定老年教育事业发展规划和远景目标，进一步加强领导，科学指导，逐步规划老年教育事业的发展。

各级文化部门要抓紧时间对现有的老年大学进行摸底调查，做好老年大学的登记备案工作。各单位要给予大力支持和协助。各级文化部门和文化事业单位要充分发挥现有文化设施的作用，依托省、市、县群艺馆、文化馆和乡镇文化站等群众文化设施，多渠道、多层次地发展老年教育事业，积极兴办新的老年大学。争取在较短的时间内实现"县县有老年大学"的目标，并逐步向社区、村镇延伸。培育和树立一批条件较好、质量较高、制度较全、颇具规模的规范化老年大学示范校。2002 年 4 月，《文化部关于进一步活跃基层群众文化生活的通知》强调指出："加强老年教育工作。"2012 年 9 月，中组部等 16 部门下发了《关于进一步加强老年文化建设的意见》，要求加快推进老年文化建设。

我国已进入人口老龄化快速发展时期，加强老年文化建设是积极应对人口老龄化的一项重要战略任务，也是社会主义文化建设的重要内容。老年群体的公共文化服务已成为公共文化服务的重点。随着政策法律的出台，各地相应在老年人文化设施、文化活动等方面开展了对老年人的文化服务。2002 年，河南省新乡市进行新型社区改建，在原有社区基础之上，设立阅览室、棋牌室、老年活动室等老年公共文化活动场所，

---

① 李忠实：《共享文化资源、关爱农村留守儿童——开县图书馆服务实践》，载《图书情报工作》，2013(S2)。

② 梁懿坚：《公共图书馆对农村留守儿童实施文化关怀的思考》，载《图书馆研究》，2013(6)。

③ 傅尔玲：《关爱留守儿童 推动公共文化服务均等化》，载《四川图书馆学报》，2015(1)。

更好地为老年人提供文化服务。① 2006—2007 年，上海市、黑龙江省、山东省等地的图书馆陆续成立了老年阅览室，同时广东省深圳市图书馆成立了第一个老年人读书会。② 2011 年，四川省成都市所有的公共图书馆、文化馆向老年人开放，同时建立老年人体育活动室和适当的室外活动场所，组织老年人进行各种文化活动。③ 同年，在安徽省宿州市举办了首届老年文化艺术节，蚌埠市举办了第九届金秋老年摄影展和第四届老年文艺汇演等文化活动。④ 2015 年，吉林省吉林市龙潭区文化馆联合当地民政部门，大力开展书法、绘画、舞蹈等老年活动，并成立了书法协会、舞蹈协会等老年组织，极大地丰富了老年人的精神文化生活。⑤

在公共文化服务中，除了上述几大群体以外，还应包括妇女群体。从现实的情况来看，对这类群体的文化政策、文化服务较少，其中关于这一群体的文化政策主要体现在《中华人民共和国妇女权益保障法》等国家法律层面。《中华人民共和国妇女权益保障法》规定，"妇女享有与男子平等的文化教育权利"，"保障妇女从事科学、技术、文学、艺术和其他文化活动，享有与男子平等的权利"。2005 年，四川省凉山彝族自治州成立彝族妇女儿童发展中心，针对妇女和儿童开展文化服务活动，提高其文化素质。⑥ 2013 年，在政府的支持和社工的参与下，甘肃省兰州市西湖文化服务中心开展了针对妇女的扫盲教育。⑦

第二部分　案例描述

一、广东省惠州市文化惠民卡⑧

近年来，惠州市社会经济快速发展，2013 年，全市实现地区生产总值 2678.4 亿元，人均国民生产总值 57144 元，实现地方公共财政预算收入 250.1 亿元。在社会经济快速发展的同时，惠州市委、市政府以高度的文化自觉推进公共文化服务建设，特

---

　① 张弦：《如何老有所乐——社区老年人公共文化服务研究》，硕士学位论文，华中师范大学，2013。

　② 肖雪、王子舟：《公共图书馆服务与老年人阅读现状及调查》，载《图书·情报·知识》，2009(5)。

　③ 薛钢：《老有所乐　文体当先——浅谈为老年人提供公共文化体育服务》，载《中共乐山市委党校学报》，2011(4)。

　④ 黄佳豪：《文化养老：养老保障体系建设的新视角》，载《中共贵州省委党校学报》，2011(2)。

　⑤ 孟威：《如何开展适合老年人的文化活动》，载《东方企业文化》，2015(5)。

　⑥ 刘晓雷：《少数民族地区 NGO 参与公共服务研究——以凉山彝族妇女儿童发展中心为例》，硕士学位论文，中央民族大学，2013。

　⑦ 李淑云：《社会工作介入少数民族流动妇女扫盲教育研究——以兰州市西湖文化服务中心妇女识字班为例》，硕士学位论文，兰州大学，2014。

　⑧ 魏军：《惠州文化惠民卡制度的经验探索》，载《公共文化》，2015(10)。

别是以成功创建全国文明城市为契机，以建设城市"十分钟文化圈"和农村"十里①文化圈"为目标，先后投入 100 多亿元完善公共文化设施，大力实施文化惠民工程，基本形成了设施齐全、功能健全的市、县、镇、村四级公共文化服务体系，并且比较早地探索开展了政府购买公益免费培训、送戏下乡等流动服务、"快乐时光"广场活动等品牌项目以及村级文体协管员制度，公共文化服务的公益性、基本性、均等性、便利性给广大群众带来了看得见、摸得着的文化实惠，为幸福惠州建设奠定了文化民生基础和文化惠民平台。2012 年，作为广东省唯一的基本公共服务均等化综合改革试点城市，惠州市大胆探索，先行先试。并且，2013 年，惠州市在广东省率先正式实施面向社会困难群体和特殊群体的文化惠民服务。2014 年，惠州市在成功试点的基础上，进一步扩大范围，在全市全面推广文化惠民卡，全市所有困难群体全部享受到政府的特别文化关怀。

(一)具体做法

1. 明确发放对象和标准

惠州市文化惠民卡，是面向社会困难群体和特殊群体特别发行的文化消费服务卡，用于保障上述群体的基本文化消费权益。惠州市文化惠民卡的发卡对象为全市所有享受抚恤定补的优抚对象、低保家庭、五保供养户、城镇三无人员、在惠家庭经济困难学生(九年制义务教育及普通高中阶段内)以及一定比例的符合条件的在惠务工人员。政府每年向上述人群提供 200 元的文化消费补贴，用于补贴上述人群开展看电影、看电视、购书、订报、看演出等基本文化消费活动。

2. 先试点后全面推开

2013 年，惠州市在两个区率先试点推行文化惠民卡。市财政投入 600 万元，采用中国建设银行借记卡，以联名卡方式发行文化惠民卡，设立专用号段，实名登记，人卡一对一。2013 年，共发卡约 2.75 万张。2014 年，市、县(区)财政共计投入约 2800 万元资金，采用"卡账分离"为主、"卡账合一"为辅等灵活方式，在全市所有县(区)全面推广发放文化惠民卡约 14 万张，关联受益人口约达 70 万人。2015 年惠民卡发放后全市新增受益对象近 4 万人。截至 2016 年 3 月，文化惠民卡发放范围已从创建前的两个试点，全面扩大到全市所有县(区)。发放数量从年均 2.75 万张扩大到年均 14 万张，关联受益人口约 80 万人次。

惠州市的文化惠民卡随着 2012 年开始探索、2013 年开始试点、2014 年示范创建，实现了社会最低生活保障标准的历史跨越，创立了政府提供基本公共文化服务的最低公益模式，建立了社会力量共同参与基本公共文化服务建设的联动发展机制，引入了丰富和完善基本公共文化服务内容及手段的市场机制，建立了政府多职能部门联合办文化的大文化发展机制，使得"文化低保"政策在惠州市制度化、全面化实施。2013 年

---

① 里：长度计量单位。1 里等于 500 米。

8 月，文化惠民卡制度项目经省文化厅推荐，参与了国家文化部的竞争性评审，在全国东部地区 30 多个参评项目中取得第三名的好成绩。2013 年 11 月，文化部正式发文确认惠州市文化惠民卡制度成功竞得第二批国家公共文化服务体系示范项目创建资格，成为广东省入选的两个项目其中之一。2014 年，项目创建工作顺利通过了国家和省的中期督导，项目研究课题通过文化部国家公共文化服务体系制度设计研究课题结项评审，获"良好"等级。2015 年底，此项目正式通过国家考评验收，成为国家级示范项目。

（二）创新点

《中共中央办公厅、国务院办公厅关于加快构建现代公共文化服务体系的意见》提出："保障特殊群体基本文化权益。将老年人、未成年人、残疾人、农民工、农村留守妇女儿童、生活困难群众作为公共文化服务的重点对象。"保障特殊群体基本文化权益是社会主义的本质要求，体现了社会主义的优越性。同时，特殊群体的公共文化服务也是我们工作的薄弱环节之一。在现实工作中，因为存在某些特殊情况，在享受政府提供的公共文化服务（如单方面的免费开放服务等）上，一些特殊的社会困难群体客观上出现"受众缺席"问题，这与公共文化服务"普遍"惠及全民的要求极不相符。广东省惠州市文化惠民卡制度则瞄准"缺席"的受众，让公共文化服务普惠阳光洒落到社会每个成员身上，有效弥补公共文化服务的"底线均等"和"群体均等"的"漏洞"，真正实现公共文化服务"一个都不能少"。广东省惠州市文化惠民卡制度是第二批国家公共文化服务体系示范项目。其创新做法：一是明确发放对象。惠州市文化惠民卡的发卡对象为全市所有享受抚恤定补的优抚对象、低保家庭、五保供养户、城镇三无人员、在惠家庭经济困难学生（九年制义务教育及普通高中阶段内）以及一定比例的符合条件的在惠务工人员。努力推动应扶尽扶、应补尽补、应发尽发。二是明确补贴标准。政府每年向上述人群提供 200 元的文化消费补贴。三是明确基本文化消费活动内容。补贴相关人群开展看电影、看电视、购书、订报、看演出等基本文化消费活动。四是明确文化消费补贴型惠民卡。市民凭借惠民卡看电影、买书等均可享受打折优惠，一定程度上影响了全社会文化消费动向，扩大了文化消费市场，为文化企业和文化商户等社会经济组织提供了商机，营造了全市文化消费氛围。①

二、浙江省东阳市农民工文化活动中心②

农民工基本文化权益保障，是构建社会主义和谐社会的重要内容。党的十七届六

---

① 徐乐乐、魏军：《惠州人今年可享文化消费补贴 看电影可打折》，http://gd. sina. com. cn/hz/2016-10-10/city-hz-ifxwrhpm2779489. shtml，2016-10-15。

② 文化部公共文化司：《以"农民工文化活动中心"为载体加快将农民工纳入公共文化服务体系》，http://www. mcprc. gov. cn/sjzz/shwhs_sjzz/shwhs_hdwcn/201205/t20120515_354941. htm，2016-10-15。

中全会提出要"引导企业、社区积极开展面向农民工的公益性文化活动,尽快把农民工纳入城市公共文化服务体系",政府在着力维护农民工经济权益和社会权益、政治权益的同时,必须切实加强农民工基本文化权益保障。

浙江省东阳市地处浙江省中部,历史悠久,文化底蕴深厚,文化遗产丰富,素有"婺之望县""歌山画水"之美称,被誉为著名的教育之乡、建筑之乡、工艺美术之乡和中国恐龙之乡,是全国文化先进县(市)。东阳市作为浙江省中部的一个发展中城市,既有悠久的历史文化积淀,也有新兴工业经济发展的强大推动,块状经济异常明显。因此,安徽、江西、贵州、四川、云南等省份的大量农民工被吸引来东阳安家落户,成为东阳市经济发展的一大生力军。但由于中小企业受场地、资金和时间等因素限制,企业文化活动较少,导致农民工业余生活非常枯燥。特别是随着新生代农民工日益成为农民工群体的主体,他们对文化服务提出了更高的需求和期待,因此加强对农民工文化权益的保障显得更加迫切。针对这一状况,从 2006 年开始,东阳市结合实际,大胆探索,利用村(社区)文化活动场所的硬件设施,通过深入广泛的思想宣传,动员农民工集聚的村将文化设施拿出来建设"农民工文化活动中心"。

(一)具体做法

1. 以点带面,引导企业和村(社区)建设"农民工文化活动中心",为农民工提供文化活动平台

2006 年,东阳市就如何改善外来农民工的业余文化生活,提高农民工生活质量等问题展开调研。通过深入走访和交流座谈等形式,广泛听取农民工、企业主、村干部、村民的意见,准确了解农民工群体的年龄结构与文化需求,进一步掌握农民工文化活动的实际状况、特点和规律。

调研发现,农民工集聚的地区,一般为城郊的村和社区。这些地区的公共文化服务往往较为薄弱。因此,在研究后决定,政府给予支持和引导,帮助企业、村(社区)建立农民工文化活动中心。

在选择合适的村(社区)建立农民工文化活动中心的时候,重点考虑了如下条件:一是农民工租住聚集地;二是有较强意愿和管理能力的村(社区);三是有认真负责的优秀管理员候选人。

2. 充分发挥公益性文化单位的骨干作用,合理配置文化资源,让农民工文化活动中心活起来

为了让建好的农民工文化活动中心得到充分利用,东阳市充分发挥公益性文化单位在公共文化服务体系建设中的骨干作用,进一步完善市、镇乡(街道)、村(社区)三级文化设施和活动网络,将农民工纳入城市公共文化服务体系之中。作为担负公益性文化服务任务的文化馆、图书馆、博物馆、文化站(室),整合各种人力、物力、财力资源,对农民工文化生活进行有针对性的倾斜,为农民工提供更多更好的电影、戏曲、书籍以及各类文化活动培训。同时，充分发挥村（社区）、企业已有文化资源的设施和功能，鼓励和引导当地的村和村民，将村、企业里的文化资源拿出来与农民工共享，更多地满足农民工的文化需求，坚持"资源共享、免费服务"。农民工文化活动中心由村委会（企业）、农民工共同使用、共同管理，免费向农民工提供服务，确保农村文化阵地的有效运行。同时注重活动中心内部功能的发挥和设施场地的有效拓展，使农民工活动中心既有时代气息，又有当地的人文特色。在功能设置上，也不强调千篇一律，结合农民工的实际文化需求设置文体项目，在项目设置和设施安排上更多地强调实用性和社会效益，不搞形式、不讲排场，让农民工真正有场地、有资源来组织活动、参与活动，使他们跟本地人一样共享文化发展成果。

3. 政府主导，企业共建，社会参与，形成保障农民工基本文化权益的工作机制

东阳市农民工文化活动中心的创建坚持政府主导、企业共建、社会参与的原则。先由文化部门牵头，以文化活动吸引人气，将农民工集中到一起，随后在文化活动的平台上，联合宣传、工会、体育、镇乡（街道）、村（社区）等各部门共同建设服务平台，再吸引企业共建和社会力量参与，从各个方面共同帮助农民工解决实际问题。作为"建筑大市"，东阳市在所有建筑单位项目部建立了"民工学校"。在建设好硬件设施的基础上，同时做好管理班子、管理措施、管理制度等软件的配套管理。目前东阳市农民工文化活动中心建设已经形成了一套规范科学有效的工作机制。

一是建立农民工文化活动领导小组。分解任务，落实责任，为文化建设提供强有力的组织保障，并根据当地的文化实际，因地制宜，制订农村文化发展规划和年度工作计划及经费使用预算方案。领导小组一般由所在地村（社区）的主要领导担任组长，骨干企业负责人任副组长，参与共建的企业领导任成员。

二是建立农民工文化活动工作班子。明确工作职责，实施工作计划。工作班子由村（社区）分管领导任组长，参与共建的分管文化的领导或办公室主任担任班子成员。

三是建立农民工文化活动中心指导小组，加强协作与业务指导。业务指导一般由文化部门牵头，组长一般由文化部门分管领导担任，副组长由总工会、体育等部门分管领导担任，成员由参与业务指导的部门领导担任。文化馆、图书馆、电影公司、剧团、文化站等单位是承担业务指导的主要职能部门。

四是建立管理制度、联系制度和轮值制度。加强日常管理工作，搞好环境卫生和安全保卫工作。落实值勤人员，明确工作职责。加强村（社区）、企业之间的沟通协调工作，落实专门联系人员，明确联系人职责。健全和完善重大活动轮值承办制度。

4. 规范工作管理，开展针对性服务，不断提高农民工文化建设的能力和水平

农民工文化活动中心成立后，每年都制订切实可行的农民工文化活动中心文化活动计划，规定每月开展三四次重大文化活动，包括图书阅览、文艺演出、电影放映、体育健身、舞蹈培训、书画展览、知识讲座、电脑培训、远程教育、团队活动、群体收看等相关项目，由各部门提供师资、设备。定期举行球类、棋类、团体操比赛等文化活动。同时利用村里的文化长廊，对农民工进行相关法律法规宣传，如杨家活动中心创办发行了农民工自己的报纸《新杨家人》。

为吸引外来农民工参与文化活动，加强与农民工输出地的文化交流，使文化活动贴近他们的生产生活、所思所想，积极引进农民工输出地的特色文化，组织开展一些特色文化交流活动，并针对老城区室内文化设施缺乏的情况，建立农民工文化广场，引导农民工参与广场文化活动，真正使外来农民工和本地居民一同乐于享受、易于接受、便于参与，务求实效。

通过联合各部门、村（社区）、企业及社会团体参与共建，各个农民工文化活动中心广泛开展了文艺团队组建、文化联欢、技能培训、学法维权等形式的活动，建立农民工文化服务机制、农民工技能培训机制、农民工工会维权机制及农民工文化活动经费投入机制，充分保障农民工文化活动中心的正常运作与文化活动的全面开展。

5. 出台相关政策及保障措施，为农民工文化建设提供政策保障

2011年，东阳市出台了《加快构建"30分钟文化活动圈"的实施意见》，将农民工文化活动中心建设纳入"30分钟文化活动圈"，作为构建农村公共文化服务体系建设的重要内容，纳入各级党委、政府的重要议事日程，纳入镇乡（街道）年度工作目标和领导干部政绩考核内容。市财政设立专项资金，每创建一个农民工文化活动中心，给予奖励补助4万元，年度管理经费1万元。同时，把农民工文化活动中心建设纳入村级区域文化活动中心、文化示范（达标）村（社区）等创建评选活动之中，提高基层对农民工文化活动中心建设的积极性。通过几年来对农民工文化活动中心建设的研究摸索，东阳市及时总结运行过程中的做法经验，制订规划和方案，从理论和实践的角度指导农民工文化活动中心建设。2011年，东阳市成功申报浙江省基层公共文化建设示范项目，推动农民工文化活动中心向更深、更广的层次发展。

（二）创新点

农民工主要是指进城从事非农工作的农村户籍人口。农民工是我国改革开放和现代化建设的重要参与者和贡献者，关心农民工精神文化需求、维护和保障农民工权益、促进农民工城市融入是贯彻落实科学发展观、构建社会主义和谐社会的重要内容。文化是农民工融入城市的桥梁，对增强农民工的归属感、尊严感和幸福感具有重要作用。党中央、国务院对农民工工作高度重视，出台了一系列关心和保障农民工权益的政策措施。特别是随着覆盖城乡的公共文化服务体系建设的有序推进，各级政府制定和实施了一系列保障农民工文化权益的政策措施，取得了明显成效。但必须看到，在着力维护农民工经济权益和社会权益、政治权益的同时，农民工文化权益还没有得到应有的重视，农民工文化工作还存在重视不够、体制不顺、责任不清、保障不力、针对性不强、服务水平不高等问题，尚未形成可持续发展的长效机制，农民工文化权益仍然缺乏制度性保障。特别是随着新生代农民工日益成为农民工群体的主体，他们对文化服务提出了更高的需求和期待，因此加强对农民工文化权益的保障显得更加迫切。浙江省东阳市农民工文化活动中心有效地解决了农民工文化活动阵地严重缺乏、文化生活枯燥的问题，实现了繁荣群众文化与保障农民工文化权益"双赢"的局面，走出了保障农民工文化权益的新路子。2012 年 5 月，文化部在浙江省东阳市召开了全国农民工文化建设现场经验交流会。其创新做法：一是坚持政府主导、村企共建、社会参与建设农民工文化活动中心；二是实行菜单式服务与农民工自办文化相结合，积极开展丰富多彩的文化活动；三是加强部门协调，发挥综合效应，为农民工解决实际问题；四是出台系列政策，为保障农民工文化活动中心建设、管理、营运提供政策支撑。

三、安徽省淮南市少儿艺术发展项目①

少年儿童是国家未来的建设者，是中华民族伟大复兴的决定力量。加强少儿文化建设，对于关爱未成年人成长，提高少年儿童素质，造就全面发展的接班人，有着深远的意义。在推进公共文化服务体系建设中，必须重视繁荣少儿文化艺术，构建更加完善、丰富的公共少儿文化服务体系。为此，淮南市实施了少儿艺术发展项目。

在各级党委、政府的高度重视和全社会的积极推动下，经过 20 多年的普及、发展，淮南少儿艺术从无到有，遍及城乡，姹紫嫣红，硕果满园，催生了少儿艺术的"淮南现象"；经过 20 多年的探索、积累，淮南少儿艺术平台众多，政策坚实，投入丰厚，渐成体系，形成了名副其实的文化工程；经过 20 多年的创新、繁荣，淮南少儿艺术已经成为亮丽的"城市名片"，成为安徽省特色社会文化项目。

(一)具体做法

1. 筑平台，少儿艺术设施不断完善

坚持政府主导，社会共办，文化、教育、共青团、妇联等部门资源共享，形成了覆盖广泛、功能多样的少年儿童文化艺术服务设施体系。

市级：有青少年宫 1 家、青少年素质教育基地 1 家、妇女儿童活动中心 1 家。市级文化馆、图书馆、少儿图书馆、艺术剧院都设有少儿艺术活动、培训场所，博物馆专门开设少儿体验活动区域。县区：有青少年宫 3 家、少儿艺术活动中心 1 家、少儿舞蹈艺术研发基地 1 家。县区文化馆、图书馆都设有少儿艺术活动、培训场所。乡镇综合文化站，以及许多社区、村的文化活动室都配备有少儿艺术活动设施。全市 80％的小学、幼儿园配备有舞蹈训练房、音乐教室、美术教室、艺术活动室。全市有少儿艺术团 6 个，公共文化服务设施免费为少年儿童开放，服务率达到 70％以上。社会力量兴办的各类少儿艺术学校、培训班达 130 多处。城乡每年有超过 2 万名的少年儿童参加舞蹈、器乐、音乐、戏曲、美术、书法等方面的艺术培训。据统计，近年来淮南市每年有 2000 多人考进全国各类艺术学校，许多人学有所成，登上艺术殿堂。

----

① 淮南市文明办：《［淮南］少儿艺术发展项目》，http://ahhn. wenming. cn/zthd/ztddjsdlsn/201212/t20121231_474282. htm，2016-10-15。

2. 铸品牌，少儿文化活动渐成体系

淮南市是少儿艺术之乡，淮南市少儿艺术活动开展有着光荣的传统、良好的社会基础、火热的群众参与热情。淮南市少儿文化活动形式多样、内容丰富、常年举办，形成体系，形成了经常、广泛、多样的且面向广大少年儿童的少儿艺术活动机制。

各中小学校、幼儿园有校园艺术节、文化活动月、书画展、故事会、校园舞台、才艺大赛等校园文化活动。每个县区都有富有地区特色的少儿艺术节、少儿文艺汇演、少儿书画比赛、少儿合唱比赛、农村儿童文体节、社区家庭文化节等面向少年儿童的文化艺术活动项目。特别是田家庵区少儿艺术节从1989年创办，至今举办多届，成为省内外知名的地区文化活动品牌。

淮南市少儿文艺调演从20世纪80年代举办以来，年年举办，从未间断。两年一届的淮南市少儿文化艺术节已成功举办多届，开展了舞蹈展演、声乐比赛、器乐比赛、戏曲比赛、演讲比赛、歌咏比赛、书画摄影比赛等活动。每年的全市少儿文艺活动中，都有400多个创作编排的舞蹈、音乐、戏曲节目等参加演出，许多节目来自最基层农村的小学、幼儿园。

在实施文化惠民工程中，把送高雅艺术进校园确定为一项重要活动内容，经常开展京剧文化进校园、交响乐进校园、优秀地方民间艺术进校园活动。

为更好提升少儿文化活动开展水平，扩大少儿文化活动影响，在国家有关部门和省委省政府的推动、支持下，2004年，淮南市成功举办了中国少儿舞蹈艺术节。由中国文联、中国妇联、安徽省人民政府主办的中国·淮南国际少儿艺术节，从2007年起开始举办，内容丰富、精彩纷呈、影响深远。2009年，举办了中国·淮南国际少儿艺术节少年儿童书画展暨盛世典藏大赛。第三届中国·淮南国际少儿艺术节于2011年7月举办，来自世界和我国各地的少年儿童汇聚淮南，共享文化欢乐。

3. 创精品，少儿艺术节目争奇斗艳

经过多年精心普及、辛勤耕耘，淮南市少儿艺术如一朵朵艳丽小花，苗壮成长，结出累累硕果。2000年以来，有近百个舞蹈、音乐、曲艺节目，以及优秀绘画、书法作品，在国内外重要比赛中获奖。

2000年，少儿舞蹈《我真棒》《我和小鸟拉钩钩》《踢踏十分钟》获文化部首届全国"蒲公英奖"少儿舞蹈比赛表演金奖、创作金奖；2001年，少儿舞蹈《向前冲》作为唯一的少儿舞蹈节目进京参加"盛世华章"庆祝建党80周年全国精品舞蹈展演；2003年，少儿舞蹈《花裙子飘起来》《踢踏十分钟》被教育部指定为在全国推广的校园舞蹈；2005年，淮南市少儿艺术团应邀赴日本进行文化交流演出；2007年，少儿舞蹈《嗨，我的梦》获文化部第十四届"群星奖"少儿舞蹈比赛"群星奖"；2007年，少儿音乐快板《惊涛雏燕》获中央电视台少儿曲艺大赛一等奖，入围第十四届"群星奖"全国少儿曲艺比赛复赛；2008年，淮南市少儿合唱团代表安徽省参加文化部、教育部主办的第二届中国少年儿童合唱节，荣获"黄鹂杯"奖；2009年，少儿花鼓灯《俺也要跳花鼓灯》获首届全国新农村少儿舞蹈比赛一等奖；2010 年，少儿歌曲《我和小鸟拉钩钩》荣获文化部全国少儿音乐歌词创作征集比赛一等奖。

多年来，淮南市有十几个少儿舞蹈在"小荷风采"全国少儿舞蹈比赛中获得表演金奖。几十个少儿绘画、书法作品荣获文化部"蒲公英奖""群星奖"。十几名京剧新苗在全国少儿京剧演唱比赛中夺得金奖、银奖。淮南市的少儿文艺节目、书画作品在历次安徽省少儿文艺调演、书画展览中，获奖成绩始终名列首位。淮南市文化局多次获得省文化厅颁发的优秀组织工作奖。许多少儿文艺节目登上中央电视台、人民大会堂等国家级文艺舞台。

4. 建立机制，促进发展

第一，发展机制。

多年来，淮南市各级党委、政府始终高度重视繁荣少儿艺术工作，在《"十一五"淮南市社会事业发展规划》《淮南市政府工作报告》《淮南市 2006—2010 年文化建设规划纲要》《淮南市建设文化强市实施意见》等文件中，都明确提出了繁荣少儿艺术的目标任务。少儿艺术工作纳入各级党委、政府的重要议事日程，形成了少儿艺术工作组织领导机制，出台了一系列关于支持少儿艺术事业的政策措施。田家庵区等地区成立了少儿艺术工作领导小组，设立专门工作机构，主要领导亲自抓，落实人员开展工作。人大、政协等多次对繁荣少儿艺术工作进行考察调研，献计献策。建立了在党委、政府领导下，宣传、文化、教育、共青团、妇联等部门通力合作，共办少儿艺术的工作机制。

第二，投入机制。

坚持政府主导，社会参与，不断加大对少儿艺术事业的投入。"十一五"期间，淮南市各级公共财政对少儿文化设施建设、少儿文化活动举办、少儿艺术素质教育、少儿艺术创作等方面的投入达 2540 万元。设立了少儿艺术专项经费，纳入财政预算，并逐年增加。田家庵区等地区设立了繁荣少儿艺术专项资金，专户保管，专项使用，滚动发展。积极鼓励和引导社会力量资助少儿艺术事业，投入少儿文化建设。

第三，队伍建设机制。

少儿艺术人才队伍建设，是淮南市少儿艺术工作的一项基础工程。多年来，通过学校输送、文化部门培养、工作锤炼等多种途径，培养造就了一大批骨干艺术教师、优秀编导、优秀创作人员。在全市宣传文化"四个一批"拔尖人才评选中，少儿艺术工作人才专门列入其中。在市人才工作领导小组的重视支持下，从 2006 年起，将少儿艺术工作人才培养纳入全市特色人才培养规划，实施了"淮南市优秀少儿歌舞编创人才培养计划"，每年安排 10 万至 15 万元专项培养经费，采取"请进来""送出去""走出去"的办法，让少儿艺术教师、编导、管理人员参加培训。从 2009 年开始，淮南市与中央文化管理干部学院合作，举办淮南市少儿舞蹈培训班，全面开展少儿文艺人才培养工作。

（二）创新点

少儿的艺术普及是全民艺术普及非常重要的组成部分。目前，少儿艺术的普及更多的承担单位是社会艺术培训机构。尽管少儿艺术普及已纳入各级文化馆（站）的免费开放内容，但由于受到场地、师资、资金以及少儿学习生活规律的限制，客观上讲，少儿艺术普及出现了需求与供给不能有效对接的问题。安徽省淮南市少儿艺术发展项目是第一批国家公共文化服务体系示范项目，在创建中创造性地破解了这一难题。其创新做法：一是政府主导、部门合作共办。少儿艺术工作纳入淮南市各级党委、政府重要议事日程，建立相应领导机构，建立党委、政府领导下的宣传、文化、教育、共青团、妇联等部门合作共办的工作机制。各级政府尤其是市政府将繁荣少儿艺术的工作目标任务列入社会事业发展规划、政府工作报告、建设文化强市实施意见之中，并出台一系列政策措施加以支持。二是实施人才培养基础性工作。采取"送出去"和"请进来"相结合，与淮南师范学院签订教学科研合作协议，在地方高校设立少儿艺术研究平台和艺术实践基地，在各种少儿艺术活动中发现人才，落实培养措施。三是坚持品牌活动和项目拉动。大型品牌活动由政府主导，宣传、文化、教育、妇联等多个部门联办，各种宣传媒体推介，形成少儿艺术生长和繁盛的良好生态。出台了《淮南市少儿文艺精品工程实施办法》，开展了市精神文明建设"十个一工程"的少儿艺术项目，设立了"最受孩子喜爱的节目奖"，中国舞蹈家协会还在淮南成立了"少儿舞蹈研发基地"，这些做法进一步规范了少儿艺术活动及创作、培训、奖励激励机制，有效激发了各方面的积极性。四是建立促进发展的保障机制。自 2012 年起设立市级"促进少儿艺术繁荣发展专项资金"，以后逐渐增加。市、区（县）及学校等的各种公益性文化设施的建设和免费开放，为少儿艺术的发展提供了一定的保障条件。[①]

第三部分　案例分析

一、为特殊群体提供特殊公共文化服务是由公共文化服务机构的本质属性和基本职能所决定的

公共文化机构的所有资源应由社会共享，全体社会成员都依法享有其使用权。公共文化机构具有强大的社会服务职能，服务社会、改变社会、完善社会是它们实现自身职能的重要形式。在当前全社会普遍关注社会特殊群体，为社会特殊群体提供各种便利的情况下，公共文化机构更应充分发挥自己的社会功能，以自身资源优势，为特殊群体提供特殊的服务，改善社会特殊群体所处的不利的经济地位、政治地位和社会地位，让他们有尊严地体面地生活。只有重视服务特殊群体，加大力度服务特殊群体，

---

① 　乔国良：《淮南市：少儿艺术花 馥馥遍地香》，载《中国文化报》，2012-08-02。

积极关注特殊群体，真正关爱特殊群体，把公共文化事业的发展重点放在基层，才能真正实现社会公平公正，实现社会和谐，推动中国社会的进步。当前针对特殊群体开展的系列公共文化服务活动和项目，体现了国家公共文化机构的文化自觉意识和社会担当意识。例如，在安徽省淮南市少儿艺术发展项目实施过程中，积极推进了城乡少儿艺术公共文化服务体系建设。抓住各级文化馆、图书馆、乡镇综合文化站、农家书屋等公共文化服务设施建设和文化馆、图书馆、乡镇综合文化站免费开放服务工作全面实行机遇，进一步提升少儿文化艺术服务质量。文化馆、文化站的少儿艺术培训全部免费，少儿图书馆更新了全部服务设施。

二、加强特殊群体公共文化服务，有利于保障人民群众的基本文化权益

自由、平等、公正是我国社会主义核心价值观的题中之义，也是建设和谐社会的必然要求。只有具备服务特殊群体的意识和精神，才能将服务惠及全民，切实保障公共文化服务的公益性与基本性，才能最大限度地发挥公共文化服务机构与服务设施在文化生活中的引导和教育作用，从而在文化建设中发挥重要的推动发展的功能。近年来中央财政每年下拨专项资金，大力支持建设广播电视村村通与户户通、农村电影放映、农家书屋等一系列重点惠民工程，为逐步实现城乡新闻出版广播影视一体化、公共服务标准化均等化打下了良好基础。通过精准化的公共文化服务促进公共文化资源在城乡之间、地区之间、不同群体之间均衡配置，保障特殊群体文化权益。比如，浙江省东阳市农民工文化活动中心建设使农民工群体共享了文化改革发展成果。

三、加强特殊群体公共文化服务，有利于实现公共文化服务均等化

特殊群体是社会的重要组成部分，虽然他们各具特点，但在享有基本人权和基础社会文化资源方面与一般社会公众理应是平等的。但是，由于不同区域在经济发展程度、不同群体在经济条件等方面存在差异，人们享受到的文化权益和文化普惠并不一样。一些困难群体、特殊群体成为"文化贫困"群体，造成了公共文化服务的受众缺席，严重影响了公共文化服务的"底线均等"与"群体均等"，不符合公共文化服务惠及全民的要求。关注弱势群体，消除弱势群体获得公共文化资源与服务的现实困难，为全体社会成员提供无差别、人性化、均等化、便利化的公共文化服务，促进社会公平正义，是公共文化事业发展所必须承担的责任和履行的义务。惠州市文化惠民卡标志着"文化低保"政策在惠州市制度化、全面化实施，标志着惠州市在社会基层困难及特殊群体的政府救助(扶)方面，实现了从保障基本生存权利到注重精神文化生活质量的历史跨越。惠州市文化惠民卡制度作为全省乃至全国公共文化服务的创新项目，在探索解决公共文化服务的"底线均等"和"群体均等"难题工作中具有示范引导价值。

四、开展特殊群体公共文化服务必须动员整合全社会力量参与

惠州市文化惠民卡制度由惠州市委、市政府统筹领导，除文化部门外，还涉及发

改、财政、民政、人社、教育、工会、流动人口等多个部门，以及各县（区）、银行、企业，形成了实现公共文化服务"底线均等"的管理服务合力。从这个意义上说，惠州市文化惠民卡不仅仅是一张卡，而是一个整合公共文化社会资源的服务平台。惠州市文化惠民卡的社会参与模式值得推广和借鉴。浙江省东阳市农民工文化活动中心建设和安徽省淮南市少儿艺术发展项目亦然。

第四部分　结语

公共文化机构应该如何为特殊群体提供服务，目前在我国并没有专门的法律规定。已颁布的各种法律法规，如《中华人民共和国残疾人保障法》《中华人民共和国未成年人保护法》《中华人民共和国老年人权益保障法》《中华人民共和国公共文化服务保障法》等，只作了笼统的规定。与之有关的具体规定大都是在一些文件之中零散体现，碎片化特征比较明显。例如，《中华人民共和国公共文化服务保障法》第9条规定："各级人民政府应当根据未成年人、老年人、残疾人和流动人口等群体的特点与需求，积极创造条件，提供相应的公共文化服务。"至于如何为这些特殊群体提供具体的有针对性的公共文化服务并没有详细的说明。因此，国家立法机构应尽快研究出台对特殊群体提供公共文化服务、保障其基本文化权益的专门性的法律法规，对特殊群体的公共文化权益和应该享受的公共文化服务提供明确的法律保障。在此基础上，还要积极争取各相关部门出台具体的规章制度和实施意见或实施方案，对特殊群体公共文化服务提供政策支持和具体保障。同时各公共文化服务机构应设置特殊群体公共文化服务部门，出台特殊群体服务规则和具体服务内容。通过以上措施，形成健全的制度保障体系，从而使特殊群体能够平等地享有和正常群体一样的公共文化服务平台和资源的权利。

思考题

1. 简述特殊群体的概念与特征。
2. 简述我国特殊群体公共文化服务领域的现状。
3. 结合某一地区的具体情况，谈谈开展特殊群体公共文化服务的困难所在。
4. 结合实际，谈谈开展特殊群体公共文化服务的意义何在。

第二章 公共文化服务发展动力

内容概要

本章主要介绍了公共文化培育和促进文化消费、社会力量参与公共文化服务、文化志愿服务创新发展的基本情况。通过本章学习，达到对增强公共文化服务发展动力有一个总体认识和了解。

"案例1 公共文化培育和促进文化消费"，主要介绍了文化消费的概念和特征、文化消费与物质消费的区别、文化消费的构成要素、文化消费的影响因素、公共文化服务与培育和促进文化消费的关系，以及我国文化消费的政策措施与现状。在介绍首届安徽文化惠民消费季、陕西省渭南市"一元剧场"演出项目2个案例的基础上，总结了每个具体案例的创新点，对2个案例进行了综合分析。

"案例2 社会力量参与公共文化服务"，主要介绍了社会力量的概念与类型、我国社会力量参与公共文化服务的方式及我国社会力量参与公共文化服务的状况。在介绍上海市浦东新区培育文化类社会组织参与公共文化服务、江苏省无锡市新吴区公共文化社会化、重庆市潼南区政府向社会力量购买演出3个案例的基础上，总结了每个具体案例的创新点，对3个案例进行了综合分析。

"案例3 文化志愿服务"，主要介绍了文化志愿者和文化志愿服务的概念、特征及类型，我国文化志愿服务的状况。在介绍山东省肥城市公共文化服务志愿者递进培养工程、福建省厦门市文化志愿服务、湖南省文化志愿服务3个案例的基础上，总结了每个具体案例的创新点，对3个案例进行了综合分析。

案例 1　公共文化培育和促进文化消费

第一部分　背景透视

一、文化消费的概念和特征

文化消费，是指为满足精神文化需求，而对文化产品或文化服务的占有、欣赏、享受和使用等，主要包括教育、文化娱乐、体育健身、旅游观光等内容。文化消费作为一种特殊的消费类型，其实质是对社会及他人提供的精神财富（有形或无形的）的消耗，同时，这种消费过程又是精神财富的消化、继承、积蓄、再造和创新过程。这里所讲的文化消费，具体是指人们通过休闲娱乐、文化学习、享受艺术等方式来消费精神文化服务和精神文化产品，在活动中获得艺术熏陶、精神享受和文化知识。

文化消费作为一种特殊的消费形式，具有自己独特而显著的特征，具体表现如下。[①]

第一，文化消费具有共享性。

这里所说的共享性具有两方面的含义。首先，文化产品具有共享性。在物质消费过程中，物质产品的所有权由销售者让渡给消费者，销售者不再享有，这说明物质产品本身具有排他性。文化产品与物质产品不同，它在转移、分配和让渡的过程中，不仅能被消费者得到，也可以被销售者享有。它能被销售、消费双方同时拥有，因此说它具有共享性。其次，文化产品能被不同地区、民族、时代背景的消费者共享。无论是精神文化消费活动的信息扩散，还是精神文化消费的观念、内容及方式的传递，都跨越了时间和空间的限制。文化消费不但不受空间的限制，能同时被不同国家、地区、民族的人们共同享有；而且随着文化的继承和延续，能在不同的时代和意识形态下同样被享有，因此说它具有共享性。

第二，文化消费具有重复性。

不仅文化产品可以重复使用，文化消费的过程也可以重复进行。物质产品的消费一旦实现，便表现为其自身存在数量和质量的丧失或消损。例如，食物被买来后最终会被吃掉；电器等也是使用一天寿命就减少一天，终被淘汰。文化产品直接作用于人的精神世界，并通过观念支配社会行为表现出来，其自身没有数量和质量的丧失和消损；文化消费的过程则是文化产品向个人意识和情感领域转移的过程。优秀的文化产品可以在人们的头脑中反复留下烙印，更无数次地为处于不同时间和空间的人所消费。

---

① 车放：《新时期我国文化消费问题研究》，硕士学位论文，东北师范大学，2008。

因此，文化消费具有重复性。

第三，文化消费具有隐蔽性。

与物质消费相反，文化消费的客体不是实体的物质而是抽象的文化。文化无形无状，因此，文化消费只有借助于物质载体或手段才得以存在和进行。它隐藏在有形的物质载体或手段背后，不能被直接表现出来。即使这样，文化消费的客体却绝不是物质载体或手段本身，而是通过它们表现出来，间接传递给消费者的观念和想法。就如同人们购买一本书或观看一部电影，他们所需要的不是书和电影这样的物质载体和手段，而是通过它们传递出的，隐藏着的知识和情感。所以，文化消费具有隐蔽性。

第四，文化消费具有潜在性。

具体表现在它对人的精神文化需要的满足不仅发生在消费当时，而且会延续到消费行为结束后相当长的时间，甚至可能使消费者终身受益。更重要的是，文化消费直接对人的意识和情感产生功效，会在人的内心深处产生潜移默化的作用，甚至影响到人们的精神世界，涉及人们的理想、信念、情操、世界观、人生观、价值观等诸多方面。对人的塑造、对人的发展，以及对社会一代新人的成长，关系极大而且意义深远。因此，文化消费具有潜在性。

第五，文化消费具有高级性。

人的消费源于人的需要。马克思在《1857—1858年经济学手稿》中就从个体发展的角度，深刻揭示了人的需要的演进规律。他认为，人的需要不只是单纯地维持自身生理的需要，更是实现自我创造、自我发展、自我完善的精神的需要，所以人的消费的最终目的也不在于物质欲望的满足，而在于对精神生活的追求。然而，物质消费的满足却是开展文化消费的基础，只有在物质消费得到满足的前提下，人类才能有闲暇的精力和能力进行文化消费。虽然物质消费和精神消费不能绝对区分，但与物质消费相比，文化消费无疑是较高层次的，因此说文化消费具有高级性。

第六，文化消费具有传承性。

文化消费的主体是人。它所要实现的最终目的是满足精神文化需要，是历史的。它本身更是经历了漫长的历史发展过程。在这样的过程中，文化消费能顺应社会生活的变迁，对社会与人的发展起积极作用，进而以意识的形态被传承下来；反之，则会因绝迹于人的意识而被淘汰，消失在历史的长河中。因此，文化消费具有传承性。

二、文化消费与物质消费的区别[①]

文化消费是比物质消费更为高层次的消费，与物质消费相比有着极大的区别。一是从消费内容上看，文化消费的文化内容不具有排他性，文化产品的消费方式更多地表现为欣赏，被消耗的只是知识、文化、艺术的物质载体，其文化价值不但不会被消

---

① 张珍瑜：《重庆农村文化消费现状及对策研究》，硕士学位论文，重庆师范大学，2013。

耗，反而会在人们的共鸣中变得更加丰富。二是从消费方式上看，相比物质消费，文化消费具有随意性、多样性、选择性的特点。文化消费的方式具有多样性，可以像消费物质产品一样，消费者通过货币形态支付文化消费，如购书、观看电影戏剧歌舞、跳交谊舞、唱歌、旅游等；也可以用种种非货币手段进行消费，如可以以时间、精力、习惯和技术等形态支付文化消费，如参观书画展、图书馆、博物馆、文化广场，欣赏民间艺术表演、民间工艺品展示、城市雕塑，参加社会公益性文化活动等免费的公共服务。三是从消费主体上看，文化消费具有文化层次性，即文化消费主体具有文化水平、品位和格调的差别。由于个人文化素养不同，趣味存在差异性，文化层次不同，文化消费主体的价值取向、审美情趣与文化涵养存在异质性。四是从消费目的上看，物质消费是为了生存、生活，而文化消费是以物质消费为基础的，是在物质消费相对满足的前提条件下实施的，旨在获得精神方面的享受或满足，二者是经济基础与上层建筑的关系。人们只有在衣食无忧之后才可能去考虑精神方面的需求。文化消费的内容是非常广泛的，不仅包括专门的精神、理论和其他文化产品的消费，而且包括文化消费工具和手段的消费；既包括对文化产品的直接消费，如电影电视节目、书籍和杂志的消费等，也包括为了消费文化产品而消费的各种物质消费品，如相机、电脑等；此外还包括各种各样的文化设施，如图书馆、影剧院等。

三、文化消费的构成要素

(一)文化消费主体

文化消费主体，即文化消费者。文化消费者以年龄层次划分，可以分为儿童、中青年及老年群体等；就性别划分，可以分为男性和女性；就职业划分，可以分为在校学生，固定职业者(政府机关、事业单位、国企、私企)，自由职业者，军人及离退休人员等。从文化消费主体的构成要素来说，又包括文化消费需求、文化消费心理、文化消费偏好、文化消费习惯、文化消费行为等。

(二)文化消费客体

文化消费客体，即文化消费对象。具体表现为形态不一、内容各异的文化产品与服务。不同文化消费者的消费对象也是有差异的。例如，儿童的文化消费主要是书籍及音像制品等；在校学生文化消费品主要为科普读物、教育产品以及动漫产品等；中青年的文化消费对象主要是影视作品、网络游戏等；老年消费者的文化消费对象主要是传统文学艺术形式，如读书看报、听戏看戏、养生保健、文化旅游等相关文化产品。

(三)文化消费环境

文化消费环境，是指文化消费的外在影响因素，主要包括物态环境和非物态环境，具体表现为文化消费空间、文化消费场所及其设施设备、政策法规制度、技术环境、社会文化环境等。

（四）文化消费产业链

文化消费产业链分为三个部分，文化生产者、文化产品完成者、文化产品销售者和消费者。文化生产者既包括已故的文学家、艺术家，也有在世的艺术家、文化家及非物质文化遗产传承人等。文化产品完成者是指将文化生产者生产的文化作品全部或部分保留、部分改造并进行批量生产的群体。文化产品销售者是将文化消费品售卖给消费者的人群。文化生产者和文化产品完成者共同构成了文化生产产业链的上游，也是文化产业链的核心。文化产品销售者与其他类消费品销售者一致，都以营利为目的，以消费者的需求为导向，所以，他们的反馈在一定程度上影响了文化产品的生产导向。[①]

四、文化消费的影响因素

综合来看，经济环境和发展水平、文化教育水平、社会政治环境、技术环境、人力资本状况以及消费者个体差异等因素均会对文化消费产生一定程度的影响。从经济环境来看，社会整体经济发展水平、金融环境状况、人均产值增长、人均积蓄增长、人均收入增长、人均总消费增长、消费者收入尤其是可支配收入的增长等经济因素；从社会政治环境来看，国家意识形态、社会管理制度、社会保障、文化体制、文化治理能力、国家文化发展战略、文化发展规划与布局、政府投入、国家文化基础设施建设以及相关国家政策及法律法规等因素；从社会文化环境来讲，历史文化传统、社会文化氛围、社会价值观、时代精神、社会风尚、生活方式等因素；从文化产品本身来看，文化产品的质量、属性、种类、价格、包装设计、广告宣传等因素；从个体因素来看，消费者的年龄、性别、民族、教育程度、职业类型、生活环境、社会地位、家庭结构、休闲时间、收入状况、消费需求、消费心理、消费习惯、消费偏好等因素均会对文化消费行为产生不同程度的影响。

五、公共文化服务与培育和促进文化消费的关系

公共文化服务与培育和促进文化消费的关系可以变通地从文化事业和文化产业关系的视角进行理解。新中国成立后，我国的文化建设一直是作为文化事业来发展的，是社会主义精神文明建设的重要构成部分。党的十五届五中全会通过的《中共中央关于制定国民经济和社会发展第十个五年计划的建议》把"文化事业"和"文化产业"明确区分开来，并要求今后在相当长的时期内既要大力繁荣各项文化事业，又要加快发展文化产业。党的十六大报告正式提出"继续深化文化体制改革""积极发展文化事业和文化产业"的要求。从文化事业与文化产业的关系和发展来看，一方面，公共文化服务是文化事业的有机组成部分，对文化产业和文化市场具有导向和滋养作用。文化事业不仅能

---

① 赵鸿儒：《论文化消费的构成因素》，载《大众文艺》，2016(12)。

够为文化产业提供思想基础、艺术形式、文化资源及良好的文化生态环境；而且能够培育公众的文化消费需求，拓展文化产业的市场空间，促使文化企业不断提高产品质量和种类，增强市场适应性。另一方面，文化产业是文化产品和服务的商业化和市场化经营机制与运作模式。文化产业不仅能够以灵活的方式为大众提供丰富的文化产品，活跃和繁荣文化市场，积累资金、增加税收、促进经济发展，为文化事业发展提供物质基础；而且可以增加公众对公共文化的多样化消费需求，为文化事业发展提供强大驱动力，使文化事业获得更为深厚扎实的物质基础，并潜移默化地影响文化事业的产品内涵和形式。综上所述，我们可以认为，公共文化服务与培育和促进文化消费之间存在着密切的双向互动关系。公共文化服务不只是满足居民基本文化需求的保障，也是培育和促进居民文化消费的重要手段，是文化市场发展与繁荣的重要保障，从长远上讲对促进经济发展和引导文化消费起到了不可忽视的作用。反过来，培育和促进文化消费又可以增强公共文化服务的发展动力，更好地促进公共文化服务的发展和现代公共文化服务体系的构建，满足人们日益增长的多元化和多样性的文化需求，从而保障人民群众的基本文化权益。

六、我国文化消费的政策措施与现状

2007 年 8 月，《中共中央办公厅、国务院办公厅关于加强公共文化服务体系建设的若干意见》提出："提高产业支撑和市场供给能力。"2011 年，党的十七届六中全会通过的《中共中央关于深化文化体制改革推动社会主义文化大发展大繁荣若干重大问题的决定》明确提出："扩大文化消费。增加文化消费总量，提高文化消费水平，是文化产业发展的内生动力。要创新商业模式，拓展大众文化消费市场，开发特色文化消费，扩大文化服务消费，提供个性化、分众化的文化产品和服务，培育新的文化消费增长点。提高基层文化消费水平，引导文化企业投资兴建更多适合群众需求的文化消费场所，鼓励出版适应群众购买能力的图书报刊，鼓励在商业演出和电影放映中安排一定数量的低价场次或门票，鼓励网络文化运营商开发更多低收费业务，有条件的地方要为困难群众和农民工文化消费提供适当补贴。积极发展文化旅游，促进非物质文化遗产保护传承与旅游相结合，发挥旅游对文化消费的促进作用。"2012 年 2 月，《国家"十二五"时期文化改革发展规划纲要》提出："扩大文化消费。"2014 年 3 月，《国务院关于推进文化创意和设计服务与相关产业融合发展的若干意见》提出："培育市场需求。加强全民文化艺术教育，提高人文素养，推动转变消费观念，激发创意和设计产品服务消费，鼓励有条件的地区补贴居民文化消费，扩大文化消费规模。创新公共文化服务提供方式，加大政府对创意和设计产品服务的采购力度。"2015 年 1 月，《中共中央办公厅、国务院办公厅关于加快构建现代公共文化服务体系的意见》明确提出："培育和促进文化消费。在公共文化服务体系建设中统筹考虑群众的基本文化需求和多样化文化需求，推动公共文化服务向优质服务转变，实现标准化和个性化服务的有机统一。广泛开展公益性文化艺术活动，培养健康向上的文艺爱好，扩大和提升文化消费需求。鼓励有条件的公共文化机构挖掘特色资源，加强文化创意产品研发，创新文化产品和服务内容。完善公益性演出补贴制度，通过票价补贴、剧场运营补贴等方式，支持艺术表演团体提供公益性演出。鼓励在商业演出和电影放映中安排低价场次或门票，鼓励出版适应群众购买能力的图书报刊，鼓励网络文化运营商开发更多低收费业务，推动经营性文化设施、非物质文化遗产传习场所和传统民俗文化活动场所等向公众提供优惠或免费的公益性文化服务。积极发展与公共文化服务相关联的教育培训、体育健身、演艺会展、旅游休闲等产业，引导和支持各类文化企业开发公共文化产品和服务，满足人民群众多层次的文化消费需求。"这是文化事业与文化产业相互促进的政策制度设计。北京市于 2015 年 2 月出台《北京市人民政府关于促进文化消费的意见》，这也是我国首个地方促进文化消费的专项文件。该文件从总体要求、重点任务、扶持政策、保障措施四个方面对北京市促进文化消费提出工作要求。文化部、财政部 2015 年 6 月共同实施了拉动城乡居民文化消费试点项目，分别在东部的北京市海淀区，中部的湖北省武汉市武昌区、安徽省合肥市，西部的贵州省遵义市汇川区进行有针对性的试点，极大地激发了当地市民文化消费的积极性。东、中、西部试点地区的积极探索、大胆创新，为其他地区开展试点工作提供了可参考借鉴的做法。项目实施以来，各试点地区收到了较好的效果。在 2015 年拉动城乡居民文化消费试点项目取得成效的基础上，文化部、财政部决定在全国范围内开展引导城乡居民扩大文化消费试点工作，2016 年 4 月，文化部、财政部下发《关于开展引导城乡居民扩大文化消费试点工作的通知》（以下简称《通知》），并配套印发了《引导城乡居民扩大文化消费试点工作实施方案》。《通知》明确按照"中央引导、地方为主、社会参与、互利共赢"的原则，确定一批试点城市，充分发挥典型示范和辐射作用，以点带面，形成若干行之有效、可持续和可复制推广的促进文化消费模式，推动我国文化消费总体规模持续增长，带动旅游、住宿、餐饮、交通、电子商务等相关领域消费，不断增强文化消费拉动经济增长的积极作用。按照《通知》要求，文化部把纳入试点工作的城市确定为"国家文化消费试点城市"；中央财政将通过中央补助地方公共文化服务体系建设专项资金，按照有关规定对扩大文化消费试点工作统筹予以资金支持。[①] 2016 年 6 月，文化部办公厅公布了第一批国家文化消费试点城市名单（第一次）26 个，要求各省（区、市）文化厅（局）牵头组织本省（区、市）试点工作，督促试点城市认真落实试点工作方案，切实加强对试点工作的组织领导，做好资金、激励措施、宣传推广等保障工作，确保试点工作取得实效。

文化消费作为消费的主要形式和重要组成部分，对人和社会的发展具有越来越重要的作用。"十一五"与"十二五"期间，我国人民文化消费意愿日趋强烈，文化消费能

---

① 曲晓燕：《文化部、财政部联合下发通知：扩大文化消费试点工作扩展至全国》，http://news. xinhuanet. com/shuhua/2016-05/05/c_128959636. htm，2016-10-15。

力也不断提高。尤其是旅游观光、体育健身等文化消费量剧增，发展为人民习惯性的常态消费，俨然成为消费重头戏。特别是经济发达地区，消费社会已经成型，重视商品的文化价值的个性化消费越来越多，文化消费意愿不断增强。近年来，在国家和地方政策的支持和推动下，各地陆续建成一批文化休闲街区、文化广场、展馆、大剧院、音乐厅、竞技中心和体育公园等地标性文化消费场所，吸引着人民群众去休闲娱乐，从而拉动了居民的文化消费内需。作为居民消费的重要组成部分，文化消费日益成为推动我国消费结构优化与升级的重要力量。面对人民群众不断增长并日益多样化的文化需求，转变政府职能，更好地建设现代公共文化服务体系显得尤为重要。在全面构建公共文化服务体系的政策导向下，各级政府部门对公共文化的财政投入逐年递增，这为我国各地区公共文化服务体系的初步形成提供了根本性的资金保障。未来财政部及地方各级财政部门将继续增加对公共文化的财政投入，文化消费将日益旺盛。

第二部分　案例描述

一、首届安徽文化惠民消费季[①]

首届安徽文化惠民消费季活动自 2014 年 9 月 19 日启动以来，在省委省政府高度重视下，在省组委会统一领导下，经过各市各有关单位的共同努力，各项活动组织严密，运行平台全国首创，新闻宣传浓墨重彩，风险防控措施有力，促进和拉动文化消费成效明显，受到了社会各界的广泛关注和充分肯定，整个活动达到了预期目标，实现了惠民惠企，走出了一条符合安徽实际、促进文化消费的新路子。

（一）活动主要成果

首届安徽文化惠民消费季活动是贯彻党中央和安徽省委省政府要求，运用市场方式拓宽文化消费渠道，打造文化消费品牌的创新性实践。活动以"享受文化　美好安徽"为主题，按照"政府引导、市场运作、注重实效、惠民惠企"原则，涵盖书报阅读、电影电视、演艺娱乐、文化旅游、工艺美术、文物鉴赏、音乐摄影、文化讲座、艺术创作等诸多门类，引导城乡居民参加"全民欣赏、全民阅读、全民体验"活动，为全省城乡居民提供了一场能看、能听、能玩、能买、能体验的"文化盛宴"，让文化及相关领域消费真正"动起来""热起来"，活动参与面之广、内容形式之丰富、优惠力度之大都是前所未有的。通过开展 45 项文化惠民消费活动，进一步培养文化消费理念，激励文化消费行为，推动文化生产、流通、消费全面协调发展，持续传播正能量，培育和践行社会主义核心价值观。据不完全统计，整个文化惠民消费季期间，全省共有 2304

---

① 安徽省组委会办公室：《首届安徽文化惠民消费季活动成果丰硕》，http://www.ah.gov.cn/UserData/DocHtml/1/2014/12/30/1450544051132.html，2016-10-20。

万人次参与文化消费，消费总额 90.43 亿元，其中，看书、看报、看戏、看电影、看电视"五看"刷卡消费立减折扣优惠活动参与商户 505 家(其中，看书类 96 家、看报类 159 家、看戏类 13 家、看电影类 66 家、看电视类 171 家)，共吸引 130.32 万人次参与，发放财政补贴 1000 万元，直接拉动文化消费 2.19 亿元；省直单位 18 项文化惠民消费优惠活动，共吸引 343.62 万人次参与，直接拉动文化消费 7.34 亿元；各市 26 项文化惠民消费优惠活动，共吸引 1260.48 万人次参与，直接拉动文化消费 16.07 亿元。

(二)主要做法

1. 高度重视，精心组织

省委省政府高度重视文化惠民消费季活动，将其作为稳增长、促改革、调结构、惠民生，推进文化强省、建设美好安徽的创新举措和有益尝试，并安排 1700 万元财政资金(不含公益补贴)给予支持。省委宣传部牵头成立活动组委会，统筹协调各项活动。各市委宣传部、省直有关单位也成立具体负责的组织机构，研究制订方案，明确责任分工，抓好活动落实。

2. 整合力量，创新载体

研究制订《首届安徽文化惠民消费季活动总体方案》，方案针对不同群体、不同区域的文化消费需求等情况，整合各级、各类、各区域的文化产品和服务，充分调动国有和民营企业两个积极性，发挥政府和市场"两只手"作用，形成了省市联动、政企携手、城乡兼顾，"市场"与"公益"并举、"优惠"与"赠送"等多种方式结合的文化惠民消费新局面。

在全国首创"五看"消费立减折扣优惠活动平台，利用现有中国银联的全国性营销系统，将财政政策从原来单一补贴供给端扩展到直接补贴消费端，在企业、商户和消费者之间搭建起一个高效、便捷的平台。此平台排除了人为干扰、公开公正、及时有效、精准无误、总量可控、补贴可查。消费者只要持卡号以"62"开头的银行卡在特约商户消费"五看"内容，即时享受财政补贴，实现了参与公平化、补贴精准化、引导可控化、效益最大化。

3. 统筹协调，扎实推进

按照"统一领导、分工负责"原则，统筹组织协调省直有关单位和各市开展 44 项活动，做到了"五个统一"，即统一活动名称、统一活动标识、统一活动主题、统一活动时间、统一开展原则。涉及"五看"刷卡消费立减折扣优惠活动的由省组委会办公室和中国银联安徽分公司统一组织，各市、各单位、各行业纳入消费季活动各自组织，省组委会根据不同情况给予相应的政策资金支持或宣传推广。此外，省组委会还通过召开座谈会、论证会、调度会、现场督察、审计查验、通报情况等方式，协调各市各单位开展活动，确保各项活动扎实、高效、有序推进。

4. 广泛宣传，扩大影响

为加大活动宣传推广力度，2014 年 9 月 16 日，省组委会组织召开新闻发布会，境内外 50 多家新闻媒体记者参加,会上通报了开展消费季活动的目的和意义,明确活动主题、目标、原则以及主要内容。省组委会专门安排宣传推广资金,采取政府购买服务方式,选定广告策划设计公司及宣传推介媒体,开设活动官方网站,开通微博、微信,编印活动指南、宣传海报,在电视、广播、报纸、杂志、网络等媒体,以及户外LED 大屏、道路、公交站牌、公交车和出租车车身上做宣传广告等,开展全方位、多角度、立体式的宣传推广,形成新闻宣传与社会宣传相结合、传统媒体与新媒体相结合、广泛宣传与分众推广相结合的强大声势,极大地提高了消费者对活动的知晓率和参与率,取得了良好的宣传效果,营造了良好的舆论氛围,让社会各界更多地了解了文化惠民消费季活动,让老百姓真正享受到了文化消费带来的快乐。

5. 健全机制,防范风险

首届安徽文化惠民消费季创新的"五看"刷卡消费立减折扣优惠活动涉及财政补贴资金发放,因而成为风险防范的重点。为确保该活动有序可控,财政补贴支付安全准确、及时到位,省组委会办公室会同省文化行政主管部门、中国银联安徽分公司、各收单机构(银行金融机构)、特约商户、会计师事务所,共同研究建立了"三专一查验"(即"五看"主业专营、POS 机专用、使用人员专责,以及中介机构查验 POS 小票与商品销售清单是否一致)一整套风险防控工作机制。一方面,所有参与商户均须经过政府相关部门审核确认专营后,与收单机构签订合同,并按照财政资金管理要求,加强内部管理,建立专人负责制,所有财政补贴资金由商户先行垫付,省组委会委托会计师事务所审计查验 POS 小票与商品销售清单结果,按期结算。另一方面,通过中国银联的全国性营销系统平台进行后台设置,实现实时优惠、总量控制、单日单卡刷卡次数限制等功能,排除一切人为因素,防止套取财政资金现象发生。经过 3 个月的运行检验,系统平台运行良好,机制手段有效可控。

(三)创新点

安徽作为担负产业梯次承接重任的中部省份,近年来经济呈现持续增长的良好局面。2013 年安徽国民生产总值达 1.9 万亿元,人均国民生产总值超过 5000 美元。按照相关理论研究,人均国民生产总值达到 5000 美元,居民会产生强烈的文化消费意愿。但实际情形并非如此。据安徽省政府发展研究中心发布的数据,2013 年居民文化消费虽有提升,但人均文化消费仅占全部消费的 6.8%[①],发展型、知识型、智能型、欣赏型文化消费水平偏低。这一悖论后面隐藏的问题是:公共文化产品和服务数量不足、质量不高,消费平台缺少。另外一个不能忽视的问题是居民文化消费习惯还远没有养成。鉴于此,安徽省委省政府提出将文化体育消费、健康养老消费和旅游消费等作为新的重要消费增长点,并要求增加文化产品和文化服务的供给渠道,设立百姓进行便

---

① 安徽省文化厅:《安徽:用制度培育文化消费》,http://www.ahwh.gov.cn/xwzx/mtxc/35491.shtml,2016-10-20。

捷优惠消费的平台。安徽文化惠民消费季应运而生。刺激文化消费与文化产品和服务的有效供给密不可分，市场发力需要产品数量充足和质量上乘作基底。其创新做法：一是坚持"政府引导、社会参与、市场运作、惠民惠企、注重实效"的原则。二是坚持省组委会、省直单位、地市举办重点活动，带动全社会参与举办活动。三是文化惠民消费活动以发展型、知识型、智能型、欣赏型的"五看"（看书、看报、看戏、看电影、看电视）文化消费活动为主体，培育和促进文化消费。四是财政设立专项资金给予支持，变以前补助承办方为直补终端消费者，让消费者既有选择权又可直接受惠，进而搭建起一个大的文化消费平台。同时，推出低价、减费、打折优惠措施，建立刷卡消费立减折扣优惠机制以及参与商家超过销售限额可享受财政补贴的机制。

二、陕西省渭南市"一元剧场"演出项目①

渭南市位于关中平原东部，东临黄河、西接西安、南依秦岭山脉、北靠黄土高原。渭南总面积约 1.31 万平方千米，总人口超过 500 万，是陕西的"东大门"，是关中—天水经济区的次核心城市。自"十一五"以来，渭南各项事业持续快速发展。

"秦地自古多奇迹"，在渭南，"沙苑文化""龙山文化"等农耕文明的遗迹俯拾皆是。同州梆子、阿宫腔、迷胡等 13 个地方剧种源远流长。鼓舞、陶艺、皮影、面花等上千种民间艺术异彩纷呈。丰厚的历史文化积淀，滋养着渭南文化事业的发展。

(一)产生背景

渭南市现有专业剧团 12 个，戏校 1 个，现存同州梆子、秦腔、老腔、阿宫腔、迷胡、线腔、跳戏、碗碗腔、皮影戏、提线木偶戏、韩城秧歌、华州秧歌、石羊道情等13 个地方戏曲剧种。其中，同州梆子、老腔、阿宫腔、迷胡、皮影戏、提线木偶为国家级非物质文化遗产保护项目。

渭南是全国著名的"戏窝子"，曾多次荣获大奖，如《五味什字》荣获国家精神文明建设"五个一工程"奖，《千树万树梨花开》《桥弯弯月圆圆》等曾获省精神文明建设"五个一工程"奖。《王鼎尸谏林则徐》《青荷吟》《隋文大帝》《青天女巡按》等赴北京、西安汇报、展演，并获得多项大奖。

为了彻底走出长期以来剧团无戏演、群众无戏看的困境，2007 年下半年，渭南市文广局及秦腔剧团围绕着"政府扶持、企业联姻、院团服务、百姓受惠"的基本思路，开始了一元钱演出的新探索。针对渭南市戏曲观众群体大部分年龄偏大、收入偏低、消费意愿不强的特点，把戏票定为一元，并把演出命名为"周末一元剧场"。经过一段

---

① 《陕西渭南市："一元剧场演出项目"》，http://www.ndcnc.gov.cn/shifanqu/xiangmu/
201303/t20130326_605735.htm，2016-10-20。渭南市文化广电新闻出版局：《渭南市文化广电新闻出版局关于印发创建国家公共文化服务体系示范项目"一元剧场"演出项目规划的通知》，http://www.
qinqiang.com/news/201203/00000567.html，2016-10-20。

时间的紧张筹备，由渭南市委宣传部、市文广局主办，渭南市秦腔剧团有限责任公司承办的"周末一元剧场"这一文化惠民活动，于2007年11月23日率先在全国成功启动。

渭南市"周末一元剧场"开演后，成功经验得到进一步推广。先后举办了"周末一元剧场"华县、临渭、富平、华阴演出季，"周末一元剧场"余派传人专场，"周末一元剧场"张爱莲戏曲专场，"周末一元剧场"豫剧专场，"周末一元剧场"宋彩萍阿宫腔演唱会，"周末一元剧场"华阴迷胡专场，中国银行、中国移动、妇幼之春、祥龙宾馆演出季等演出活动，既取得了可观的经济效益，也取得了良好的社会效益。

"周末一元剧场"在全国范围内的率先成功举办，立刻引起社会各界的高度关注。《人民日报》、《光明日报》、新华社、中央电视台、中宣部新闻局新闻阅评、陕西电视台、《陕西信息报》、《华商报》、《三秦都市报》、《西安晚报》、腾讯网、新浪网、搜狐网、中国秦腔网、陕西文化信息网等先后以多种形式对渭南市"周末一元剧场"给予详细报道和高度赞扬，誉其为全国公共文化体系项目建设典范。

2010年9月，渭南市创办的"周末一元剧场"经国家工商总局批准，成功进行商标注册。2011年初，渭南市"周末一元剧场"获得2010年度全省宣传文化工作创新奖。

(二)"一元剧场"演出项目的内容

"一元剧场"演出项目是在"周末一元剧场"成功实践的基础上规划实施的。各县(市、区)转变思想观念，充分借鉴"周末一元剧场"演出的成功经验，围绕"政府扶持、企业联姻、院团服务、百姓受惠"的思路，积极探索和创新"一元剧场"演出机制，确保"一元剧场"演出项目的顺利实施。新的"一元剧场"演出项目将由市级院团扩展到县级院团，由渭南城区演出扩展到各县(市、区)演出。演出内容以秦腔本戏为主，同时兼顾国家级非物质文化遗产项目渭南地区剧种(华阴老腔、华阴迷胡、富平阿宫腔、大荔同州梆子、合阳提线木偶戏、华县皮影戏等)以及渭南民俗文化、歌舞综艺晚会等演出。全市所有院团参与"一元剧场"演出。

(三)"一元剧场"演出项目的步骤

第一阶段：2011年9月至2011年底。第一，演出安排：确定4个试点院团分片区实施，具体安排为渭南城区、二华潼片区、韩合澄大片区、富白片区，市剧团和市青年团作为基本演出团队，另外确定两家院团试点演出，并由各试点院团结合剧场实际和演出需要，固定或巡回演出。第二，时间安排：8月下旬举办启动仪式，周五、周六晚上演出，全市统一调配、统一安排，每周至少安排4场次演出。第三，阶段目标：通过4个片区的演出，在一定区域形成氛围，推动参与演出院团创排新剧目，恢复老剧目，为其他院团起到很好的示范带动作用。同时，为戏剧事业发展培育良好环境，为一定区域老百姓提供便捷的文化服务。

第二阶段：2012年全年。第一，演出安排：全市12个国有院团全部纳入"一元剧场"演出，全年演出场次不少于582场次。全年计划剧场演出40个周末(重大活动除外），每周末市区及每个县（市、区）各演出一场（共 11 场），全年演出 440 场。全年计划每个乡（镇）至少演出 1 场，全年演出 142 场。演出场次主要由本县（市、区）剧团完成。同时，鼓励市级剧团和各县级剧团交流演出。第二，时间安排：从 1 月开始，选择每周五或周六在全市 11 个剧场进行演出，所有院团纳入全市统一调配。

实践证明，"一元剧场"是一项深得民心、具有良好社会效益的文化惠民工程，既有效地服务社会、服务群众，满足人民群众的文化生活需求，又体现了党和政府对群众文化生活的高度重视与热切关怀。

（四）创新点

渭南市是中国北方梆子剧声腔的发源地，有秦腔等 13 个地方戏曲剧种，其中华阴老腔、富平阿宫腔、合阳提线木偶戏、华县皮影戏等为代表的国家级非物质文化遗产闻名海内外。然而，随着时代的发展和变迁，这些文化瑰宝渐渐地在秦东大地的舞台上销声匿迹了。[①] 究其原因，一方面群众没戏看、看不起戏；另一方面剧团不演戏、演不起戏。2007 年，渭南市"周末一元剧场"开始运营，破解了这一供需难题。渭南市"一元剧场"演出是第一批国家公共文化服务体系示范项目。其创新做法：一是结合实际提出"三个拓展"。将演出地域由渭南市中心城区拓展到全市各个县（市、区）和重点乡镇、村，逐步实现全覆盖。同时，努力把演出区域拓展到渭南中心城区以外的县（市、区）和重点乡镇；演出内容由秦腔戏曲拓展为民俗文化和综艺晚会；演出单位由市秦腔剧团拓展到县级剧团。二是把"一元剧场"作为市、县两级国有文艺院团转企后走市场化道路的重要举措，同时鼓励每个剧团在县际间进行交流演出。三是加大财政保障。明确各演出团体参加"一元剧场"演出的补助标准和经费来源，要求各县（市、区）将"一元剧场"演出补助经费列入当地财政预算。市秦腔剧团在渭南市中心城区进行"一元剧场"演出，每场补贴 4000 元；到各县（市、区）巡回演出，每场由市财政增加补贴 2000 元。县级剧团在本县演出，每场由县（市、区）财政补贴 3000 元；到其他县（市、区）交流演出，每场由市财政增加补贴 2000 元。"一元剧场"调动了市、县院团演出的积极性，又体现了党和政府对院团改革的高度重视和有效扶持，可谓是"一举多得"。四是实行目标责任考核。渭南市 2014 年度"一元剧场"文化惠民演出目标任务书规定：市演艺有限责任公司（市秦腔剧团有限责任公司）2014 年度在渭南市中心城区进行"一元剧场"文化惠民演出 48 场（次）以上，深入其他县（市、区）下乡演出 10 场（次）以上；各县（市、区）文广局在城区进行"一元剧场"文化惠民演出一般要求 1 周 1 场（次），深入农村演出一般要求 3 个行政村 1 场（次）；潼关县剧团的"一元剧场"惠民演出一年在 100 场（次）以上，且上不封顶，每场补贴 5000 元，如果一年演出低于 100 场（次），政府不给予任何补贴。[②]

---

①　魏文：《渭南市"一元剧场"破解供需难题》，载《中国文化报》，2012-04-11。

②　秦毅、雷洁：《陕西渭南："一元剧场"三步走》，载《中国文化报》，2014-09-12。

第三部分　案例分析

一、公共文化培育和促进文化消费的出发点是更加突出人民群众的文化主体地位，改变人们的消费观念，培养和引导群众的文化消费习惯，繁荣活跃文化市场

实行改革开放以来，我国国民经济和居民消费水平都有较大提高，文化消费也有较大发展。我国文化消费发展情况是增长速度较快，总量缺口较大，人均水平较低，文化消费在居民消费支出中的比例较低，区域及群体差异较大。具体而言，近 10 年来，文化消费年均增长率为 10.1%，增长速度较快。在总量上，中国人民大学与文化部文化产业司联合发布的"中国文化消费指数（2013）"表明，我国文化消费潜在规模为4.7 万亿元，实际规模约为 1 万亿元，存在约 3.7 万亿元的巨大缺口，我国人均文化消费水平为 103 美元，远低于英国、美国、日本、澳大利亚等发达国家水平。在区域差异方面，东部地区人均文化消费水平是中部地区的 2.1 倍，是西部地区的 1.7 倍；在城乡差异方面，城镇居民文化消费水平是农村居民的 4 倍；不同收入群体间，城镇最高收入户 10% 的文化消费水平是最低收入户 10% 的 7.6 倍；农村最高收入户 20% 的文化消费水平是最低收入户 20% 的 4 倍。[1] 文化消费作为文化市场的风向标，调节着文化市场的资源配置和供给，反映了文化市场的发展方向。文化市场只有在消费的不断驱动下才能不断向前发展。文化市场的持续繁荣发展，不仅有赖于文化产品生产规模的扩大，而且取决于文化消费的总体数量的增长和水平的提高。因此，繁荣活跃文化市场最根本的举措，就是从消费着手，以消费者为中心，以大众的文化精神需求为导向进行有效的文化生产，从而促使显性和潜在的消费需求转变为最终的文化消费行为。只有文化生产与文化消费之间真正实现了良性循环互动，文化市场才有持续繁荣发展的依托和动力。陕西省渭南市推出的"一元剧场"这一公共文化服务项目，既增强了当地专业剧团的市场生存能力，又满足了当地群众的基本文化需求，同时还进一步激活了当地的文化市场。渭南市"一元剧场"这个典型案例说明，公共文化服务与文化产业之间存在"共荣"关系，搞好公共文化服务能够产生文化产业效应；以品牌化战略推动公共文化服务建设，既有利于地方政府履行文化服务职能，吸引企业赞助文化事业，也有利于支持文化事业单位转制"走市场"，还有利于拓宽地方性文化资源的产业化道路。

---

① 毛中根、孙豪：《中国居民文化消费增长阶段性分析——兼论文化消费"国际经验"的不适用》，载《财经科学》，2016(1)。

二、公共文化培育和促进文化消费有利于文化事业和文化产业的共同发展和良性互动，实现文化建设社会效益和经济效益的有机统一

文化事业和文化产业，是当前我国文化发展战略的基本内容和主攻方向，也是构成我国文化建设的两种基本形式，犹如文化建设的"车之两轮，鸟之两翼"，二者互为补充，相互促进，共同推动社会主义文化的大发展大繁荣。文化产业与文化事业既有区别又有联系，二者都是生产精神文化产品的部门，都属于第三产业的范畴，因而又不可能截然分开。二者的划分是相对的，因为在文化建设与发展的具体实践中，文化事业与文化产业常常相互包含，相互渗透，交叉重叠，许多文化行业都兼具公益性与经营性的特点。这就要求文化事业和文化产业不应相互排斥，而应联合作战，共同发挥积极作用；它们只有在形成合力的情况下，才能充分凸显自身的特质和发挥自身的作用。文化事业具有公益性和福利性，是典型的公共产品或公共服务。譬如，图书馆、博物馆、文化馆（站）等文化机构，就是面向社会为公众提供基本文化服务，但这并不是说公共文化建设要由国家包揽一切，各类文化事业也要加快改革，充分利用市场规律和产业运作机制提升自身的运营效率和发展后劲。同样，发展文化产业，也并不是说要完全听从"市场"这根指挥棒，在遵循经济规律和文化发展规律的前提下，政府应充分发挥其宏观调控和管理等职能，通过制定相应的政策法规，规范、引导、鼓励文化产业的良性发展。发展文化事业和文化产业，都要坚持把社会效益放在首位，实现社会效益和经济效益的双丰收。

三、公共文化培育和促进文化消费有利于形成政府、企业、社会和群众的多方共赢局面

当前，我国的文化资源开发不够，发展水平不高，文化精品和新兴文化业态较少，文化市场发育不够成熟，无法满足人民群众日益增长的精神文化需求。尤其是在当前我国经济下行压力较大的情况下，培育文化消费成为新的经济增长点和经济转型升级新的支撑点，有利于加快文化体制机制改革创新，推动文化产业成为国民经济支柱性产业；也有利于激活和释放文化需求，促进消费结构升级；还有利于提高文化产品和服务的供给质量和效率，培育形成经济发展新动力，为稳增长、促改革、调结构、惠民生和推进供给侧结构性改革作出重要贡献。目前国家已意识到"提高文化供给侧的质量和效率，可以进一步释放文化消费的潜能和活力，推动文化消费转型升级，拉动经济健康平稳发展"这个道理。在公共文化培育和引导文化消费方面，国家公共财政通过政府购买服务、消费补贴等途径，引导和支持文化企业提供适应不同消费者群体的多样化文化产品和服务，加大了对文化产品和服务供给主体的刺激和激励，让更多的民营资本进入文化领域，从而促进文化企业进一步释放创新活力，提高文化产品和服务质量，真正发挥出文化产品供给主体的主观能动性和市场创造力。各级政府不断通过

政府购买公共文化服务、出台具体优惠政策等多种方式，来有效地满足人民群众日益增长的文化消费需求。文化消费补贴项目是一项民心工程、惠民工作，通过政府文化消费补贴资金购买文化服务，旨在降低文化消费门槛，让困难群众共享文化成果，并引导群众消费观念转型。说到底，政府补贴文化消费，让老百姓"看得见""摸得着"很关键。安徽省文化惠民消费季"五看"刷卡消费活动，与银行联合，其中，人们在进行文化消费时，按设定规则享受不同额度的立减折扣优惠。同时，特约商户需提供相应的优惠或折扣，让消费者享受折上折优惠。这样不仅公开透明，还达到了刺激消费、市场选择、促进供给侧提升和惠民惠企的目的，可谓一举多得，值得借鉴和推广。

第四部分　结语

近年来，随着我国经济的快速发展，人们的消费水平有了较大程度的提高，在物质消费能力不断增长的同时，对文化消费的数量和质量也提出了新的要求。《中国居民文化消费与需求调查报告》(2013年)显示，文化产品供给不足、文化消费能力偏低、公共文化设施欠缺是目前影响我国居民文化消费的三大难题。未来不论是公益性的文化消费场所还是纯粹商业性的文化消费场所的建设都应充分考虑其结构性布局和功能性规划，除了提高文化消费场所的数量和密度，更应注重文化消费场所的质量和适用性，尤其要提供更多的便民型的中小型文化设施和场所，最好使每条街道或每个社区都有特色文化场馆。文化消费虽然不是必需消费，却是一种习惯性消费。假如居民家门口就有文化设施与文化消费场所，居民的文化消费就会逐渐成为一种生活习惯和生活常态化消费。另外，虽然目前文化市场提供的文化产品与服务越来越多样化，但是文化消费项目价格偏高却是不争的事实，这抑制了文化消费冲动。文化消费不同于物质消费，大多数的文化消费是一次性消费，消费过程短暂，而且文化消费品也不具备实用性，人们往往愿意花几千几万元买一个名牌包，却不愿意花几十几百元看一场文艺演出或艺术展览。要提高人民群众文化消费的积极性，有关部门有必要适度调控文化市场，控制文化消费品价格上涨幅度，并积极运用财税杠杆，削减文化企业的运营成本，可以对市场反响好、社会效应大或具有发展潜力的文化企业进行一定的财政补贴，鼓励其降低价格，让利于民。文化消费的健康发展离不开良好文化消费环境的培育。一般来讲，政府文化事业支出越多，文化基础设施越发达，就越有利于形成文化消费习惯，促进居民文化消费。因此，我国政府应当在扩大公共文化支出规模的同时不断创新公共文化的投入方式，根据当地收入水平调整公共文化支出结构，加强对文化市场的扶持与调控。同时，还应持续完善社会保障体系，改革收入分配制度，通过增加居民可支配收入加快公共文化支出消费效应的转变。未来国家公共财政在加大投入培养与促进消费者文化需求的同时，要把握好尺度与分寸，避免"过犹不及"，从而真正促进与提升居民的文化消费水平，切实保障与维护人民群众的基本文化权益。

思考题

1. 简述文化消费的概念与特征。

2. 简述文化消费与物质消费的区别。

3. 简述公共文化与培育和促进文化消费的关系。

4. 结合实际，谈谈公共文化培育和促进文化消费的具体方式。

案例 2　社会力量参与公共文化服务

第一部分　背景透视

一、社会力量的概念与类型

社会力量原本是指在共同的物质生产活动的基础上，形成的相互联系的个人与集体的总称。它是相对国家力量而言的，是指国家力量以外的各种力量的集合。国家机关的总和叫国家机器，也可以称为国家力量。国家机关包括权力机关、立法机关、行政机关、司法机关以及军事机构等，从对国家机关的分析中可以清楚地了解到国家力量的范围。除国家力量以外的所有机构为社会力量范畴。依据我国宪法的规定，结合当前社会发展的实际情况，目前我国社会力量的范畴应当包括：国有企事业组织，集体经济组织，个体经济组织，中外合资、合作组织，社会团体，学术团体，群众团体，民主党派及公民个人。[①] 公共文化服务领域的社会力量是指政府机关和下属文化事业单位以外的组织和个人，包括三类组织：一是第二部门，即为私人所拥有，以利润最大化为组织目标，通过在市场上出售产品或提供服务以求得利润的各类工商企业组织，具体包括公有制企业、私营企业、各种混合所有制企业等。二是第三部门，即从事非营利性活动的政府以外的所有组织，包括社会团体、民办非企业单位、基金会、慈善机构、援助组织、青年团体、宗教组织、工会、合作协会、经营者协会等。三是虽为公共部门，但不直接承担政府公共文化职能的其他公益单位，即除政府机关和文化事业单位以外的第一部门范畴内公益单位，如学校、部队、敬老院等。

二、我国社会力量参与公共文化服务的方式

社会力量参与公共文化服务的方式与途径多种多样，按不同的划分标准，可以区分为以下四种：一是从参与意愿来看，可分为主动参与和被动参与。一些组织或个人秉持着回报社会、服务群众的目的或出于个人兴趣爱好，积极主动地参与公益文化事业；还有一些组织或个人虽有参与的想法，但通常在被要求的情况下才会参与，可视为被动参与。这两种情况都比较常见，另外，也有不少民营企业在政府及相关部门的政策引导下，变被动为主动，积极投身到公共文化服务领域。二是从参与的时间性来看，可分为经常性参与和偶尔性参与。一些组织或个人会将参与公共文化服务常态化，经常出资、出力或亲身参与；而另外一部分组织或个人则是时断时续，没有固定时间

---

① 贺向东、蔡宝田：《中国社会力量办学概论》，3 页，北京，首都师范大学出版社，2000。

与地点，零散地偶尔参与。三是从参与的内容来看，可分为项目式参与和赞助式参与。项目式参与是指具体协办某项公共文化活动，或直接承担活动中的某个具体节目；赞助式参与则是指仅提供资金、物品支持或场地使用，自己并不参与其中。不少企业由于经营业务繁忙，采取赞助式参与的较多；而一些非营利性组织、文艺团体或公民个体则通常以项目式参与为多。四是从组织化程度来看，可分为个别参与和组织参与。一些社会组织或企业及个人参与公共文化服务，是有组织、有计划进行的，有明确的目的和目标；而另外一些则是个别的、零散的，目的性和目标性都不是太强。总体来说，目前我国社会力量参与公共文化服务的方式多种多样，形式比较灵活自由。从国家与政府层面来说，可采用设立专项资金、政府购买公共文化产品与服务、服务外包、委托管理、补偿奖励和补助津贴等形式，鼓励社会力量参与现代公共文化服务，引导公共文化服务的社会化发展。从社会参与主体来说，不同的企业组织、非营利性组织、社会团体及个人等社会力量可以采用项目合作、项目投资、项目承包、项目竞标、服务承包、劳务输出、志愿服务、活动赞助、社会捐赠等多种形式参与到现代公共文化服务体系建设中来。

三、我国社会力量参与公共文化服务的状况

随着公共文化服务事业的发展，国家引导社会力量参与公共文化服务的思路逐年明晰。1997年，《国务院关于进一步完善文化经济政策的若干规定》首次提出："鼓励社会力量资助文化事业"。2002年1月，《国务院办公厅转发文化部国家计委财政部关于进一步加强基层文化建设指导意见的通知》强调："要研究制定新的政策措施，鼓励社会力量投资文化建设，逐步形成政府投入为主、社会多渠道筹资为辅的文化建设投入格局。"2002年4月，《文化部关于进一步活跃基层群众文化生活的通知》要求："充分调动社会各方面的积极性。"2005年11月，《中共中央办公厅国务院办公厅关于进一步加强农村文化建设的意见》提出："鼓励社会资本在政策范围内，以各种形式兴办文化实体"，"动员社会力量支持农村文化建设"。2006年9月，《国家"十一五"时期文化发展规划纲要》提出："形成政府主办、社会参与、功能互补、运转协调的公共文化服务组织体制和责任明确、行为规范、富有效率的运行机制。"2006年10月，党的十六届六中全会通过的《中共中央关于构建社会主义和谐社会若干重大问题的决定》提出："鼓励社会力量捐助和兴办公益性文化事业"。2007年，《中共中央办公厅、国务院办公厅关于加强公共文化服务体系建设的若干意见》强调："坚持以政府为主导、鼓励社会力量积极参与"。2011年，党的十七届六中全会通过的《中共中央关于深化文化体制改革推动社会主义文化大发展大繁荣若干重大问题的决定》提出："采取政府采购、项目补贴、定向资助、贷款贴息、税收减免等政策措施鼓励各类文化企业参与公共文化服务"，"引导和鼓励社会力量通过兴办实体、资助项目、赞助活动、提供设施等形式参与公共文化服务"。2012年6月，文化部出台《文化部关于鼓励和引导民间资本进入文化领域

的实施意见》，提出鼓励民间资本通过捐助机构、资助项目、赞助活动、提供设施等形式参与公共文化服务。2013 年 1 月，《文化部"十二五"时期公共文化服务体系建设实施纲要》提出："引导社会力量参与公共文化服务。"2013 年 9 月，《国务院办公厅关于政府向社会力量购买服务的指导意见》明确要求："在公共服务领域更多利用社会力量，加大政府购买服务力度。"2013 年 11 月，党的十八届三中全会决定指出，要"引入竞争机制，推动公共文化服务社会化发展。鼓励社会力量、社会资本参与公共文化服务体系建设，培育文化非营利组织"。2015 年 1 月，《中共中央办公厅、国务院办公厅关于加快构建现代公共文化服务体系的意见》强调："鼓励和引导社会力量参与。进一步简政放权，减少行政审批项目，吸引社会资本投入公共文化领域。建立健全政府向社会力量购买公共文化服务机制。出台政府购买公共文化服务指导性意见和目录，将政府购买公共文化服务资金纳入财政预算。推广运用政府和社会资本合作等模式，促进公共文化服务提供主体和提供方式多元化。鼓励和支持社会力量通过投资或捐助设施设备、兴办实体、资助项目、赞助活动、提供产品和服务等方式参与公共文化服务体系建设。推动建立健全公开透明的社会捐赠管理制度。鼓励党政机关、国有企事业单位和学校的各类文体设施向社会免费或优惠开放。创新公共文化设施管理模式，有条件的地方可探索开展公共文化设施社会化运营试点，通过委托或招投标等方式吸引有实力的社会组织和企业参与公共文化设施的运营。"2015 年 5 月，国务院办公厅转发文化部、财政部、原新闻出版广电总局、体育总局《关于做好政府向社会力量购买公共文化服务工作的意见》，并配套印发了《政府向社会力量购买公共文化服务指导性目录》，提出"到2020 年，在全国基本建立比较完善的政府向社会力量购买公共文化服务体系，形成与经济社会发展水平相适应、与人民群众精神文化和体育健身需求相符合的公共文化资源配置机制和供给机制"，对加快推进政府向社会力量购买公共文化服务工作作出了全面部署。

在上述政策文件的导向下，各地对社会力量参与公共文化服务进行了有益的探索和实践。从 2005 年开始，广东省深圳市文体旅游局出台《重大公益性文化活动实行社会化运作试行办法》，每年把部分公益性文化活动作公开招标，交由民间文艺团体承办，对中标的民间文艺团体给予一定资助。2006 年，北京市密云区(时称密云县)实施了"文艺演出星火工程"及"周末场演出计划"等一系列覆盖城乡、惠及全民的公共文化服务。"文艺演出星火工程"侧重于为偏远地区群众进行公益演出，培养京郊业余文艺团队。另外，凡具营业性演出许可资格的专业艺术表演团体，周末在京郊演出整场晚会(不低于 120 分钟)，就可获得每场 2 万元的补贴。2013 年 4 月，福建省厦门市制定了《厦门市公共文化服务机构运营的公众参与办法》等政策文件。2013 年 11 月，上海市浦东新区推出了《新区宣传文化发展基金资助社会力量兴办公共文化设施实施细则》，针对在区内兴办博物馆、美术馆等公共文化设施并实行公益性开放的单位和个人进行资助。2014 年 9 月，重庆市人民政府办公厅转发了市文化委、市财政局《政府向社会力量购买公共文化演出服务实施方案》的通知。

随着国家与地方大力鼓励扶持政策文件的出台与实施，社会力量参与公共文化服务的热情不断高涨。目前，我国社会力量参与公共文化服务，呈现出参与主体的多元化、参与领域的广泛性和参与形式的多样化等特点。

从总体上看，我国文化类社会组织的现状与政府向社会力量购买公共文化服务的需求还不相适应。虽然近年来社会力量参与公共文化服务体系建设发挥的作用日益显著，但还没有形成可持续发展的长效机制，没有形成有效的制度安排，特别是与党的十八届三中全会提出的"公共文化服务社会化发展"，与构建现代公共文化服务体系的要求，与提升国家文化软实力的历史使命，都还有很大的距离，文化类社会组织发挥的功能作用还远远没有达到应有的水平。从我国公共文化服务体系的现状来看，公共文化服务社会化与现行文化体制安排失灵的矛盾是影响公共文化服务社会化发展的主要矛盾。尽管目前社会力量进入公共文化资源供给领域的动力增强，但普遍表现出起点低、规模小、发展缓慢等不足之处，其最主要的问题是体制问题。迄今为止，国家已数度发布关于鼓励社会力量进入文化领域发展的政策，但这些政策操作性不是很强，缺乏专门适用社会力量的配套措施，缺乏相关职能部门的有效配合，新政策在旧体制面前难以生效。政策执行主体的立场大多仍停留在"体制内"，往往在履行资金、人才、项目、信息等具有实质作用的公共服务时，会有意无意地忽视"体制外"社会力量的存在。要想扭转这种不利局面，各级政府和有关部门应尽快制定各种优惠政策，引导和扶持各种社会力量积极参与公共文化服务建设，实现公共文化服务供给主体和供给方式的多样化，从而切实提高公共文化服务的供给能力和水平，形成政府主导、社会参与、多元投入、协同发展的新格局。

第二部分　案例描述

一、上海市浦东新区培育文化类社会组织参与公共文化服务[①]

现代公共文化服务体系的构建包含了丰富的内涵，其中一个非常重要的方面就是要逐步建立公共文化服务的社会化参与机制，积极引导和鼓励社会力量、社会资本参与公共文化服务体系建设，形成多元文化主体积极参与的现代治理格局。文化类非营利组织是一种非常重要的社会文化主体，可以有效弥补公共文化服务的市场失灵和政府失灵，具有非常重要的补充作用，是社会化参与机制的重要组成部分。因此，大力培育文化类非营利组织是构建现代公共文化服务体系的重要任务。在此背景下，上海

---

① 上海市浦东新区文化广播影视管理局：《浦东新区社会力量参与公共文化服务体系建设研究》，载《公共文化》，2016(3)。

市浦东新区在积极培育文化类社会组织参与公共文化服务方面进行了实践探索和创新。

(一)主要做法

第一，梳理并公布民办非营利文化组织、社团等具备承担公共文化服务资质的清单及可参与公共文化活动、项目、服务的目录，探索并完善服务外包、公开竞标、项目授权、财政补贴等机制，鼓励社会力量参与浦东公共文化服务。

第二，健全"低门槛、快审批、多扶持"的服务机制，鼓励支持具有公共文化工作经验的组织和个人注册成立文化类社会组织，参与新增大型公共文化服务设施运营、品牌活动项目打造、服务资源配送等。

第三，加大对文化类社团注册登记服务和行业管理工作的力度，通过完善标准、项目扶持、扩大宣传，促进其健康发展。

第四，建立综合配套的激励政策。鼓励社会力量参与公共文化服务，在场地租赁、水电使用、活动费用等方面出台配套的补助标准和细则；鼓励社会资本捐赠公益性文化事业，减免或抵扣捐赠双方的税负，简化办理程序。

第五，发挥文化基金撬动社会力量参与的杠杆作用。扩充浦东文化基金总盘子，重点扶持社会力量参与文化事业，增加基金申请、使用、绩效评估的透明度；加大对文化事业机构日常运作、设备更新、场地维护、活动举办等的基金扶持力度，尤其是加大对区域内运转困难的文保单位和非遗项目的扶持力度，积极探索税收减免、贷款补贴、配套资助等新方式。

(二)文化类社会组织在浦东公共文化服务建设中的作用

至 2016 年 3 月，浦东有 1337 个公共文化设施，其中，政府投资建设的占 98.5%，社会力量主要是民办非营利文化组织投资建设的占 1.5%。在公共文化场馆运营上，由文化事业单位负责运营的占 97.9%，社会力量负责运营的占 2.1%。在公共文化活动组织上，浦东有备案的群众文化团队 2067 个，文化类民办非营利文化机构近 100 个，无论总量还是人均都与国际文化大都市有较大差距。在文化事业投入上，一方面，浦东文化事业人均经费低于全市平均水平；另一方面，社会资本参与不足，2011 年占总投入的 14.4%，与国际文化大都市非营利性文化社会资本为主有很大差距。总体来看，与国际文化大都市社会力量在公共文化中占据主导地位的格局相反，浦东政府、事业单位是文化事业多元主体构成中的绝大多数，社会力量参与尚有很大拓展空间。近年来，以文化类社会组织为代表的社会力量在浦东公共文化服务建设中，发挥的主要作用表现在以下几个方面。

第一，投资兴建公共文化实体。浦东以其特有的高度国际化氛围、良好的政策环境、能够集聚较高人气的公共文化设施场所等客观条件，吸引了许多有能力、有兴趣投资兴办文化实体的企业落户其中。近几年，浦东在其区域范围内，先后建成了龙美术馆、震旦博物馆、上海喜玛拉雅美术馆、翡翠画廊等一批民营文化设施，运行良好，为浦东带来了更多的社会效益。

第二，积极参与公共文化设施管理运营。浦东以创建国家公共文化服务体系示范区为契机，以办文化向管文化转变为着力点，注重理顺政府、社会、市场的关系，积极探索和创新各类社会主体有效参与区域文化设施管理运营的机制、模式和途径，不断完善城市公共文化服务功能。其中，金桥镇、三林世博、塘桥、曹路大居等的基层公共文化设施，尝试委托民办非营利文化机构运营管理，满足了市民的多样性文化需求，提高了公共文化服务的能力和水平。

第三，积极参与公共文化服务产品供给。浦东文化艺术节面向市场逐步发展了多元文化供给主体，建立了社会力量参与文化事业的财政保障机制。以 2013 年为例，艺术节在"节俭办节"的原则下，通过"浦东宣传文化基金"出资 342 万元，采用政府搭建平台、活动经费补贴等方式，撬动了喜玛拉雅中心、正午文化艺术中心、碧云文化艺术中心等专业机构出资 5257 万元参与艺术节的各项活动，有效放大了公共财政的资金效应。与此同时，浦东当前登记备案的各类文化类社团组织，也在公共文化服务产品供给方面积极参与。

第四，建立较为健全的公共文化服务政府购买机制。浦东新区政府购买公共文化服务机制具有如下特点：制定《浦东政府购买公共文化服务目录清单》，并根据实际情况及时进行动态调整；实现预算管理，将购买公共文化服务的费用纳入预算；强化契约式管理，政府和社会组织的责任、义务以及服务要求全部在合同中体现；建立评估机制和规则，委托第三方专业机构，对社会组织做到项目合作前有资质审查，合作过程中有跟踪了解，在合作完成后有社会绩效评估；规范程序，区民政局制定关于购买公共服务的试行办法，确保购买公共服务制度可操作、有实效。

(三)创新点

党的十八届三中全会决定提出："鼓励社会力量、社会资本参与公共文化服务体系建设，培育文化非营利组织。"《中华人民共和国公共文化服务保障法》第 13 条规定："国家鼓励和支持公民、法人和其他组织参与公共文化服务。"这里的其他组织就包括文化类社会组织。推动社会力量参与公共文化服务，关键是要有一批形态多样、结构合理、能力专业、治理规范的承接主体，其中就包括依法在登记管理部门登记或经国务院批准免予登记的社会组织。文化类社会组织在文化治理体系中可以发挥"第三部门"的作用，是政府以社会化机制和方式提供公共文化服务的主要依靠力量之一。特别是党的十八届三中全会以来，我国开始出现了一些比较规范的承接政府购买公共文化服务的专业化社会组织，但是总体来讲数量不多、水平还不高。上海浦东新区是第二批国家公共文化服务体系示范区。上海浦东新区培育文化类社会组织参与公共文化服务为全国探索了经验。其创新做法：一是逐步建立公共文化服务的社会化参与机制，积极引导和鼓励社会力量、社会资本参与公共文化服务体系建设，形成多元文化主体积极参与的现代治理格局。二是健全"低门槛、快审批、多扶持"的服务机制。三是发挥文化基金撬动社会力量参与的杠杆作用。

二、江苏省无锡市新吴区公共文化社会化[①]

改革开放以来,我国图书馆、文化馆事业有了长足的发展,馆舍面积不断扩大,藏书量成倍增长,服务方式、服务质量、服务水平等都有大幅度的提高和改善,但是,发展成效明显低于西方发达国家。由于体制和其他方面的原因,目前我国文化场馆的作用发挥不尽如人意,文化产品和服务供给方面存在许多有待改善和提高的地方。目前文化服务资源设施建设中普遍存在重硬件、轻软件,重建设、轻管理的问题,导致文化设施利用率偏低。有的文化场馆还处在旧的文化服务方式上,机制僵化、服务方式单一,对现代文化的形式、内容缺少研究,所提供的服务和产品远不能满足群众对公共文化服务的需求,很难吸引更多的群众上门。大部分文化场馆在市场经济条件下,没有充分利用自己的文化资源优势来多渠道筹资,发展文化事业。近年来,无锡市新吴区坚持政事分开原则,推动政府部门由办文化向管文化转变,在公共文化场馆管理运行中积极探索服务整体外包新模式,探索出了一条公共文化场馆运营管理新路径。

(一)具体做法

1. 课题式设计

政府购买公共文化服务不能盲目,要根据基层群众对文化工作的需求和新区实际情况作课题式设计,弄清楚"要什么,买什么"的问题。只有做好这些前期功课,才能使公共文化服务社会化运作的道路不偏不倚,清晰明确。新吴区图书馆、新吴区文化馆在建设之初就进行了科学的课题式顶层设计。无锡市新吴区秉承的是"小政府、大社会""小机构、大服务"的工作原则,没有设立配套的政府机构包揽"两馆"的建设、运行和服务工作,只有也只能通过服务外包来最大限度地发挥"两馆"的功能和效能。而新吴区"努力建设具有独特竞争优势的国际化创新型服务型科技新城"的发展目标,要求"两馆"成为与新吴区经济社会发展水平相适应,在新吴区具有带动性,在无锡市具有引领性,在全省具有示范性,在全国具有创新性的一流场馆。

2. 社会化购买

建立以区管委会为主导,以区公共财政为依托,以政府面向社会购买公共文化服务为主要方式,以社会力量为公共文化服务的基本主体的社会化科学模式。由社会事业局牵头,会同纪检、财政等部门,调研考察国内先进图书馆、文化馆的建设、管理、

---

① 于萍、沈泉生:《现代公共文化服务外包的基础条件研究——以无锡新区公共文化服务社会化为例》,载《公共文化》,2016(6)。江苏省无锡市委宣传部研究室:《公共文化场馆管理运营创新初探——关于无锡新区文化场馆服务整体外包的调查与分析》,http://chinawuxi.cn/FrontPage/NewsDetail/2142,2016-10-25。2015 年 10 月,国务院批复在无锡新区所辖区域基础上设立新吴区,为无锡市市辖区。

运营的经验，并多次组织国内的优秀专家对项目进行论证完善，配合招投标公司，根据"两馆"的国家标准、建设要求、工作属性、服务内容、任务目标、管理制度、考核细则等，制定细致严密、科学前瞻、客观合理的"两馆"服务外包的招投标文件。招投标文件具有极强的规范性和操作性，由招投标公司向全社会公开采购，经过政府采购程序，分别由艾迪讯电子科技（无锡）有限公司和无锡市全中文化发展有限公司作为图书馆和文化馆的中标方。

3. 项目式管理

围绕"为谁买"的核心关键，在充分把握"两馆"发展方向的基础上，结合无锡市新吴区的特点和实际，设置了相关的服务项目。图书馆以"馆藏虚实结合"为原则，充分利用先进的 Web 2.0 技术、3G 通信技术、移动信息采集技术和物联网技术，对无锡市新吴区图书馆进行了科学设计。在内部设计上突破了传统的藏、借、阅的三大区划，采用国际流行的现代化布局、流线明晰、灵活隔断、富于变化的开放空间，以求营造温馨舒适的阅读环境。严格按照文化部制定的县级一级馆建设要求，通过各种渠道，征询各级领导、专家的意见和建议，对承包方提出严格要求，配备好各艺术门类专业人员和管理人员，实行免费开放，举办各类文化活动、展览、对外交流活动，开展各类文艺培训辅导班，同时承担文化艺术的研究工作。

4. 制度化考核

成立专门的文化、纪检、财政联合考核小组，由其制定考核表，进而对外包服务质量进行评分。满分为 100 分，从队伍建设、公共服务、管理规章、群众满意度等方面进行考评。考核评分不得低于 80 分，80 分以下则对服务外包公司提出整改要求，如整改不力则终止服务合同。通过把监管落实为可见可控的考核制度对服务外包进行监管，避免"一包了之"。服务商在制度化的监管下，唯有把功夫下在提高服务质量上，真正让群众满意，才不至于被淘汰。

5. 双轨制运营

无锡市新吴区图书馆和文化馆的管理体制不同于传统的"集中式"的管理体制，而采用了国际先进的"分散式"双轨制管理，明确了"怎样管"的原则和规则。所谓"分散式"双轨制管理即指政府购买公共服务，通过招标将图书馆和文化馆的业务交于有着丰富运行管理经验的专业承包公司进行管理。利用专业承包公司人力资源和技术服务上的优势，新吴区管委会只派出馆长负责行政事务。承包公司按照合同全面承担人员、业务、运营、管理等工作，合同内的任务刚性考核，合同外的工作协商配合。此举保证和满足了新吴区图书馆、文化馆持续运行服务的需要。

6. 标准化建设

科学规划、合理布局，既注重中心区域功能性大型文化设施建设，同时兼顾全区基层公共文化服务设施、资源的均衡配置。为了使政府公共文化服务更合理、更规范、更有依据，无锡市新吴区积极研究制定基本公共文化服务标准，把加强新兴产业区、快速城镇化地区、新建社区、外来务工人员集聚地区的公共文化服务作为保障重点，着力推动全区公共文化服务均等化。无锡市新吴区有关基本公共文化服务的标准已正式实施。

7. 多元性孵化

在培育文化非营利组织方面，无锡市新吴区给予实实在在的引导和支持，对于有一定规模、有较强能力的社会文化组织，鼓励其到民政部门正式登记为民办非营利文化组织，并鼓励通过竞标参与政府购买公共文化服务；对于群众自发自办，具有鲜明"自我表现、自我教育、自我服务"特征的文化组织，区事业局实行"备案制"，消除群众文化组织进入公共文化服务的门槛，并同步建立星级评定制度，对优秀群众文化团队给予一定的荣誉鼓励和奖励扶持。

(二)初步成效

1. 由"办"到"管"——政府职能实现转变

在"管"上创路径，在"办"上做减法，将"两馆"的运行与服务外包给企业，由政府向其购买公共文化服务。政府参与"两馆"从招标、运营、管理到考核的全过程，明确专人指导、联系、监督企业运营。只在事关公共文化服务发展大计上定调把关，专心做好"监理员""裁判员"，不干涉企业运营。由文化、财政、监察等相关部门成立专门机构，制定考核体系，引入第三方测评。

2. 由"粗"到"精"——运营模式得到优化

通过体制机制创新，有效激发基层文化场馆生机活力，推动管理服务从"粗放型"向"精细化"转变。一是理念更先进。引入先进理念和管理规范，实施标准化服务，让文化服务更贴近群众。图书馆全力打造"24小时永不关闭的图书馆"，馆内功能设置处处体现以人为本；文化馆开设菜单式订制，主动推送文化服务。二是管理更灵活。根据任务需求和形势变化，灵活设置岗位，"养事不养人"，招募专业人员，强化奖惩激励，有效解决机构设置困难、编制紧张、人才匮乏等问题。三是运行更高效。利用专业公司人力资源和技术服务的优势，保证运行服务能力持续创新，将政府管理运营风险降至最低。据测算，"两馆"运营成本比同类馆节约三分之二，政府实现了社会效益和经济效益双赢。

3. 由"低"到"高"——服务效益得以提升

通过专业化管理、市场化分析，外包模式使文化服务更接地气、直面需求。一是服务个性化。深入街道、社区、企业办理注册登记业务，通过网站、微博等渠道收集群众文化需求，纠正文化供给与文化需求的错位，制定、推出个性化的文化服务项目，打造"贴心"图书馆和"称心"文化馆。二是服务数字化。图书馆提供电子图书、期刊，推出维普网、多媒体图书馆、库克音乐等数据库的线上服务，运用先进的 RFID(射频识别技术)实现图书馆业务无人化和自助化。文化馆加强网站建设，对接群众文化需求。三是服务专业化。依托文化、信息、科技、人才等方面资源的优势，实行标准化管理，提升文化服务水平。图书馆引入物联网技术和书本除菌器、盲人阅读仪、自助还书机等专业硬件设备；文化馆聘请具有丰富从业经验的文化人才担任顾问，邀请知名学者举办文化讲座、参与文化活动。

4. 由"上"到"下"——示范效应充分发挥

发挥文化辐射作用，确保公共文化服务进社区、到个人，推动文化服务落地生根。建立区与街道(园区)图书馆"1＋8"、文化馆(站)"1＋6"总分馆区域联盟管理模式，政府职能部门积极参与协调，保障区"两馆"对街道在业务方面的指导。区"两馆"按照ISO9001质量管理体系要求，制定全区服务管理规范，实现总分馆管理标准化，保证服务内容、服务手段、服务目标一致性。区"两馆"委派专门人员对街道分馆进行业务指导和联网协调，总分馆之间实现信息资源共享。图书馆实现图书信息互查、图书通借通还；文化馆设立14个基层活动点，实现了资源向下渗透、文化项目上下联动。

(三)创新点

当前，我国公共文化设施服务效能低下是一个普遍存在的问题。究其原因，普遍存在重硬件、轻软件，重建设、轻管理的问题。有的图书馆、文化馆还停留在传统的文化服务方式上，运行机制僵化，服务方式单一，服务内容缺乏针对性。江苏省无锡市新吴区人民群众在2010年之前享受公共文化服务并非易事。因为在此之前的很长一段时间，无锡市新吴区属于高新技术开发区，建设图书馆和文化馆很难申请到正式人员编制。在这种情况下，该建什么样的图书馆和文化馆，又该如何开展公共文化服务，对无锡市新吴区是一个考验。无锡市是第二批国家公共文化服务体系示范区，它在新吴区公共文化场馆管理运行中积极探索服务整体外包新模式，即将新吴区图书馆通过单一来源采购的方式，交给艾迪讯电子科技(无锡)有限公司负责运营管理和开放服务；将新吴区文化馆通过公开招标的方式，交由无锡市全中文化发展有限公司负责运营管理和开放服务，探索出了一条公共文化场馆运营管理新路径。其创新做法：一是实行图书馆和文化馆管理、营运和服务的整体外包，如业务人员聘请、物业管理等具体事务都由其自行决定。二是政府提供经费保障。政府为图书馆和文化馆的运行和开放服务提供经费保障。三是在社会化运营中，坚持"政府主导"角色。新吴区通过公开招标、协议约定、政府监管和第三方测评等手段，按照图书馆和文化馆建设和开放服务标准建立可见可控的考核制度，有效监管运营方的履约质量，避免"一包了之"。新吴区管委会委托第三方测评机构，以群众满意度为重点对"两馆"运营情况进行评估，评估结果与资金给付、合同续订挂钩，推动服务商提高服务质量，确保"两馆"公益属性不变和社会效益最大化。[①]

---

① 杜洁芳：《江苏无锡：探索公共文化服务社会化运营新模式》，载《中国文化报》，2015-07-13。

三、重庆市潼南区政府向社会力量购买演出

党的十八届三中全会提出要加快构建现代公共文化服务体系,明确要求引入竞争机制,鼓励社会力量参与公共文化服务体系建设,推动公共文化服务社会化参与。重庆市潼南区地处渝蓉直线走廊、渝西川中经济结合部,是典型的人口大区、农业大区,面临着在促进城乡基本公共文化服务中实现城乡标准化、均等化的问题。对此,该区从2014年4月开始,在全市先行先试,创新推动政府向社会力量购买公共文化演出服务进乡村工作,并不断完善政府购买公共文化演出服务相关配套改革,探索出政府购买公共文化演出服务的多样化实践形态,提升了公共文化服务标准化、均等化、便捷化水平。

(一)主要做法

1. 结合实际,明确购买事宜

(1)购买主体。

区文化委是购买主体,各镇政府、街道办事处负责组织实施。

(2)承接主体。

凡是通过资质认证的民间演出团队及有意愿的市级文艺院团均可参与政府采购。

(3)购买方式。

采用竞争性谈判方式确定承接主体。

(4)购买内容。

购买的内容为专题性文艺演出或综合性文艺演出。要求表演内容思想健康、主题鲜明、积极向上、短小精悍、轻便易行,表演形式可以是舞蹈、音乐、戏剧、曲艺、杂技等,节目演出时间不少于60分钟,演员人数不少于12人(不包括舞美、音响、灯光等工作人员)。

(5)购买数量。

购买数量总计1228场。其中1124场演出,用于全区每个村、每季度1场的演出服务;104场用于潼南城区每周2场的政府购买品牌文化演出服务。

(6)补助标准。

原则上村级演出服务每场补贴1000元,城区演出服务每场补贴3000元,补助资金在每年中央补助地方农村文化体育建设专项补助资金中解决,不足部分由区财政统筹解决。同时,积极引导社会各界通过投资、资助、赞助、捐赠等方式参与民间文艺团体建设。

2. 精心谋划,严把准入关口

按"设施过硬、素质优良、节目健康、群众欢迎"的要求,从严挑选演出服务队伍,分"三步走"把好准入关口。一是全面普查到位。对演出团队实地普查,全面统计演出团队的人员结构、设施设备、活动情况、社会影响等,在摸清家底后一一登记建档。

二是严格评估认定。按照公平公开公正的原则择优遴选一批演出团队进行考察，在实地观看演出节目、征求群众意见、查询演出团队依法经营情况后，对达标的演出团队，经公示无议异后，颁发演出服务资质证书。三是依法招标采购。面向社会公开公共文化演出采购目录，对公共文化演出服务分片区设置采购项目，采取竞争性谈判方式进行公开招投标，最终确定29支演出团队中标承接1228场政府购买的公共文化演出。

3. 规范管理，建好演出队伍

(1)健全管理规范。

先后建立了《民间文艺团体标准》《专项资金管理办法》等运行管理规范，完善了《民间文艺团队综合评价细则》《镇（街）宣传文化考核方案》等考核评价规范，健全了《演出活动应急预案》《演出团体人员意外伤害保险管理要求》等安全保障规范，同时不定期督查演出团队日常工作、演员管理、财务公开等，努力提升管理质量和服务水平。

(2)优化行政审批。

通过增添艺术门类、灵活经济类型、缩减审批时限、简化审批程序等，积极为演出团队行政审批提供便民措施，确保其演出手续齐备、活动方便快捷。

(3)精心培育队伍。

建立了国营与民营演出团队培训指导，以及民营演出团体之间观摩交流两种模式；开办市县声乐、舞蹈、曲艺培训班；举办演出团队观摩交流会和乡村文艺调演。鼓励艺术院校毕业生到民间演出团队就业。

4. 扩充演出主体，创新服务方式

(1)扩充演出主体。

鼓励区内从事川剧、杂技、非遗展示、器乐等类型艺术表演的演出团队，参与招投标活动，承接政府购买公共文化演出服务活动。

(2)创新服务方式。

各演出团队注重大众参与性，每场演出吸收当地的一个精品节目，穿插歌舞、戏曲、民间绝活等群众喜闻乐见的文艺节目。同时，在演出前后播报广播节目，展播经典电影，培训科普知识与实用技术。同时，整合节目资源。收集29支演出团队创编的特色节目，从中遴选出一定数量的精品节目形成优质节目库和演出"菜单"，计划每年更新优质节目，使演出团体文艺演出始终保持"源头活水"。

5. 广辟渠道，筹措保障经费

按照"上级划拨、镇街补贴、团体自筹、企业赞助"的原则，多渠道为政府购买公共文化演出活动提供经费支撑。一是专项资金拨付。县财政为"和美潼南·舞动乡村"农村公共文化演出每场补贴1000元，为"中国梦·巴渝风"欢乐进万家广场文化演出每场补贴2000元。同时，集中采购50余万元的设施设备，为每支中标团队配备幕布、音响、耳麦等演出设备。对年终绩效考核优秀的演出团体给予一定数额奖金。二是镇街财政补助。将政府采购公共演出纳入镇街工作年度考核，鼓励各镇街建立文艺演出

专项资金，对辖区民间演出团体在人员培训、演出场地等方面给予必要帮助和资金支持。落实经营免税等优惠政策，采取以奖代补等方式扶持壮大骨干演出团队。三是多种渠道筹集。鼓励各演出团体通过开展与企业庆典、店铺开业、婚丧嫁娶等有关的营业性演出活动筹集运行经费。对全县政府购买公共文化演出活动实行"整体冠名招租"，争取骨干企业"赞助联姻"，实现"政府举办活动、企业扩大影响、群众享受文化、团队自我发展"的多赢局面。

6. 保障措施

(1)加强组织领导。

组建政府购买公共文化演出服务工作领导小组，由区政府分管领导任组长，宣传、文化、财政、交易中心等单位负责人为成员。领导小组下设办公室，地点设在区文化委。办公室负责年度计划、组织实施、监督检查、绩效考评等事项。各镇街道相应成立以分管领导、文化站长、村主任为主要成员的工作组，对所属文艺团队进行领导和管理。

(2)明确部门职责。

区文化委、区财政局、区交易中心及各镇街密切配合，通力合作，充分发挥联动作用。区文化委负责项目的统筹协调工作，主要是做好演出团队资格认定及公示、竞争性谈判的组织、演出节目的指导、演出过程的监管、演出团队补助资金划拨及绩效考评等工作。区财政局负责政府购买公共文化演出服务及绩效考评的资金统筹，并对该项资金的拨付及使用进行监管等。区交易中心负责政府购买公共文化演出服务工作的招标采购指导及招标信息发布等。各镇政府、街道办事处负责辖区内的演出活动的实施工作，主要是组织辖区演出团队递交报名申请、监管辖区内演出团队、演出节目指导、内容审定等，负责演出场地的落实、群众的组织等工作，及时上报辖区演出团队相应资料，并配套相应演出设备及活动经费。

(3)跟进创作保障。

鼓励支持文艺创作，坚持以人民为中心的创作导向，坚持贴近实际、贴近生活、贴近群众，大力支持公共文化机构、专业院团、民间文艺团队和社会各界创作各类文艺作品，参与政府购买公共文化演出服务。区文化委统筹支持指导创作工作，每年定期编发《创作指南》，动员、组织创作人员深入生活开展创作，及时收集总结群众生产生活中的鲜活文艺作品，不断充实更新公共文化演出内容，为人民群众提供更多更好的精神食粮。

(4)健全购买机制。

探索建立政府购买公共文化服务"二大运行平台"和"系列制度体系成果"，创新公共文化服务的发展模式。严格按照《基层公益性演出团队绩效评价工作方案》对参与购买的演艺团队进行考评激励。对不履行合同或演出服务效果不好的团队，实行"黑名单"制，取消参与政府购买公共文化演出服务资格。各有关部门加强制度建设，严格遵守财务管理规定，不得截留、挪用和滞留资金，按规定接受监督检查，同时，按规定公开相关信息，自觉接受社会监督。各文艺团体应健全财务报告制度，接受有关部门的监督检查。

(5)建立健全考核考评体系。

一是建立《民间文艺团队综合评价细则》《绩效评价指标》《绩效评价工作方案》等工作考核评价体系，每年度由区考核组进行公开、公平、公正的评估。二是建立公共演出服务社会评估体系。委托社会第三方评估，同时组织县人大代表、县政协委员、专家、普通市民参与检查考核。三是将评估结果与目标考核有机结合起来。把评估结果纳入区级综合目标考核和镇街宣传文化考核的重要内容。四是评估结果在《潼南报》、潼南电视台、潼南网等新闻媒体上公布，主动接受社会各方的监督，提高考核评估的科学性、客观性，以及监督的有效性。

(二)创新点

2013 年 9 月国务院办公厅印发《关于政府向社会力量购买服务的指导意见》后，重庆市政府组织开展了农村、社区居民文化需求调研，从调研的情况来看，无论农村，还是社区居民都对看演出表现出了积极意愿。于是重庆市政府决定以广大人民群众的文化需求为导向，从政府购买演出入手，贯彻落实国务院有关文件。重庆市选定潼南区作为全市试点区。重庆市潼南区政府向社会力量购买演出试点工作推动了全市该项工作的全面开展，并被纳入全市民心工程。潼南区以政府购买演出为拓展，申报"1＋4"政府购买公共文化服务项目（"1"为政府购买演出服务，"4"为政府购买艺术培训公益服务、网吧公益服务、品牌文化活动、传统文化服务），入围创建第三批国家公共文化服务体系示范项目。其创新做法：一是结合实际，明确购买事宜；二是精心谋划，严把准入关口；三是规范管理，建好演出队伍；四是扩充演出主体，创新服务方式；五是广辟渠道，筹措保障经费；六是建立健全考核考评体系，调动承接主体的积极性。

第三部分　案例分析

一、社会力量参与公共文化服务是深化文化体制改革，创新文化治理理念与形式的必然选择

加快构建现代公共文化服务体系，不仅是站在建设社会主义文化强国的高度而提出的国家文化发展战略，而且是推进国家治理体系和治理能力现代化的重要维度之一。现代社会包括公共文化服务在内的公共问题的有效解决，不能仅仅依靠政府本身，还需要广泛的社会协作和分工合作，因此需要用"政府治理"代替"政府管理"。现代公共文化服务体系建设在理念、体制机制、内容建设、服务方式、管理模式等方面要突破传统体系，就需要创新的思维和改革的勇气。以文化治理的理念加快构建现代公共文

化服务体系，将会极大地调动社会各方面的积极性，激发全社会的文化创新创造活力，促成主体多元和提供方式多样化的公共文化服务，构建政府、市场和社会多元主体共同参与、共建共享的公共文化服务体系，真正体现"群众文化群众办"的特点。推进国家治理体系和治理能力现代化，必须通过深化行政体制改革，妥善处理好政府和市场的关系，充分发挥市场在资源配置中的决定作用。从这个意义而言，社会力量参与公共文化服务也可看作是由公共部门、私营企业、非营利团体等各种性质的机构和个人等多元治理主体构成的"文化治理"新模式，是传统公共文化管理模式和服务模式的创新。政府购买公共文化服务就是近年来政府提供公共文化服务的一种新方式。基层政府向社会力量购买公共文化服务，不仅对基层进一步优化组织结构，深化行政管理体制改革，不断创新社会治理方式等起着重要的推动作用；而且是促进基本公共文化服务标准化、均等化的重要方式与有效手段。无锡市探索完善新兴城区现代公共文化服务外包的新途径，建立以市场经济为手段、服务外包为平台的政府分级管理新模式，所形成的实践成果具有较强的可操作性和可"复制"性，这在一定意义上体现出推进公共文化服务社会化的现实路径。

二、社会力量参与公共文化服务是公共文化服务机构创新运营管理机制，提高服务效能的有力保障

社会力量参与公共文化服务有利于政府降低行政成本、提高服务效率。政府不是经济组织，政府组织所需要的成本，一般要高于企业所需成本。以无锡市新吴区公共文化的"服务外包"为例来看，作为新建城区，无锡市新吴区一度在公共文化服务均等化方面面临十分突出的矛盾和问题：一是群体之间公共文化服务差距较大。新吴区的中心区域，特别是科技、文化、教育及CBD（中央商务区）高度集聚地区，大量导入中高端人群，他们能够获得更为丰富的文化服务；而一些刚刚"进城"的农民、外来务工人员等特殊群体，享受文化成果、参与文化活动的能力则相对较弱。二是体制上存在公共文化服务机构缺失缺位问题。无锡市新吴区秉承的是"小政府、大社会""小机构、大服务"的工作原则，无法设立配套的文化事业机构包揽"两馆"的建设、运行和服务工作，政府的公共文化服务受到一定程度的影响。因而，在城市经济社会快速发展、新兴城区体制结构快速变动过程中出现的公共文化服务不均等现象，成为无锡市新吴区明显区别于其他地区的突出矛盾和问题。针对如何解决在公益性文化事业单位缺位的前提下，使新吴区的公共文化服务提速增效这一问题，社会化服务外包恰好达到了时间短、成本省、见效快的效果。据测算，"两馆"运营成本比同类馆节约三分之二，政府实现了社会效益和经济效益的双赢，充分凸显了社会化服务外包的优越性。此外，社会化服务外包有利于加快政府职能尽责到位。通过公开招投标确定的无锡市新吴区两家承包商，都是具有丰富的建设、运营、管理经验的专业机构，无论在人员素质还是专业条件方面，都能确保快速进入角色履行职能。

三、社会力量参与公共文化服务是转变政府职能，加强基层服务型政府建设的题中之义

加快政府职能转变是深化行政体制改革的核心，是建设服务型政府的关键，而引入社会力量参与公共文化服务建设有助于实现政府文化职能由管制型向服务型、由无限责任向有限责任、由行政管理向公共管理的转变。基层政府要想适应经济、社会"双转型"的新形势与新要求，就要紧跟创新社会治理的改革步伐，加快政府职能转变，不断满足人民群众日益增长的公共文化需求。文化权利关系公民的生存权和发展权，政府在实现公民的文化权利方面承担着不可推卸的责任，公共文化服务作为实现公民文化权利的有效方式，已成为公共服务型政府建设的重要目标。因此，推进公共文化服务体系建设也就成为建设服务型政府的重要任务之一。以政府向社会力量购买公共文化服务的方式来满足广大群众的文化需求，恰恰是政府履行自己基本职能功能和公共责任的具体体现。

四、社会力量参与公共文化服务是实现政府、社会与市场的良性互动与多方共赢的有效举措

构建现代公共文化服务体系涉及方方面面的内容，很关键的一点就是应该构建政府与市场良性互动的关系，探索政府购买服务的多种形式，建立以需求为导向的服务提供机制，提供主体选择的市场竞争机制，逐步由单一的政府行政行为过渡到政府、市场、社会的有机结合。国际经验表明，文化类社会组织在文化治理体系中可以发挥"第三部门"的作用，它与政府、市场所承担的公共文化服务职能相辅相成，在资源动员、服务提供、活动实施、运营管理等方面具有专业化的能力和独特的作用，是政府以社会化机制和方式提供公共文化服务的主要依靠力量之一。[1] 在公共文化活动组织上，上海市浦东新区现有一批备案的群众文化团队和文化类民办非营利机构。这些社会组织来自民间，源于社会，所以在活动内容和形式上更加贴近实际、贴近需求，而且他们有着灵活的体制机制、公平竞争的游戏规则、相应的管理方法，显示出比较旺盛的生命力。再如，重庆市潼南区以市场化方式配置文化资源，鼓励和扶持民间文艺团队的大胆探索，促使民间文艺团体逐渐成长，为农村群众文化活动和公共文化服务体系建设提供了"生力军"和"储备库"。这为破解当前我国社会力量参与公共文化服务规模不大，水平不高，发展不规范、不平衡问题提供了借鉴。

---

① 李国新：《文化类社会组织是政府购买公共文化服务的主要力量》，载《中国社会组织》，2015(11)。

五、社会力量参与公共文化服务是缓解供需矛盾，更好地满足人民群众的多样化文化需求的具体表现

积极引导和扶持社会力量参与公共文化服务，建立和形成灵活开放、竞争有序、多元发展的公共文化发展新格局，是切实解决公共文化产品供需矛盾的有效途径，对于发展公益性文化事业、满足人民群众日益增长的文化需求具有重要意义。随着物质生活水平的提高，人们的精神文化需求迅速增长，越来越呈现出多层次、多方面、多样性的特点。相比之下，现今的文化产品和服务，无论总量还是质量、结构，都还不能很好地满足人们的需求。就目前我国的公共文化服务体系建设来看，无论在投入还是结构上，无论在制度还是效率上，都存在着严重的不足，积极引入社会力量参与公共文化建设无疑对缓解公共文化服务的供需矛盾具有重要作用。长期以来，中国公共文化服务主要由政府部门经办，走的是"政府出钱办，群众围着看"的公共文化服务模式。实践证明，这种靠政府"大包大揽"的发展模式，存在着公共文化服务供给主体和供给方式单一、有效供给不足、供给效率不高等问题，难以满足人民群众日益增长的多层次、多方面和多样化的精神文化需求。重庆市潼南区政府向社会力量购买公共文化演出服务项目以来，主要面向民间文艺演出团队购买演出，重点在城区广场、农村演出，把群众喜闻乐见的精彩节目配送到了城乡居民身边，真正做到了文化惠民、文化为民和文化乐民。

第四部分　结语

党的十八届三中全会决定强调："引入竞争机制，推动公共文化服务社会化发展。"公共文化服务社会化发展是一种必然的发展趋势。推进公共文化服务体系的建设是政府的职责所在，政府理应起到主导作用，但这并不意味着政府要一手包揽所有的公共文化服务事项，政府并不是公共文化服务的唯一提供者。为此，各级政府必须统一思想和认识：公共不等同于政府，社会也不等同于市场，只有在确保政府承担公共文化服务主导责任的同时，正确处理政府和市场、社会之间的关系，注意发挥市场和社会在公共文化服务供给中的作用，政府逐步实现从办文化到管文化职能的转变，把更多的精力集中到公共文化建设与发展规划的研究与制定等宏观层面上来，对社会力量参与公共文化服务加以引导和政策扶持，才能真正实现职能转变，更好地承担起政府社会管理和公共服务的职能。为此，政府应进一步强化服务意识，转变职能，加快文化体制改革步伐，改变过去统包统揽的模式，尽快从大量不该管、管不好、管起来成本很高的事务中解脱出来，把工作重点放在加强公共文化服务体系建设规划和标准制定、加强对重大公共文化服务工程和项目规划的监管力度上，增强公共文化服务发展动力，加快形成政府主导、社会参与的公共文化服务体系共建共享的格局。与此同时，公益

性文化事业单位要及早适应公共文化服务社会化发展趋势，结合发展定位和工作规律，加快推进转型升级，发挥公共文化服务骨干作用。

思考题

1. 简述社会力量参与公共文化服务的主要方式。

2. 简述社会力量参与公共文化服务的意义。

3. 结合实际，谈谈社会力量参与公共文化服务的现实困境。

4. 结合实际，谈谈社会力量参与公共文化服务的未来发展趋势。

案例 3　文化志愿服务

第一部分　背景透视

一、文化志愿者和文化志愿服务的概念、特征及类型

《中国注册志愿者管理办法》第 2 条规定：志愿者(英文名称为 Volunteer)是指不以物质报酬为目的，利用自己的时间、技能等资源，自愿为社会和他人提供服务的人。

文化志愿者是志愿者的一个特殊类型。文化部 2016 年 7 月发布的《文化志愿服务管理办法》第 2 条规定：文化志愿者，是指利用自己的时间、知识、技能等，自愿、无偿为社会或他人提供公益性文化服务的个人。由此可见，文化志愿者与普通志愿者不同，自身具有明显的特征。与其他志愿者不同的是：文化志愿者的文化身份以及文化专业背景更为突出。一方面，只有那些具有一定科学技术知识或文化艺术才能的人才有可能成为文化志愿者；缺乏此类文化知识素质和才艺技能，尽管从事文化志愿服务但还不能称其为文化志愿者。另一方面，文化志愿者所提供的服务项目与服务内容要与文化密切相关，诸如文化讲座、艺术鉴赏、科学普及、知识培训、文艺演出等，只有承担此类相关活动的志愿者才能称之为文化志愿者；而那些诸如大型文化活动中的清洁工、秩序维持员从严格意义上讲，也不能称之为文化志愿者。文化志愿者的组成人员不仅包括专职文化工作者，还包括业余文艺骨干以及其他各界人士等。

根据不同的分类标准，文化志愿者包含着不同的类别。根据文化志愿者所从事的文化志愿服务的内容，可分为三大类：一是专业型志愿者，如专业文艺工作者、社会文化指导员，他们指导、参与公共文化活动；二是有文化艺术特长的特长型志愿者，如民间业余文艺团队骨干等，是公共文化活动的重要力量；三是热爱文化艺术，愿意为文化艺术事业奉献智力、财力、精力的热爱型志愿者。[①]　根据文化志愿者的服务形式，可分为文化讲解员、文化示范员、文化辅导员等。

志愿服务，又称"志愿行为""志愿行动""志愿活动""志愿工作"。联合国教科文组织定义志愿服务是一种利他行为，是指人们在正式(非私人)场合中，在一段时间内自愿、无偿贡献自己的时间和专业技术。志愿服务的基本特征大致可概括为：自愿性(非强制性)、参与性(实践性)、公益性(非营利性)、无偿性和利他性。作为一种社会实践活动，志愿服务由志愿精神、志愿者(包括个人和组织)、志愿行为和志愿资源等基本要素构成。

---

① 吕富君：《关于加强绍兴县公共文化志愿服务工作的几点思考》，载《青年文学家》，2012(11)。

文化志愿服务以文化志愿者为主体力量，在自愿、无偿、利他的前提下，通过广泛开展文艺演出、文化艺术知识普及、技能辅导和展览展示等多种文化活动形式，面向基层、贴近生活、服务群众。文艺志愿服务具有艺术特长，服务的专门化程度高，成效易于体现；同时，它的社会关注度高，社会影响大，参与时间相对灵活，参与面广，不同年龄者均可参与。关于文化志愿服务的类型划分，目前没有形成统一的认识，但就目前国内外的文化志愿服务实践来看，大致可以分为公共文化援助项目、文化扶贫项目、文化慈善活动、社区文化互助活动、文化公益活动、文化运动的倡导、非营利文化节庆活动等。

文化部2016年7月发布的《文化志愿服务管理办法》第2条规定：文化志愿服务组织单位，是指组织开展文化志愿服务的文化行政部门、文化单位。文化志愿服务组织，是指以开展文化志愿服务为宗旨的非营利性社会组织。

二、我国文化志愿服务的状况

2011年10月，党的十七届六中全会通过的《中共中央关于深化文化体制改革推动社会主义文化大发展大繁荣若干重大问题的决定》提出："壮大文化志愿者队伍，鼓励专业文化工作者和社会各界人士参与基层文化建设和群众文化活动，形成专兼职结合的基层文化工作队伍。"这是在党的决议中第一次提到"文化志愿者"的概念。2012年11月，党的十八大报告明确提出"深化群众性精神文明创建活动，广泛开展志愿服务，推动学雷锋活动、学习宣传道德模范活动常态化"。2012年9月，《文化部、中央文明办关于广泛开展基层文化志愿服务活动的意见》明确了开展基层文化志愿服务活动的重要意义、指导思想和基本原则，这是首次从国家层面上对文化志愿服务工作作出具体部署，标志着我国文化志愿服务开始进入规范化推进的新阶段，文化志愿服务正式纳入公共文化服务体系建设。此后每年文化部和中央文明办都要对当年开展文化志愿服务工作作出明确的安排部署，进一步建立健全文化志愿服务制度，推动文化志愿服务活动常态化制度化。2012年2月，《国家"十二五"时期文化改革发展规划纲要》指出："鼓励文艺工作者、艺术院校学生和热心文化公益事业的各界人士开展文化志愿服务。"2013年1月，《文化部"十二五"时期公共文化服务体系建设实施纲要》提出："完善文化志愿服务工作机制。贯彻落实《文化部中央文明办关于广泛开展基层文化志愿服务活动的意见》精神，把文化志愿服务工作纳入公共文化服务体系建设总体规划，加强统筹协调和组织推动。制定文化志愿者招募办法，依托相关单位或行业协会组建文化志愿服务组织，建立文化志愿者注册系统、电子档案和文化志愿服务数据库，实现文化志愿者、服务对象、活动项目有效对接。加强文化志愿服务理论政策研究，建立和完善激励机制，推动文化志愿服务工作深入开展。"2014年2月，中央文明办出台了《关于推进志愿服务制度化的意见》，为我国志愿服务制度化、规范化、常态化发展提供了政策依据和保障。2015年1月，《中共中央办公厅、国务院办公厅关于加快构建现代公共文化服务体系的意见》强调要"大力开展文化志愿服务工作";提出了弘扬志愿服务精神,构建文化志愿服务体系,探索特色文化志愿服务模式,提升文化志愿者的服务意识、服务能力和服务水平等具体任务;明确了今后文化志愿服务工作的方向和思路。2016年7月,文化部颁布了《文化志愿服务管理办法》,推动了文化志愿服务规范化、制度化,促进了参与广泛、内容丰富、形式多样、机制健全的文化志愿服务体系的构建。

改革开放之初至2006年,"文化志愿者"这个名词尚未被大众熟识,但文化志愿活动已经在我国悄然萌芽。在所有志愿活动中,凡是为他人提供了公益性文化艺术服务的活动,都可以称之为文化志愿活动。1989年,天津市和平区就率先成立了"社区服务志愿者协会",这是文化志愿服务的雏形。2001年,上海市青年文化志愿者服务团正式成立。2003年,湖南省博物馆开始招募并培训文化志愿者。2005年,厦门市少儿图书馆招募了一批文化志愿者开展办证咨询、图书排架等工作。2007年,《中国文化报》的一则报道《上海文化志愿者:角色分量日益加重》加深了人们对文化志愿者这个群体的了解。2007年11月,广东省深圳市出台了《关于实施和规范文化义工服务工作的指导意见》。2008年,浙江省金华市委宣传部联合市文化局、市体育局、市文联等单位,在全市组织开展了"千名文体志愿者联千村"活动。2010年,全国规模最大的"春雨工程"——全国文化志愿者边疆行活动开始试点;2010年,为圆满完成"春雨工程"——全国文化志愿者边疆行活动,重庆市专门成立文化志愿者工作领导小组,设立招募办公室,制订工作方案,在文化系统和全社会启动文化志愿者招募工作。2010年10月,北京市制定了《北京市志愿者管理办法(试行)》。2010年10月,中央文明办、共青团中央、文化部、教育部联合下发《关于向内蒙古、四川部分乡镇文化站选派百名志愿者开展西部文化建设志愿服务活动的通知》,决定在内蒙古自治区和四川省组织开展西部文化建设志愿服务活动,向乡镇文化站选派应届大学毕业生,进行为期1年的志愿服务,充实基层宣传文化工作力量,推动西部地区宣传文化事业繁荣发展。2011年3月,广东省文化志愿者总队正式成立,省文化志愿者网站同时开通运行。2012年7月,广东省文化志愿者艺术团正式成立;同年11月,天津市公共文化服务志愿总队正式成立。2013年12月,《深圳市推进文化志愿服务工作方案》正式印发。在国家及相关部门的政策支持下,全国各地积极开展由文化志愿者参与的各类社会文化活动,由此打造了一系列文化志愿者服务品牌,取得了良好的效果。2014年,深圳市出台《深圳市文化志愿服务促进办法》,并正式组建深圳市文化志愿服务总队。由此可见,经过不断实践探索,文化志愿服务已经不再是一项由地方和社会自发自主开展的公益活动,而是纳入了国家公共文化服务体系建设,上升为国家文化发展整体战略的一部分。

我国的文化志愿者建设大致经历了三个阶段。第一阶段是2005年之前,从事服务的主要是一般意义上的志愿者,文化方面的比较少。第二阶段是2005年至2010年,这一阶段是文化志愿服务发展较快的阶段。例如,中国图书馆学会组织图书馆界有影响的专家学者,对欠发达地区的县级图书馆管理者进行专业培训。第三阶段就是2011

年至今，伴随着公共文化服务体系的进一步发展，文化志愿服务纳入政府公共文化服务的范畴，志愿者的组织化、专业化、普及化程度明显提高。[①] 自党的十七届六中全会明确提出"文化志愿者"概念以来，我国文化志愿者队伍一直处于壮大发展态势。截至2015 年 1 月，全国已有 24 个省、27 个地级市组建了文化志愿服务机构，各类文化志愿服务团队 6700 多支，登记在册的文化志愿者人数突破百万，接近全国基层文化队伍总量的三分之一[②]；文化志愿者已经从过去公共文化服务建设的有益补充逐步发展壮大为公共文化服务建设的重要力量。文化志愿者队伍日益壮大，文化志愿服务理念越来越深入人心，为在全国广泛开展文化志愿服务活动奠定了良好基础。

第二部分　案例描述

一、山东省肥城市公共文化服务志愿者递进培养工程[③]

肥城市是山东省泰安市下辖的一个县级城市，地处山东中部、泰山西麓。近年来，肥城市以科学发展观为指导，积极探索加强公共文化服务体系建设新路子，实施了以把优秀的文化爱好者培养成文化骨干，把优秀的文化骨干培养成公共文化辅导员，把优秀的辅导员培养成践行社会主义核心价值观的文化志愿者为主要内容的公共文化服务志愿者递进培养工程，并坚持在实践中总结规范，在探索中完善提高，形成了良好的发展导向和运作管理机制。

（一）主要做法

1. 层级递进，逐步提升素质

由肥城市文化部门牵头组织对全市各街镇村、各企事业单位文化爱好者进行了摸底排查，并通过歌手大赛、票友大赛、桃乡大舞台等活动发现人才，对 3200 多名文化爱好者，逐一登记，建立业余文化人才库。一是指导业余文化爱好者组建秧歌队、合唱团等群众性文化队伍，参加农村文化艺术节、消夏广场文艺演出、桃花节等各类文化活动，发挥个人特长，展示才艺，使他们逐步成长为舞台上的文化骨干。二是采取集中培训与具体指导相结合的方式，下发菜单式培训目录，让文化骨干根据自身需求，参加不同专业的培训，提高辐射带动群众开展文化活动的能力，成为一专多能的公共文化辅导员。三是按照职业、特长和业务能力对公共文化辅导员评定星级，引导他们

---

① 莫曲、骆蔓、李雪：《文化志愿服务：保障机制很重要》，载《中国文化报》，2014-03-31。

② 周玮：《我国登记在册文化志愿者超百万》，http://news.xinhuanet.com/politics/2015-01/20/c_1114065881.htm，2016-10-25。

③ 《山东泰安市：肥城县级公共文化服务志愿者递进培养工程》，http://www.ndcnc.gov.cn/shifanqu/xiangmu/201303/t20130326_605863.htm，2016-10-25。

把文化活动与精神文明、移风易俗、弘扬新风正气结合起来，提升思想境界，培育志愿服务精神，自愿报名成为公共文化服务志愿者。2009年以来，肥城市举办多期培训班，对多名文化骨干进行了培训辅导，培育了多名文化辅导员和文化志愿者。

2. 加强管理，发挥带动作用

肥城市不断探索各类文化人才管理方式方法，建立了全市公共文化服务队伍管理体系，形成了"总分相联、条块结合"的服务网络。在肥城市文化馆成立公共文化服务志愿者俱乐部，负责全市公共文化服务志愿者队伍的注册登记、日常管理、活动规划和协调运作。根据地域区划、工作单位分组，相应成立文化志愿者服务支队，设在各街道文化站以及重点企业、社区，负责管辖范围内的文化志愿者管理。志愿者俱乐部定期召集文化志愿者，安排编创计划，结合不同时期群众要求，确定活动内容和主题，组织开展群众文化艺术培训、文艺演出，参与文明创建、扶贫济困、帮残助老等多种形式的文化活动，努力形成互助友爱的人际关系与文明和谐的社会风尚，促进市民文明素质和城市文明程度同步提升。

3. 建立机制，保障工程实施

以机制激发活力，把完善长效机制作为推进递进培养工程的重要手段，不断建立完善运行工作机制。建立考核督导机制，肥城市政府将基层文化队伍建设列入民生实事，纳入经济社会发展整体规划，把群众对文化活动的满意度作为考核文化工作业绩的重要依据，列入街镇党委、政府年度考核目标。成立了领导小组，出台了实施方案，明确了责任主体和形象进度，一月一汇报、两月一调度、一季度一检查，严格督导；建立投入保障机制，强化服务保障，统筹整合资源，为文化辅导员和文化队伍提供物质保障。2009年以来，肥城市财政每年拿出100万元用于文化队伍建设，市镇村先后投入资金，用于递进培养工程学习培训，器材配备，组织开展各类活动。建立表彰激励机制，充分运用教育、管理、政策等多种手段，抓好公共文化服务志愿者激励。开展了公共文化服务志愿者标识评选，推出了彰显志愿精神、体现肥城特色的文化志愿者标识。经常组织开展志愿者宣誓、授旗，向志愿者颁发荣誉证书、送鲜花等多种形式活动，增强志愿者对志愿服务的认同感和归属感。每年都对公共文化服务志愿者的活动开展情况进行评比，对表现突出的予以表彰奖励，并通过对他们在媒体上进行广泛宣传，扩大社会影响。鼓励机关、企事业单位在同等条件下优先录取和聘用优秀志愿者，建立起志愿服务与社会认同相对接的考评机制，引导社会关注志愿服务事业、弘扬志愿服务理念、深化志愿服务活动。

递进培养工程实施以来，一大批优秀公共文化服务志愿者脱颖而出，站到文化建设第一线，彰显出示范、服务等多重效应，使公共文化服务体系形成了服务方式不断创新、服务渠道不断拓展、全社会共享文化发展成果的局面，有力促进了公共文化服务体系建设。

(二)创新点

文化志愿服务是志愿服务工作的重要组成部分,是繁荣发展城乡基层文化的有效途径。广泛开展文化志愿服务活动,组织动员专业文化工作者和社会各界人士志愿参与基层文化建设和群众文化活动,有利于引导人们在服务他人、奉献社会过程中践行道德规范、提升道德境界,促进社会主义核心价值观践行;有利于推动群众性文化活动广泛深入开展,丰富人们精神文化生活,满足人们精神文化需求,保障人民基本文化权益;有利于充分发挥人民群众文化创造的积极性,让蕴藏于人民中的文化创造活力得到充分发挥;有利于吸引优秀文化人才服务基层,壮大基层文化人才队伍,为社会主义文化大发展大繁荣提供人才支撑。客观上讲,随着我国"三馆一站"免费开放的不断深入,文化干部的力量显得不足是不争的事实,如何建设一支相对稳定、业务精通的文化志愿服务队伍是摆在各级文化部门面前的一项紧迫课题。肥城市公共文化服务志愿者递进培养工程借鉴当代社会志愿者组织建设的成功经验,为缓解公共文化服务体系建设中人力资源短缺的矛盾,提升公共文化服务水平提供了有益借鉴。肥城市公共文化服务志愿者递进培养工程是第一批国家公共文化服务体系示范项目。其创新做法:一是实施"三个"递进培养。把优秀的文化爱好者培养成文化骨干,把优秀的文化骨干培养成公共文化辅导员,把优秀的公共文化辅导员发展成践行社会主义核心价值观的文化志愿者。二是实施"体系化"培养。重点围绕文化志愿服务经常化储备、规范化管理、常态化服务、品牌化培育、项目化配置、社会化运作等方面进行体系化培养。三是加大保障力度。将此工程纳入市委、市政府对各镇街的年度工作目标责任制考核,并在市镇两级财政设立专项资金,保障其顺利实施。

二、福建省厦门市文化志愿服务[①]

自 2011 年 6 月福建省厦门市被列入首批国家公共文化服务体系示范区创建城市后,厦门市便投入到紧张有序的创建工作之中。与全国很多地区一样,基层文化队伍不足,特别是面向社区、农村的文化辅导员非常缺乏成为创建工作的突出难题。为此,在示范区创建中,厦门市提出了建立文化志愿者队伍的设想,将文化志愿者工作机制研究作为创建示范区制度设计研究课题,着重解决公共文化服务体系建设中基层文化队伍人员不足的突出矛盾,并取得了一定的进展。在厦门市,文化志愿者协助开展图书流通服务、参与组织各类群众文化活动与培训等,在一定程度上缓解了基层文化服务队伍人员不足的矛盾;文化志愿者成为活跃在公共文化服务阵地上的一支生力军。

---

① 云丽:《建设公共文化服务的生力军》,http://www.wenming.cn/whhm_pd/sqhxzzhwhjs/201210/t20121008_877178.shtml,2016-10-25。

（一）主要做法

1. 招募文化志愿者

2012年2月，厦门市文广新局印发了《厦门市文化广电新闻出版局关于招募文化志愿者的通知》，在全市范围内招募文化志愿者并加强管理工作。招募工作得到社会的热烈响应，一个月内共有800多名文化志愿者报名参加。

2. 制定文化志愿管理制度

2012年4月，厦门市文广新局颁发了《厦门市公共文化服务志愿者管理制度》，明确了文化志愿者工作的目的、宗旨，对文化志愿者招募工作、文化志愿者的使用与管理以及具体工作与要求作出相应的规定，为文化志愿者招募、管理提供制度上的保障。

3. 加强文化志愿者培训

开展文化志愿者培训工作，组织各区文化志愿者培训班，具体的工作技能培训由各个公共文化服务单位承担，业务培训后由相关单位具体安排开展志愿服务。

4. 建立文化志愿者之家

建立"文化志愿者之家"，为文化志愿者提供休息、联络交流的场所。各公共文化服务单位设立QQ群，作为志愿服务组织和文化志愿者沟通交流的重要工具。

5. 建立信息对接交流平台

建立厦门市文化志愿者网站，建立重要的信息对接平台，发布文化志愿活动信息、工作业绩，起到宣传文化志愿者工作的作用。网站提供报名注册服务，网站的"活动招募"栏目中还有各区、各公共文化服务单位的文化志愿者需求情况一览表与临时文化志愿活动招募信息。

6. 加强文化志愿服务日常管理

厦门市文广新局要求各区建立文化志愿者组织机构，文化志愿者人数每区不少于常住人口的千分之一，文化志愿者每人每年至少进行一次培训，做好台账建设（具体包括志愿服务时间登记与汇总、活动开展情况、活动信息报道等），公共文化服务单位在醒目位置公告志愿者服务的岗位需求信息和志愿者负责人员信息，有专门的文化志愿者工作经费安排等。

（二）创新点

厦门市是第一批国家公共文化服务体系示范区创建城市。在示范区创建中，针对基层文化队伍不足和人民群众文化需求日益强烈的矛盾，厦门市建立了文化志愿者工作机制，解决了厦门市公共文化服务体系建设中基层文化队伍人员不足的突出矛盾。其创新做法：一是在全市范围内广泛招募文化志愿者并加强管理。二是加强文化志愿者培训，提高专业化服务水平。三是在公共文化单位建立文化志愿者之家，为文化志愿者开展文化志愿服务提供服务保障工作。四是建立文化志愿者网络平台，与文化志愿者进行沟通。五是建立文化志愿者激励机制，鼓励更多的社会人士参与文化志愿服务。

三、湖南省文化志愿服务[①]

为认真贯彻落实党的十七届六中全会决定和党的十八大精神，鼓励广大文化艺术工作者和各界人士积极参与文化建设，不断丰富广大基层群众的业余文化生活，湖南省文化厅在全省范围广泛开展了文化志愿服务活动，并逐步建立完善相关工作机制，规范日常服务管理。

(一)主要做法

1. 完善全省文化志愿服务网络

湖南省文化志愿服务总队坚持总分结合、分门别类、广泛覆盖的原则，省级成立文化志愿服务总队，市州设立支队，县市区设立分队，乡镇街道社区村设立小队。为便于发挥文化志愿服务"轻骑兵"作用，按音乐、曲艺、舞蹈等11个艺术门类进行分类，再根据服务内容、时间，设立服务小分队。充分吸纳文化系统人员及社会文化活动积极分子，形成专职骨干为主、系统外人员为辅的文化志愿者组织结构。至2016年底，全省拥有17个支队、985个县级以上分队，全省注册文化志愿者86930人，系统外占33.6%。

2. 健全文化志愿服务制度

制定了《湖南省文化志愿者管理办法》，对文化志愿者的组织招募、培训、表彰等9个内容进行了详细的规定，并将文化志愿服务工作纳入全省文化系统年度考核目标和总体建设规划。各市州也相应出台了本级管理办法。在此基础上，逐步形成如下管理制度。一是实名登记注册制度。申请文化志愿者必须通过省文化志愿服务互联网平台完成实名注册，实现从源头上对文化志愿者统一管理。二是服务内容登记制度。要求文化志愿者每年累计服务时间不少于20小时。此外，要对开展服务的项目、内容、时间进行登记，登记情况将作为评优的重要依据之一。三是培训制度。对新注册的文化志愿者分批开展专题培训，并结合服务项目开展技能培训，确保文化志愿者每年至少接受两次培训。四是激励制度。每年世界志愿者日，省文化厅都组织开展"星级文化志愿者"的评比表彰活动。

3. 初步形成湖湘特色文化志愿服务模式

一是"区域联动"模式。省与省(区)之间、邻省的市与市(州)之间的区域联动，大大促进了优秀公共文化资源的整合与共享。例如，缔结"湘鄂赣公共文化服务区域共建联盟"，开展湖南汝城、广东仁化、江西崇义文化志愿服务区域交流活动等。二是"省内互动"模式。全省各支(分)队结合"楚韵湘音　幸福使者""文化暖心　和谐洞庭"等主题开展互动交流，形成了"欢乐潇湘——湖湘文化志愿者基层行""我是雷锋家乡人，湖

[①] 梁利平：《文化部公布2016年文化志愿服务典型 湖南获优秀团队称号》，http://www.hnswht.gov.cn/new/whgj/whyw/content_103875.html，2016-10-25。

湘文化送春风"等系列"湘味"浓郁的文化志愿服务品牌。三是"名人带动"模式。从 7 万多名文化志愿者中选拔了 20 位文化名人、能人担任全省"形象大使"。这些名人、能人与全省文化志愿者一道深入社区、工地、福利院、部队等场所。四是"平台悦动"模式。全省搭建了岳麓书院大讲堂、群文大舞台、湘图百姓课堂、湖湘文化基层行、湖湘文化边疆行等平台,先后组织文化志愿者开展讲座,编排节目、采风,培训湖南原创广场舞骨干,举办文艺辅导等,真正做到了"送文化"与"种文化"深度融合,大大提升了全省文化志愿服务的社会影响力。

(二)创新点

湖南省文化志愿服务成效突出,作为全省文化志愿服务的"领头羊"——湖南省文化志愿服务总队,被文化部表彰为 2016 年优秀文化志愿服务团队。其创新做法:一是健全完善了"纵向到底、横向到边"的全省文化志愿服务网络。"纵"就是省级成立文化志愿服务总队,市州设立支队,县市区设立分队,乡镇街道社区村设立小队;"横"就是按音乐、曲艺、舞蹈等 11 个艺术门类进行分类,再根据服务内容、时间,设立服务小分队。二是健全了文化志愿服务"实名登记注册、服务内容登记、培训、激励"制度,确保了文化志愿服务制度化、规范化。三是坚持突出特色,形成了具有湖湘特色的"区域联动、省内互动、名人带动、平台悦动"的文化志愿服务模式。

第三部分　案例分析

一、文化志愿服务是公共文化服务模式创新的具体体现

文化志愿服务内容丰富、形式多样、方式灵活、参与便捷,具有宽覆盖、广渠道、多领域、多层次等特点,是对公共文化服务领域的延伸拓展,也是服务方式的实践创新,对于更好地保障群众基本文化权益,让文化改革发展成果惠及最广大人民群众起着积极正向的促进作用。毋庸置疑,公共文化志愿服务是推进我国文化建设和现代公共文化服务体系建设的创新之举,有利于扩大公共文化服务范围,提升公共文化服务水平,不断满足人民群众日益增长的多样性多元化的文化需求。主要由厦门市各艺术院校的教师、学生以及社会各界的民乐爱好者组成的厦门市文化馆的青年民族乐团,自成立以来,致力于推广、普及民族音乐,不仅承担了厦门市重大活动的演出,而且活跃在社区、学校、乡村、厂矿、军营的文艺舞台;在对台、对外文化交流中也发挥着重要作用。文化志愿者服务以讲座、培训为主,面向基层群众开展专题知识讲座和文艺辅导,协助组织大型文化活动,弥补了政府和市场的不足,完善了社会结构。由于志愿者、志愿组织是自发自愿为社会服务,不受传统体制、现有机制的制约,有较

大自由创新的空间，因此，志愿事业成为社会创新的探索者、先行者。① 例如，山东省肥城市创新实施的公共文化服务志愿者递进培养工程之所以能入选文化部、财政部第一批创建国家公共文化服务体系示范项目，不仅因其在管理培训机制、活动组织机制，督导激励机制方面进行了创新，还因其在社会管理机制方面进行了大胆探索，实现了文化志愿服务的经常化储备、规范化管理、常态化服务、品牌化培育与社会化运作。至 2016 年 11 月，湖南文化志愿服务先后组织专家文化志愿者开展讲座 3300 次、编排节目、采风 1612 次，培训湖南原创广场舞骨干 14700 人次，举办文艺辅导 37000 余次等，直接受益人群达 1310 万人次，真正做到了"送文化"与"种文化"深度融合，大大提升了全省文化志愿服务的社会影响力。②

二、文化志愿者队伍建设是破解基层文化人才短缺困境的有效途径

文化志愿服务在培训基层文化骨干、组织群众文化活动、繁荣发展文艺创作等方面具有独特优势。开展文化志愿服务，壮大志愿者队伍，能够动员更多社会力量参与基层文化活动，形成专兼结合的基层公共文化人才队伍。从文化人才队伍建设全局看，如果说专业文化工作者是主力军，文化志愿者则是生力军。文化志愿服务有利于充分发挥人民群众文化创造的积极性，让蕴藏于人民中的文化创造活力得到充分发挥；有利于吸引优秀文化人才服务基层，壮大基层文化人才队伍，为加强基层文化建设提供人才支撑。虽然志愿服务的基本理念是"志愿、服务、利他"，但社会和政府对志愿者应有基本保障，如交通补贴、人身保险、培训费等。志愿者队伍的管理应当从培训工作的加强、激励机制的健全及志愿者权利的保护等方面进行。通过培训完善文化志愿者活动参与能力，通过激励机制提高志愿者积极性，通过权利保护提升凝聚力，这将在很大程度上保持文化志愿者服务于公共文化建设的热情，助力人才方面问题的解决。截至 2013 年 12 月，厦门市专业化青年志愿服务队伍已超过 100 支，注册志愿者达到43 万人，约占常住人口的 11%，其中党员志愿者就有 5 万余人。③

三、文化志愿服务有利于传播社会主义先进文化，践行社会主义核心价值观

文化志愿服务既是对中华传统美德的继承和发扬，同时也体现了社会主义思想道德建设的基本要求，符合社会主义先进文化发展的方向和要求，体现了以民为本的根本思想。纵观古今，现代志愿精神所蕴含的不求报酬、与人为善、有爱无碍、平等互

---

① 敬彪：《对完善文化志愿服务管理体制的思考》，载《大众文艺》，2014(5)。

② 《湖南省文化志愿服务总队》，http://www. wenming. cn/specials/zyfw/4g100_39622/zjzyf-wzz/201611/t20161103_3862953. shtml，2016-11-10。

③ 钟文：《让志愿服务成为一种生活方式——厦门推动志愿服务制度化纪实》，载《光明日报》，2013-12-16。

助的社会理念，与源远流长的中华慈善助人的传统异曲同工。因此，志愿服务在我国的实践，既是对传统美德的继承和弘扬，也是对社会主义核心价值观的深刻践行。它以自愿、无偿为前提，是价值认同基础上的自觉行动，渗透进了公民血液，融入了国家文化骨髓，成为新时期完善国民人格、塑造民族品性、凝聚国家意识的原生性力量。[1] 在当代，作为一种先进文化和时代精神，志愿服务体现着国家、社会的文明程度，它是一种体现奉献精神、利他精神和文明内涵的崇高文化，既传承了中华民族扶贫帮困、助人为乐的传统美德，又反映了社会发展进步的时代要求，在社会主义精神文明建设中占据了重要的位置，是社会主义核心价值观的生动体现。例如，在肥城市公共文化服务志愿者俱乐部的统一指挥下，文化志愿者活动的开展，践行了社会主义核心价值观，避免了基层文化的庸俗化和过度娱乐化，真正发挥了文化鼓舞人、激励人、引导人的作用。

四、文化志愿服务有利于引领文明新风尚，传播社会正能量

志愿服务是现代社会文明进步的重要标志，是加强和促进精神文明建设的重要载体，正在日益成为一种广受认同的文化风尚。志愿服务，作为一项"自愿性"、"非营利性"、"相对独立性"和"灵活多样性"的社会公益活动，具有极强的社会组织动员能力。通过志愿服务，政府与公民互相传达社会需求、政治期待和政策意图，架起沟通合作的弹性桥梁；公民与公民之间的信任得以加强，社会的信任资源、道德资源大大增强，公共领域的交流成本得以减少；公民自身的积极性、主动性、创造性也得到不断激发，主人翁意识和奉献意识不断增强。[2] 文化志愿服务，闪烁着善良、平等、正义、互助的人性光辉，展现着人类文明和社会进步的良好形象和美好愿望。落实并贯彻文化志愿服务的理念、内涵，将基层文化活动渗透到每一位社会成员当中，以最大化的创造精神、服务前置，组织更加全面、有效、针对主题的文化志愿服务，以此引发社会各界对贡献社会、服务社会的共鸣。例如，2014年"春雨工程"——厦门文化志愿者新疆行系列活动，通过厦门沿海地区与新疆昌吉回族自治州各地区、各民族之间的交流与合作，不但使两地文化工作者结下了深厚的友谊，也增强了边疆各族人民对祖国的认同、对中华文化的认同，推动着各民族和睦相处、和谐发展。

五、文化志愿服务有利于整合社会功能，促进社会和谐

我国正处于社会转型的重要时期，在社会政治、经济、道德、法律、文化以及社会观念领域存在着大量的失范现象，表现尤为突出的是阶层严重分化、社会道德水平滑坡、社会凝聚力下降。志愿服务以无偿性、公益性等特点展示了人类追求和平、自

---

① 胡琦：《国家认同视域下青年志愿服务的文化价值及发展策略》，载《浙江理工大学学报》，2006(2)。
② 赵晓旭、林毅：《志愿服务在构建城市休闲文化过程中的功能研究》，载《现代城市》，2014(2)。

由、安全和正义等最为朴素和高贵的情操，尤其在面对当下经济快速发展时期群体力量逐渐分化、人际关系发展缺乏平衡的境况时。文化志愿者通过丰富基层群众文化生活，以文艺辅导为主，深入社区、农村开展"社区文化辅导"和"农村文化辅导"工作。一方面在全社会弘扬"友爱、奉献、互助、进步"的文明精神；另一方面让志愿者自我表现、体验社会文明的意义，提升自己的公民素质。因此，志愿者活动客观上起到了一种社会整合作用，促进了社会的和谐，营造了良好的社会环境。就目前国内一些大型的文化志愿服务项目和活动来看，当前农村和城市社区是开展文化志愿服务的重点，服务对象也是基层社区和百姓，这样就可以直接为基层群众提供面对面、零距离的服务。文化志愿者的广泛加入，文化志愿服务的不断开展，无疑能够有效弥补文化建设领域政府服务和市场服务的不足；它们成为农村和社区文化队伍以及文化建设的重要补充，对于促进社区建设和社会和谐起到了不可低估的作用。2014年春节期间，厦门市数万名志愿者广泛开展的"邻里守望　情暖厦门"主题志愿服务活动，以社区和公共场所为重点，以献亲情、助春运、美环境、送文体、保平安为主要服务内容，以空巢老人、留守儿童、农民工、残疾人为重点服务对象，下基层、进社区、进家庭开展了系列文化志愿服务活动，受到了群众的广泛称赞。

第四部分　结语

文化志愿服务活动是实现我国文化大发展大繁荣的重要手段，在保障人民群众基本文化权益，让文化改革发展成果惠及最广大人民群众等方面发挥了十分重要的作用。近年来，在政府及相关部门的大力支持和倡导下，全国文化志愿服务活动蓬勃兴起，涌现出一大批活跃在城乡基层的文化志愿者，形成了一批具有影响力和号召力的文化志愿服务品牌，在丰富群众精神文化生活、传播文化志愿服务理念、创新基层文化服务方式等方面发挥了积极的作用，有效地带动和推进了现代公共文化服务体系建设的探索与实践。在取得良好成绩的同时，受社会经济文化、管理体制、运作模式、服务方法等多种因素的影响，当前的文化志愿服务活动中还存在着一些不容忽视的问题，如缺乏长远发展战略规划和长效发展机制，文化志愿服务的常态化、制度化、标准化、规范化和品牌化等方面还需进一步加强，服务成效还有待进一步提高。进一步推进文化志愿服务事业的深入发展，建立完善的文化志愿服务保障机制是关键，而完成这一任务需要政府、社会、文化志愿服务组织方等多方面的通力合作和大力支持。文化志愿服务的开展要以人民为中心，坚持文化惠民、文化为民、文化乐民、文化化民、文化育民的价值导向，坚持文化志愿服务公益性和社会化运作定位，不断扩大文化志愿服务队伍的规模，全面建立省、市、县三级文化志愿服务网络，强化志愿服务组织的组织覆盖面和凝聚力及影响力，做到整体规划、统筹推进，使组织、队伍、项目、机制"四位一体"。在新形势下，要进一步完善机制，创新方法，整合资源，形成合力，增强服务内容本身特色化和个性化，强化服务方式的科学化和专业化。只有真正构建起完善的文化志愿服务保障多方共建机制，我国的文化志愿服务事业才能真正实现可持续发展的良性局面，基层文化建设才能取得更大成效。

思考题

1. 与其他志愿服务相比，文化志愿服务的特殊性体现在什么地方？
2. 未来 5 年，我国文化志愿服务工作的重点是什么？
3. 结合实际，谈谈文化志愿服务的现实困境。
4. 结合实际，谈谈文化志愿服务的未来发展趋势。

第三章　公共文化产品和服务供给

内容概要

　　本章主要介绍了公共文化"菜单式"服务、公共文化服务品牌建设的基本情况。通过本章学习，达到对加强公共文化产品和服务供给有一个总体认识和了解。

　　"案例1　公共文化'菜单式'服务"，主要介绍了公共文化"菜单式"服务的概念、类型、特征，以及公共文化"菜单式"服务的探索。在介绍北京市石景山区公共文化"菜单式"服务、重庆市公共文化物联网"百姓点单、政府配送"服务、内蒙古自治区图书馆"彩云服务"3个案例的基础上，总结了每个具体案例的创新点，对3个案例进行了综合分析。

　　"案例2　公共文化服务品牌建设"，主要介绍了公共文化服务品牌的概念、特征、类型，建设公共文化服务品牌的重要意义，以及建设公共文化服务品牌的实践探索。在介绍上海市民文化节、贵州省贵阳市"花溪之夏"艺术节、广西壮族自治区桂林"百姓大舞台"、新疆维吾尔自治区乌鲁木齐"新疆情"文化讲坛4个案例的基础上，总结了每个具体案例的创新点，对4个案例进行了综合分析。

案例1 公共文化"菜单式"服务

第一部分 背景透视

一、公共文化"菜单式"服务的概念、类型及特征

公共文化"菜单式"服务，是指根据群众的公共文化需求，建立公共文化产品和服务资源库，将适合群众需要的公共文化产品和服务列出清单，由群众点单、供给方按需提供公共文化产品和服务的一种新型的服务方式。

公共文化服务菜单，从提供方式上划分，有线上和线下结合型菜单，有线下或线上单一型菜单，还有实体性超市菜单；从菜单的内容上划分，有综合性菜单、单种类菜单；从人民群众的需求上划分，有"规制"菜单、"定制"菜单。

公共文化"菜单式"服务的特征，主要表现为：一是以群众文化需求为导向，尊重了群众的选择权、知晓权、参与权。二是坚持"以服务群众"为中心，满足了群众多样化的文化需求。三是公共文化供给由被动服务向主动服务转变，由无效供给向有效供给转变，由"自上而下"供给向"自下而上"和"自上而下"交互式供给转变。

二、公共文化"菜单式"服务的探索

上海市东方社区文化艺术指导中心是以公益性、惠普性、服务性为主要性质的，以社区文化指导员的招募培训、职业资格认证、派送、管理为主要工作内容的公共文化服务机构，属上海市公共文化服务的供给配送系统之一，设在上海市群众艺术馆内。这是我国"菜单式"服务较早的形式。2008年始浙江省杭州市群众艺术馆群众文化"集约化、一体化"服务项目启动，2009年正式运行。该服务项目首次提出群众"文化菜单"概念，并挂在杭州群众文化网上，接受基层群众的点单预约，从而实现了群文机构与市民群众的文化服务供需有效对接。自2011年文化部、财政部启动第一批国家公共文化服务体系示范区创建以来，全国各地开始了公共文化"菜单式"服务的探索，如广东省东莞市"菜单式"公共文化服务送基层活动，为社区、学校等提供个性化公共文化服务；山东省青岛市城阳区的"文化超市"，搭建全区各类文化资源展示、交流、推介平台，区文化新闻出版局以网络为载体，积极整合全区文艺队伍、人才、文化活动等资源，制作成"文化菜单"面向社会公示，使得市民可根据自身文化需求自由选择所需各种文化服务，从而在整合文化资源、扩大服务范围、满足文化需求的同时，最大限度地吸引更多的市民参与到文化活动中来；等等。2013年1月，《文化部"十二五"时期公共文化服务体系建设实施纲要》提出："探索建立群众文化需求反馈机制。充分尊重群众的

参与权和表达权，探索建立群众文化需求的动态反馈机制，重点加强对基层和少数民族地区群众文化需求的了解，有针对性地提供公共文化产品和服务。"2013 年 11 月，《中共中央关于全面深化改革若干重大问题的决定》提出："建立群众评价和反馈机制，推动文化惠民项目与群众文化需求有效对接。"北京市石景山区公共文化"菜单式"服务，青海省公共文化服务体系推行的"菜单式"服务，青岛市市南区以满足居民多样化文化需求为导向的"菜单式"服务，重庆市公共文化物联网"百姓点单、政府配送"服务，不断涌现。2015 年 1 月，《中共中央办公厅、国务院办公厅关于加快构建现代公共文化服务体系的意见》明确提出："建立群众文化需求反馈机制，及时准确了解和掌握群众文化需求，制定公共文化服务提供目录，开展'菜单式'、'订单式'服务。""菜单式"、"订单式"服务成为创新公共文化服务行之有效的方式。

第二部分 案例描述

一、北京市石景山区公共文化"菜单式"服务①

当下百姓对文化的需求日益丰富多样，但现有的文化服务却让百姓感觉"不解渴"。为了解决这种供需矛盾，石景山区文化部门从注重研究文化服务供给向注重研究群众文化需求转变，探索并实施了公共文化"菜单式"服务，由此当地百姓可以根据自己的需要"私人订制"所需的文化产品。

(一)主要做法

1. 整合资源编制菜单

石景山区文化委自 2013 年底启动此项工作以来，通过走访、座谈、填写问卷等方式调研群众需求，整合全区可利用调节的文艺演出节目资源、讲座资源、展览展示资源、辅导人才资源等多种公益文化产品和服务，编制了《区文化馆、图书馆、少儿图书馆 2014 年公共文化服务菜单》。

2. 采取多种形式发布

公共文化"菜单式"服务围绕群众文化需求，以区文化馆、图书馆、少儿图书馆业务资源为基础，以街道综合文化中心为平台，利用新媒体发布途径，让群众结合自身需求选择公共文化服务的内容和项目。公共文化服务的内容和项目主要通过街道文化中心、网站、QQ 群等途径进行发布。

3. 先试点后推开

石景山区文化委选取老山、广宁、八角三个街道开展"菜单式"服务试点工作，截

---

① 《石景山区推出公共文化"菜单式"服务》，http://www.bjsjs.gov.cn/sjsdt/20140717/41128.shtml，2016-11-10。

至 2013 年 5 月，通过菜单点菜方式开展合唱指挥、书法、绘画、舞蹈、戏曲、表演、图书服务等十余项内容的辅导培训和惠民服务，惠及群众千余人次，受到群众广泛欢迎。

4. 探索形成公共文化"菜单式"服务模式

"菜单式"服务可以提供四种服务模式，一是"点菜式服务"，即把所有能够提供的服务项目和内容以菜单化方式，进行列述并发布出来，以供群众多样化选择。二是"融合式服务"，即对基层文化部门、相关需求单位和个人的需求提供合作式服务，如有的行业需要做行业歌曲，创作了歌词后，文化馆提供专业工作者为其作曲、配器、录音等；群众创作话剧剧本后，由文化馆专业人员提供舞台成品化排演等。三是"订制式服务"，即对菜单中没有列出的项目，根据群众需求，订制特殊的服务项目和内容，并提供相应的服务。四是"配送式服务"，即根据部门业务职能，开展送文化到基层活动，如慰问演出、流动展览、图书配送等活动，让群众就近享受高质文化服务。

下一步计划，石景山区文化委将进一步探索和完善"菜单式"服务模式，选聘更多艺术门类人才加入培训辅导队伍，拓展服务内涵，丰富"菜单项目"，构建立体化服务格局，为群众提供多样化、高质量的惠民文化服务。

(二) 创新点

石景山区"公共文化服务目录制"成功取得第三批国家公共文化服务体系示范项目创建资格。这是该区在公共文化"菜单式"服务基础上的深化和延伸，有利于推动公共文化服务供给与群众文化需求的有效对接，推进法治政府和服务型政府建设。其创新做法：一是以区文化馆、图书馆、少儿图书馆业务资源为基础，在充分调研群众需求的基础上，再针对性地编制年度公共文化服务菜单，实现精准提供。二是以上联区文化馆、图书馆、少儿图书馆，下接村(社区)基层综合性文化服务中心的街道综合文化中心为平台，采取多种宣传手段，实现精准发布。三是探索形成的四种公共文化"菜单式"服务模式，针对不同人群的文化需求，实现精准服务。

二、重庆市公共文化物联网"百姓点单、政府配送"服务[①]

(一) 建设背景

2013 年，《国务院关于推进物联网有序健康发展的指导意见》强调提出："在公共安全、社会保障、医疗卫生、城市管理、民生服务等领域，围绕管理模式和服务模式创新，实施物联网典型应用示范工程，构建更加便捷高效和安全可靠的智能化社会管理和公共服务体系。"党的十八届三中全会强调提出："建立群众评价和反馈机制，推动文化惠民项目与群众文化需求有效对接"，"鼓励社会力量、社会资本参与公共文化服务

---

① 彭泽明：《重庆市公共文化物联网建设实践创新研究》，载《图书馆理论与实践》，2017(3)。

体系建设,培育文化非营利组织"。2015年3月,李克强同志在政府工作报告中首次提出"互联网＋"行动计划。2015年7月,《国务院关于积极推进"互联网＋"行动的指导意见》提出"互联网＋"益民服务,创新政府网络化管理和服务。与此同时,为了建立公共文化志愿服务常态化机制,激发全社会的文化创造活力,重庆市以"建设公共文化物联网"为载体,初步探索出了公共文化物联网"百姓点单、政府配送"服务应用模式,效果初显。

(二)主要做法

1. 建立组织机构

由各级党委宣传部牵头,各级文化委员会组织,具体依托全市各级文化馆(群众艺术馆)实施。依托重庆市群众艺术馆建立了重庆市公共文化物联网中心,依托区县文化馆建立了重庆市公共文化物联网分中心,依托街道乡镇综合文化站建立了重庆市公共文化物联网基层服务点,并明确了各方职责。市群众艺术馆负责标准拟定、全市配送考核、统计发布、统筹协调等,不开展直接的公共文化服务产品配送;区县文化馆负责开展资源征集及建设、人员队伍的培训上岗、配送经费落实、配送工作的具体实施等;街道乡镇综合文化站负责做好配送相关工作。

2. 加强制度建设

一是2014年6月24日中共重庆市委宣传部、重庆市文化委员会出台了《关于印发开展重庆市公共文化物联网服务试点工作实施方案的通知》,全面安排了公共文化物联网服务的试点建设工作。二是将区县文化馆开展公共文化物联网服务创新与实践情况纳入"三馆一站"一年一度的免费开放绩效评价的加分内容。三是为了切实做好相关配送工作,拟定了《重庆市公共文化物联网服务平台操作指南》和《重庆市公共文化物联网服务工作指南》,切实做到"百姓点单、政府配送"的规范、高效、有序。

3. 加大培训力度

由重庆市文化信息中心负责对区县平台进行技术指导和培训,重庆市群众艺术馆负责对区县文化馆进行配送业务的指导和培训,现已开展多次集中业务培训。《重庆市公共文化物联网服务平台操作指南》和《重庆市公共文化物联网服务工作指南》作为培训资料已印发相关单位及人员。由各区县文化馆根据资源库建设以及开展物联网工作的情况,分类对文化志愿服务个人及团队、文化站等单位业务人员开展培训,培训合格后,方能开展物联网服务工作。

4. 建立保障机制

全市性的平台建设、维护、日常运行、升级等经费由市级负责;配送经费由各区县承担,主要包括政府购买经费和对文化志愿服务实行象征性的定额补助。

同时,全市统一的平台由重庆市文化信息中心的专业人才保障日常运营及维护;区县文化馆本地网页内容的更新、资源建设、后台工作流程的申请审批、发布等,由当地文化馆技术人员或外聘专业人员承担。

5. 积极逐步推进

立足于全市经济社会发展和公共文化工作实际，因地制宜、分类指导、统筹安排、力所能及、积极稳妥、先易后难地稳步开展重庆市公共文化物联网建设，不断创新工作运行模式。分三个阶段推进：第一阶段，重庆市公共文化物联网萌芽。2014 年在 7 个区县试点，重庆市公共文化物联网建设起步，主要将文化志愿服务产品在网上"挂单"，在区县区域内实现百姓点单、政府配送，虽不是真正意义上的物联网服务，但孕育了物联网的元素。第二阶段，重庆市公共文化物联网形成雏形。在总结试点的基础上，2015—2018 年逐步扩大到全市所有区县，重庆市公共文化物联网服务雏形形成。同时，将有条件的政府购买的公共文化服务实行网上"挂单"，在不同区县之间、区县与重庆市级之间，实现百姓点单、政府配送、网络监控、数据回传、资源共建共享、数据共建共享互通。同时，实行移动办公。围绕管理模式和服务模式创新，重庆市公共文化物联网综合性管理服务平台初步搭建，"百姓点单、政府配送"公共文化服务模式应用示范逐步推广，公共文化服务"百姓点单、政府配送"智能化管理模式开始探索。重庆市公共文化物联网初具雏形，物联网的元素不断充实，但也还不是真正意义上的物联网服务。第三阶段，重庆市公共文化物联网形成。在巩固前期建设成果的基础上，2019—2025 年，真正推动重庆市公共文化物联网通过各种感知设备和互联网，成为实现公共文化服务与公共文化服务之间的全自动、智能化采集、传输与处理信息，实现随时随地科学管理的一种网络，重庆市公共文化物联网具备网络化、互联化、自动化、感知化、智能化等特征；力图探索形成具有行业特色的公共文化物联网可持续的多种推广应用模式，逐步构建公共文化物联网理论体系、技术体系、应用体系、标准体系、组织体系、制度体系和政策体系，"百姓点单、政府配送"服务模式更加成熟完善，作用发挥更好。

（三）初步成效

1. 公共文化物联网"百姓点单、政府配送"服务平台初步搭建

搭建公共服务综合性管理服务平台是物联网的普遍做法。2014 年 6 月，在全市开展公共文化物联网服务试点；同年 11 月 18 日，重庆市公共文化物联网服务平台正式上线运行。一是依托重庆市文化信息中心已有的"书香重庆"硬件平台，搭建全市统一的重庆市公共文化物联网服务平台（由"全市性的一个主平台＋全市区县子平台＋全市街道乡镇终端"构成）。区县不再搭建平台，整个平台的运营和管护由重庆市文化信息中心负责，防止重复建设，并由其解决基层技术人才缺乏的问题。同时，加强网络安全工作，实行责任到部门到人头。二是重庆市公共文化物联网服务平台已完成一期、二期建设任务。其主要功能包括：实现区县与区县、区县与市级之间公共文化服务产品的网上点单、审核、演出预告，志愿服务和政府购买服务自动排行，动态要闻发布，演出评价，公共文化服务产品展示，数据统计，视频展示，用户对产品兴趣的信息反馈收集，以及手机移动端应用等。

2. 公共文化产品"百姓点单、政府配送"应用模式初步形成

结合公共服务自身特点和实际，形成独特的应用模式，构建更加便捷高效的公共服务体系，提升管理和服务水平，提高人民生活质量，是公共服务物联网建设的重要内容。目前，公共文化产品应用模式，可以概括为"百姓点单、政府配送"模式，是以需求为导向，整合各方资源，通过需求主体线上线下预约（含网上预约、电话预约、短信预约、微信预约等），实现"百姓点单、政府配送"的一体化在线公共文化服务应用模式。一是通过重庆市公共文化物联网服务平台，以需求为导向，以区县为推进单位，广泛向辖区部门和个人征集公共文化服务产品。同时，将政府购买的公共文化产品"挂"在平台上。截至 2016 年 7 月，按产品类别划分，平台上有文化志愿服务和政府购买公共文化服务 2 个大项 7 个大类的公共文化服务产品共 3232 个，其中文艺培训 1806 个、文艺演出 915 个、展览展示 138 个、阅读指导 56 个、文化讲座 209 个、政策宣讲 72 个、其他 36 个；按个人和团队划分，现登记注册并在公共文化物联网上"挂单"的文化志愿者有 1897 人，文化志愿服务团队有 598 个，政府购买服务并在公共文化物联网上"挂单"的团队有 139 个。二是整合社会资源集约化服务。以区县为单位，有效整合教育、卫计、工会、共青团、妇联、文联、体育等系统外公共文化资源，实现集约化、规模化服务。以巴南区为例，系统外文化志愿服务"挂单"团队 30 支 500 余人、文化志愿服务个人"挂单"71 人。以忠县为例，系统外文化志愿服务"挂单"团队 22 支 400 余人，文化志愿服务个人"挂单"80 人。三是目前主要以文化志愿服务和政府购买服务相结合方式开展配送，配送重点是乡镇、社区、企业、学校、军营等。截至 2016 年 6 月 30 日，全市已预约 10281 场次，完成配送 10256 场次，受益人次达 314.3 万。四是区县之间可以实现相互点单。2016 年 4 月，重庆市九龙坡区向重庆市巴南区预约演出 1 次、讲座 1 次。

3. 公共文化服务"百姓点单、政府配送"智能化管理开始起步

利用物联网的"人到物、物到物"的连接功能，对公共文化服务供给进行智能化管理和控制，是物联网这种新型网络的强大生命力所在。通过重庆市公共文化物联网服务平台开发的相关系统，初步形成了对公共文化服务产品建设、配送及群众反馈等情况的智能化、精准化、网络化管理。我们在平台上，可以随时查看全市和各区县公共文化产品的建设、配送情况，可以随时查看配送情况自动排行榜，可以随时调取配送的统计数据，可以随时随地实现网上办公，可以开展群众网上评价和反馈等，以此提升公共文化服务供给管理水平，为政府提供决策参考。

（四）创新点

建设重庆市公共文化服务物联网平台，旨在以人民群众需求为导向，对公共文化服务实行"百姓点单、政府配送"，建立群众评价和反馈机制，推动文化惠民项目与群众文化需求有效对接。目前，此平台借用了物联网的概念，其实质还是"互联网＋公共文化配送服务"，或称"互联网＋文化志愿服务"，还没完全实现物联网的"物与物的连

接、物与人的连接"，尽管如此，还是为未来真正建设物联网打下了基础。其创新做法：一是搭建全市统一的公共文化物联网服务平台，由"全市性的一个主平台＋全市区县子平台＋全市街道乡镇终端"构成，区县不再搭建平台，整个平台的运营和管护，由重庆市文化信息中心负责，防止重复建设，并由其解决基层技术人才缺乏的问题。二是以区县为单位进行配送，由区县广泛向辖区部门和个人征集公共文化服务产品，也包括政府购买的公共文化服务产品，"挂"在重庆市公共文化物联网平台上，以供百姓"点单"，区县政府按需配送。目前，主要还是以文化志愿服务提供的公共文化服务产品为"百姓点单、政府配送"的主体，真正由政府购买的公共文化服务产品还不是很多。三是市级不进行配送服务，受中共重庆市委宣传部和重庆市文化委员会的指派，重庆市群众艺术馆对全市的整个配送工作进行行业务指导、统筹、培训和考核等工作。四是通过重庆市公共文化物联网服务平台开发的相关系统，初步形成了对公共文化服务产品建设、配送及群众反馈等情况的智能化、精准化、网络化管理，以此提升公共文化服务供给管理水平，从而供政府决策参考。五是通过重庆市公共文化物联网服务平台，极大地整合了全社会的公共文化资源，调动了文化志愿服务参与公共文化供给，提高了公共文化服务效能。

三、内蒙古自治区图书馆"彩云服务"[1]

2014 年 5 月，为了充分满足广大读者的借阅需求，将"读者第一，服务至上"的宗旨和公益服务的原则落到实处，内蒙古图书馆实施了"我阅读　你买单"的"彩云服务"。"彩云服务"中的"彩"象征着草原文化的五彩缤纷和文化艺术的"双百"方针；"云"就是"祥云"，寓意草原吉祥，同时"云"还是现代高科技传播路径。

(一)主要做法

1. 自主研发"彩云服务"平台

"彩云服务"平台是指公共文化服务体系中读者、书店、图书馆集"借、采、藏"一体化的服务管理平台，集成整合图书馆与书店的资源和服务，提供联合编目、资源共享、图书外借等一系列基于动态数据的云服务。目前平台的功能模块有图书查询、借书(售书)、还书、结算系统。另有手机客户端，其功能有手机扫描查询、地图寻书、在线下单、彩云传书等，其中，手机彩云传书功能实现一本书在两个读者之间的自动转借，手机扫一下即可，无需一个读者归还后另一个读者再办理借阅手续。

2. 选择合适的书商

选择实力雄厚、信用良好的书商是"彩云计划"顺利实施的关键。书商的规模和信用情况，图书品种是否丰富，能否提供完整的图书 MARC(机读编目格式标准)记录，均是决定"彩云计划"成功与否的重要因素。内蒙古图书馆经过综合考虑，首先选择内

---

① 韩冰、李晓秋：《内蒙古图书馆"彩云服务"探究》，载《图书馆论坛》，2016(3)。

蒙古新华书店作为合作伙伴，目前合作伙伴还有内蒙古博物院书店、北京图书大厦、北京三联韬奋书店。其中后面2家为异地实体书店，使读者在异地也可享受"彩云服务"。

3. 合理分配经费

近年来，内蒙古图书馆每年纸质购书经费一般为800万元，2014年60％用于"彩云服务"，40％用于民族地方文献、古籍文献等藏书建设。2015年，鉴于"彩云服务"的良好效益，纸质图书采购经费的70％用于"彩云服务"。从经费分配可以看出，该馆纸质图书采购基本实现了以读者需求为主导，并兼顾了基本馆藏资源建设的系统性和完整性。

4. 明确图书选购标准和权限

"彩云服务"规定，凡符合内蒙古图书馆馆藏书发展政策、购书范围、借阅制度等的正版图书（不含教辅类）都属于"彩云服务"的购书范围。持证读者所购图书金额不超过押金数额即可，每种图书的复本数为3册；对于借阅册数较多的图书，彩云服务平台可将复本数增至5册；年借阅次数小于2次的图书复本数为1册。

5. 制定读者信用评级制度

内蒙古图书馆为每位持证读者建立信用评级（A～E），默认等级为C级。当读者超期30天未归还书店所购买之书籍，系统评级自动降一个等级，个人可购买图书的限额也降低一级；当读者超期90天未归还书店所购买之书籍，系统评级自动降为E级，不能进行任何购买操作；当读者前一年购买书籍的流通次数超过5次，或读者前一年所购书籍在馆内当年资源（包含电子资源）下载使用排名中位居前50位，或读者上年购买书籍在书店上年年底统计的销量排行榜中位居前50位，系统评级自动上升一级，可购买图书数量增加1本；当读者上年购买书籍超过10本，同时满足馆内流通率、书店排行榜的要求，系统评级上升至A级，可购买图书数量增加3本。

6. 明确读者选购及借阅的具体流程

第一，读者前往合作商的书店，挑选所需图书。第二，在书店柜台刷读者卡，输入密码，确认读者及所购图书符合采购规则，系统将自动生成购书订单。第三，书店工作人员将所购图书盖上图书馆的馆藏章，贴上相应的条形码、书标和防盗磁条，通过光笔扫描转换后，系统自动将图书编目信息上传到该馆书目数据库，从而完成该图书的编目。第四，完成上述步骤后，读者即可将该图书借走。在所借图书到期之前，读者可通过图书馆自助还书机归还所借之书。

（二）实施效果

一是满足读者需求，方便读者借阅。传统采购模式下，图书采购周期较长，上架较慢，馆藏图书与读者需求存在错位现象；读者要借阅图书，一般需前往图书馆，读者满足率和满意度深受影响。"彩云服务"基本实现了读者自主选择所需之书，借阅零等待、零拒借。与此同时，读者不必前往图书馆借书，因此"彩云服务"广受欢迎。二是提高图书馆效能和信息化水平。"彩云服务"实施以来，读者在书店借书、在图书馆还书，由书店客户变成图书馆读者，提升了图书馆服务效能。2014年实施一年来，内蒙古图书馆持证读者由5万人增加到7万人，持证率明显提升；通过"彩云服务"新购图书的流通率达100%；"彩云服务"建立在"彩云服务"平台上，读者在书店选购后，即可依次完成书籍的采选、加工和编目等流程，既提高了采编效率，节省了采编人力，又提升了图书馆的信息化水平。三是促进文化消费。"彩云服务"为书店带来了相对稳定的客源和收入，2014年5—12月，内蒙古新华书店图书大厦通过"彩云服务"销售图书共40多万元。

(三)创新点

读者想看爱看的书，图书馆没有或太少；图书馆采购的书，读者又往往不爱看。这样的供需不对称是中国各级各类图书馆普遍存在的问题。读者需求日趋呈现出个性化、多元化、随机化的特点，而图书馆提供的图书多依赖采购馆员主观判断，无法精准把握读者需求，造成资金浪费、空间占用，读者拒借率不断上涨，图书馆服务效能不高。据文化部有关统计数据显示，2012年全国公共图书馆图书流通率约为40%，这意味着每年有近6成的馆藏图书无人借阅；长期以来内蒙古图书馆的图书流通率更是低至20%左右。[①] 对此，内蒙古图书馆实施了"我阅读 你买单"的"彩云服务"，为破解这一困境提供了成功范本。"彩云服务"项目于2016年被美国图书馆协会授予"美国图书馆主席国际创新奖"——被誉为图书馆界的"奥斯卡"，成为2016年该协会评选出的五个获奖项目之一。其创新做法参考在"美国图书馆主席国际创新奖"获奖证书上的评语：一是针对图书馆图书流通率趋低的状况，采用高度创新、彰显读者决策采购的采访流程。二是与书店及读者社区建立战略合作关系，实现多方共赢：增加书店的售书额；彻底改变图书馆服务模式；增强图书使用率；最大限度地提高读者满意度。三是用云服务和移动技术打造实体与虚拟共享空间，集成整合网络资源从而推动阅读及图书馆馆藏的使用。四是构建可仿效的服务模式，为在全国营造以读者为主的阅读氛围作出贡献。[②]

第三部分 案例分析

一、公共文化"菜单式"服务，在理念上实现由"送文化"到"选文化"、从"分配形式"向"供求形式"的转变

多年来，我国在开展送文化下基层活动中，基本沿用了计划安排的方式，这种方

---

① 韩冰、李晓秋：《内蒙古图书馆"彩云服务"探究》，载《图书馆论坛》，2016(3)。

② 陈立庚：《内蒙古图书馆"彩云服务"获美国图书馆主席国际创新奖》，http://nm.people.com.cn/n2/2016/0628/c196697-28579741.html，2016-11-25。

式在一定程度上满足了群众的文化需求的同时，也产生了"给什么就看什么""想看的看不到，不想看的偏偏送过来"等供需背离的问题。北京市石景山区公共文化"菜单式"服务、重庆市公共文化物联网"百姓点单、政府配送"服务、内蒙古图书馆"彩云服务"都在破解公共文化服务供给不对接的难题，改变以往政府"送"什么百姓就看什么的服务模式，改由群众根据自身喜好和文化需求自主选择各类文化服务。公共文化服务供给从"分配形式"向"供求形式"转变，有效满足了群众多样化的文化需求。

二、公共文化"菜单式"服务，在内容上实现由单一化向多元化的转变

针对不同群体实施分众化服务，设计提供多样化文化产品进行配送。例如，在演出配送中，可以为少年儿童提供儿童话剧演出，为青年人提供综艺演出，为老年人提供戏剧专场，为广大音乐爱好者举办高雅艺术专场等。例如，重庆市公共文化物联网"百姓点单、政府配送"服务，从 2014 年 11 月开始实施预约配送以来，截至 2016 年 7月，文艺培训预约 4467 次，配送 4450 次，受众 45.1 万人次；文艺演出预约 4718 次，配送 4713 次，受众 241.3 万人次；展览展示预约 496 次，配送 496 次，受众 23 万人次；阅读指导预约 85 次，配送 85 次，受众 5889 人次；文化讲座预约 430 次，配送427 次，受众 3.9 万人次；政策宣讲预约 82 次，配送 82 次，受众 5497 人次；其他预约 4 次，配送 4 次，受众 840 人次。[①] 这为乡镇、学校、敬老院、军营、企业提供了有针对性的服务，且服务内容丰富多样，这是政府举办的公益性文化单位难以完全做得到的。

三、公共文化"菜单式"服务，在形式上实现由"被动接受"向"互动参与"的转变

改变以往群众被动接受文化服务的现象，增加群众互动环节。重庆市潼南区在配送过程中，鼓励当地业余文艺团队组织 2～3 个有地方特色的文艺节目同台表演，促进了各团队间的交流、竞争和互动，群众参与文化活动的积极性越来越高，群文活动的参与面越来越广，激发了广大群众的文化创造热情。从 2014 年 11 月开始实施预约配送以来，截至 2016 年 7 月，重庆市公共文化物联网"百姓点单、政府配送"服务中，文化志愿服务预约 10119 场次，占整个预约配送场次的 98.4％；完成配送 10094 场次，占整个完成配送场次的 98.4％；受益人次达 304.7 万，占整个受益人次的 97.0％。[②]

四、公共文化"菜单式"服务，在运行手段上实现由"行政指令"向"网络化运作"的转变

运用现代信息技术手段，建立网站，编制"文化套餐"总菜单，对区域内各类文化

---

① 彭泽明：《重庆市公共文化物联网建设实践创新研究》，载《图书馆理论与实践》，2017(3)。
② 彭泽明：《重庆市公共文化物联网建设实践创新研究》，载《图书馆理论与实践》，2017(3)。

资源进行多元化展示。网站采用"淘宝网"购物模式，在群众根据自己的需求选择文化项目后，由网站后台登记受理进而进行文化产品配送。这也是公共文化"菜单式"服务的一种普遍做法。重庆市公共文化物联网"百姓点单、政府配送"服务、上海市公共文化服务三级配送和内蒙古图书馆"彩云服务"都是通过整合本地公共文化服务资源，建立网上服务平台，运用互联网的广覆盖和便捷特点，通过线上线下预约、线下实施配送的形式，使公共文化服务供需之间的无缝对接成为现实，真正高效快捷地满足了群众的公共文化需求。

第四部分　结语

公共文化"菜单式"服务，是一种新型的公共文化服务方式。建立"自下而上、以需定供"互动式、菜单式服务方式，意味着公众将由"被动式接受"向"主动式表达"转变，这也将促成基层群众真实文化需求与政府公共文化服务供给内容的有效对接。各地在公共文化服务中，要紧密结合本地本部门实际，分类指导，量力而行，积极推进，注重实效。在实际操作中，要注意"菜单"的构成或来源，如果菜单构成过于简单、来源过于单一或少数人决定菜单取舍，则群众可选择的余地就会受到较大限制。要建立以群众需求为导向的"菜单"动态建设机制，应尽可能拓宽"菜单"来源渠道，尤其应将基层群众喜闻乐见的产品，特别是体现群众的创造力和自我表现力的产品纳入"菜单"，将缺乏实际需求的服务项目逐步在"菜单"中下移，甚至最终"下架"，真正将选择权交给人民群众，以此盘活公共文化资源，提高公共文化服务效能。

思考题

1. 简述公共文化"菜单式"服务的概念、类型及特征。

2. 简述公共文化"菜单式"服务的重要意义。

3. 结合实际，制订本地本单位公共文化"菜单式"服务实施方案。

案例 2　公共文化服务品牌建设

第一部分　背景透视

一、公共文化服务品牌的概念、特征及类型

公共文化服务品牌，是指特色浓郁、文化底蕴深厚、具有规模效应、群众喜闻乐见、可持续的文化活动项目。其基本特征主要表现为：鲜明的个性化、文化的传承性、传播的持久性、活动的规模性、群众的参与性、活动的包容性。

对公共文化服务品牌类型的划分，目前没有统一的标准。根据活动内容的多少，可以划分为公共文化服务综合性品牌和单一性品牌；根据活动的具体内容，可以划分为公共文化服务演出品牌、讲座品牌、展览品牌、阅读品牌；根据活动的范围，可以划分为全国性、地区性公共文化服务品牌；根据活动的城乡区域，可以分为城市、农村公共文化服务品牌；根据活动的载体，可以划分为公共文化服务阵地品牌和流动品牌；根据活动的受众群体，可以划分为公共文化服务大众品牌和特殊群体品牌；根据活动承办单位，可以分为图书馆、文化馆、文化站公共文化服务品牌；等等。

二、建设公共文化服务品牌的重要意义

第一，建设公共文化服务品牌，是丰富优秀公共文化产品供给，活跃群众文化生活的重要举措。随着广大人民群众精神文化生活需求和品位的不断提高，他们不仅需要"下里巴人"的文化生活，也有"阳春白雪"的文化需求。公共文化服务品牌一般来说是公共文化服务的精品，对人们的审美需求的提高和文化知识的增长具有重要的作用，能提升公共文化服务的水平和质量。第二，建设公共文化服务品牌，是提高公益性文化单位公共文化服务的需要。在 2011 年 1 月召开的推进全国美术馆、公共图书馆、文化馆(站)免费开放工作电视电话会议上，文化部有关领导明确要求国家一级公共图书馆、文化馆(站)要结合本地本单位实际，打造 1～2 个公共文化服务活动品牌，为广大人民群众提供优质的公共文化服务。建设公共文化服务品牌是公益性文化单位免费开放服务的重要基本服务内容之一。第三，建设公共文化服务品牌，是激发群众广泛参与，提升文化自信的有效载体。公共文化服务品牌类型多样，能满足群众多样化的文化需求，其群众参与面广泛。它是群众文化活动的载体，也是广大城乡群众展示自我、提升文化自信的平台。第四，建设公共文化服务品牌，是塑造城市文化形象，提升城市竞争力的重要途径。文化是城市的灵魂，公共文化服务品牌集思想性、艺术性、民族性、群众性为一体，往往以节会的形式呈现，不仅活跃了人民群众的文化生活，而

且塑造了独具魅力的区域文化形象，提升了城市的知名度，促进了当地经济效益的增长，营造了社会和谐的氛围，提升了城市的综合实力。

三、建设公共文化服务品牌的实践探索

文化品牌的建设和实践由来已久。2005年11月，《中共中央办公厅国务院办公厅关于进一步加强农村文化建设的意见》提出："着力发展农村特色文化。""实施特色文化品牌战略，培育一批文化名镇、名村、名园、名人、名品。"为了适应加强公共文化服务体系建设的需要，2007年在第八届中国艺术节暨全国第十四届"群星奖"评奖中增设了"服务类"评奖，2010年在第九届中国艺术节暨全国第十五届"群星奖"评奖中将"服务类"评奖改为"项目类评奖"，由此推动了公共文化服务品牌建设大发展大繁荣。2011年10月，《中共中央关于深化文化体制改革推动社会主义文化大发展大繁荣若干重大问题的决定》指出："积极搭建公益性文化活动平台，依托重大节庆和民族民间文化资源，组织开展群众乐于参与、便于参与的文化活动。"2015年1月，《中共中央办公厅、国务院办公厅关于加快构建现代公共文化服务体系的意见》强调："加强公共文化服务品牌建设，推动形成具有鲜明特色和社会影响力的服务项目。"

各地在公共文化服务品牌建设上都取得了显著成绩。但由于品牌评判缺乏统一的标准，全国还没有关于品牌建设的具体统计数据。目前，品牌建设仍存在很多问题，其主要表现是：第一，对文化的内涵挖掘不够，策划创意不够新颖，重视数量，忽视质量，吸引力、影响力和辐射力不强，创新发展动力不足。第二，有的品牌脱离群众实际，不接地气，加上宣传推广不够，群众参与面不广。第三，有的品牌单纯依靠政府举办，社会力量参与不够，可持续发展面临挑战。

第二部分　案例描述

一、上海市民文化节①

上海市民文化节创办于2013年，采取政府主导、社会支持、各方参与、群众受益的方式举办，每年一届，贯通全年，覆盖全市，分春、夏、秋、冬四个阶段推进，是全面展示上海群众文化建设成果和市民文化风采的平台。上海市民文化节在全国产生了重要影响。

（一）主要做法

下面以2016年上海市民文化节实施方案为例，从中窥见其主要做法。

---

① 《首届上海市民文化节23日拉开大幕》，http://finance.eastmoney.com/news/1586,20130321280472079.html，2016-11-25。《2016年上海市民文化节实施方案（定）》，http://www.chinadmd.com/file/rusvrvrtp-wti6xo3ceis6svu_1.html，2016-11-25。

2016 年上海市民文化节实施方案

为了贯彻落实习近平总书记在全国文艺工作座谈会上的重要讲话精神和《中共中央关于繁荣发展社会主义文艺的意见》，培育和践行社会主义核心价值观，传承和弘扬中华优秀传统文化，将"三个注重"（注重家庭、注重家教、注重家风）建设工作推向深入，着力提升上海市民文化素养，满足广大人民群众多元文化需求，拟继续举办 2016 年上海市民文化节。实施方案如下。

一、活动主题

文化引领市民素养

二、活动目标

2016 年上海市民文化节将在巩固前三届活动成果的基础上，继续创新政府主导、社会参与、各方支持、群众受益的长效办节机制，挖掘一批新主体，培育一批新项目，催生一批新作品，形成一批新成果，使参与办节的社会主体越来越多，市民文化素养逐步提升，城市文化生活品质不断提高，中华优秀文化广泛传播。

三、举办时间

举办时间为：2016 年 3 月 26 日至 2017 年 1 月 31 日。分春、夏、秋、冬四个阶段推进。

春季：2016 年 3 月—6 月中旬

夏季：2016 年 6 月中旬—8 月

秋季：2016 年 9 月—11 月

冬季：2016 年 12 月—2017 年 1 月

启动活动定于 2016 年 3 月 26 日（周六）举行。

四、组织架构

在上海市民文化节指导委员会的指导下，由秘书处协同上海市民文化协会共同推进，实施各项工作。

五、活动范围

继续发挥市、区县①、街镇三级联动办节效应，以全市 209 个社区文化活动中心及各级各类公共文化设施作为主要活动场地，重在提高开放度和使用率，提升服务效能，有效推动满负荷运行，让广大市民群众就近、便捷地参与各项市民文化节活动，享受各类优质文化资源。以上海市民文化协会、文化上海云为新平台，充分联动城市各类公共文化空间，充分盘活和利用好办节资源，进一步拓展市民文化节的活动范围，扩大市民文化的共享。

---

① 2017 年 7 月，上海市下辖的唯一一个县崇明县撤县设区，改制为崇明区。至此，上海市告别下辖县，形成下辖 16 个市辖区的新局面。

六、主要内容

2016 年上海市民文化节将更加注重中华优秀传统文化的创造性传承和创新性转化，更加注重本土文化的提炼和展示，更加注重公共服务方式的创新，更加注重激发各类社会力量的文化创造力，更加注重市民艺术普及和素养提升。发挥市级主打活动的牵引力作用，发动区县、系统、社会主体围绕活动主题，依托自身优势，策划、设计、举办形式多样的市民文化活动。

（一）市级活动

1. 乡土文化大展

以全市 16 个区县（现为 16 个区）为主体，发掘、提炼、推广、传承上海本土特色文化，推动乡土文化产品创作生产，通过展览、展演、影像等多种方式进行记录、宣传、推广、展示，"留住乡愁、记住乡情、品味乡韵"。推荐"100 个上海乡土文化符号"。

2. 中华诗词大会

面向大众推荐中国不同年代的优秀诗词歌赋，通过诵、读、对、演、唱、讲等多种形式，传播中华古典诗词的意蕴和内涵，鼓励市民多读经典诗词，提高诗词歌赋的应用水平。推荐"100 名市民诗词高手"。

3. 市民手工大赛

以推动传统手工艺创新与振兴为宗旨，面向社会找寻和挖掘民间手工艺"创客"，推动传统手工艺创新，传承精益求精的匠人精神。推荐"100 名市民手工达人"。

4. 校园戏曲荟萃

通过戏曲知识竞赛、戏曲社团展评、戏曲好声音大赛等形式，在全市青少年中开展中华传统戏曲推广活动，普及戏曲常识，培养戏曲兴趣。评选出一批青少年戏曲爱好者、推广者、传承者。

5. 市民烹饪比武

通过对传统饮食文化特别是"家的味道"的发掘，讲好家庭烹饪故事和记忆，举办以"海派点心"和"祖传私房菜"为主打项目的烹饪比武。推荐"100 名市民厨神"。

6. 市民写作高手

通过市民健康向上的文学创作，记录城市的发展、生活的变化，反映时代的变迁。采取线上、线下同步征集的方式，聚焦小说、剧本（舞台艺术、微电影、广播剧）、诗歌、音乐文学、评论等样式。推荐"100 名市民写作高手"。

7. 市民阅读大会

聚焦近年不断涌现出来的各类社会主体、读书组织，鼓励、支持和推动不同层面阅读活动的开展。通过举荐、推荐、自荐等方式，在广大市民中寻找"100 位阅读推广人"。

（二）专项活动

1. 歌剧"粉丝"培养

加强在市民群众中普及、推广歌剧艺术的力度，联合上海音乐学院、上海歌剧院、各专业剧场等机构开展讲座、导赏、沙龙等活动，加大歌剧演出、讲演的配送比例，围绕纪念建党95周年举办"上海市民红色歌剧选段演唱大赛"，逐步培养一批歌剧爱好者。

2."文化上海云"普及

依托"文化上海云"，面向各级各类公共文化机构和社会主体、市民举办云平台应用大赛，增强云平台的应用与服务，丰富云平台的内容，扩大云平台的影响力。

3.市级配送刷新菜单

针对社区需求，面向社会广泛征集优秀的公共文化配送产品，推动本市国有文艺专业院团、民营院团、专业院校社会主体设计、改编、创作适合在基层展示并受欢迎的公共文化配送产品进基层社区服务，吸引各类社会资源进基层办活动，实现场馆满载运行。

4.市民艺术教育

面向社会主体和专业院团、院校，以及各类艺术机构，设计推出符合市民需求的艺术教育项目和产品。立足权威性、开放性、自主性，建设开放的互联网艺术教育平台，探索市民艺术教育新模式，拓展线上艺术培训空间。评选出一批市民欢迎的移动平台艺术教育产品。

(三)区县活动

第一，各区县根据2016年上海市民文化节总体要求，各自制订本区县市民文化节活动方案，发动、组织、指导、推动好本区县的各项市民文化节活动。

第二，积极发挥本区县前三届市民文化节成果效应和"种子"效应，为优秀团队、个人进行交流展示、参与公共文化配送和服务提供平台和机会。

第三，组织、指导、实施好相关市级赛事和活动在本区县的开展，推荐优秀团队、项目、个人参加全市决赛。决赛承办区县要策划、组织、承办好相关赛事的决赛和展示活动。

第四，围绕市级主打活动，深化"举手"机制，广泛发动、鼓励本区县各街镇、各相关单位机构、其他各类社会主体自主策划举办相应活动，主办方将对各区县的文化活动方案进行评估、优化。

(四)社区活动

第一，全市209个社区文化活动中心在区县文化(广电)局的指导下，按照2016年上海市民文化节要求各自制订活动方案，开展凸显本社区特色与优势、符合本社区居民需求的各类文化和服务活动。

第二，积极对接市、区县配送资源，认真做好落地服务工作，同时强化自身造血功能，充分整合和利用本辖区资源优势服务居民群众。

第三，组织好市级相关赛事的初赛，从中选拔和推荐参加全市比赛的个人和团队。积极参与"文化上海云"应用大赛、公共文化产品创新大赛，深入推进开放办馆，优化服务内容，提升服务水平。

第四，做好市民文化节"社区日"活动，为社区居民提供展示风采的舞台。鼓励各社区围绕市级活动，因地制宜，自主策划举办各具特色的市民文化活动，对有特色、有新意、有一定规模且大众可报名参与的活动，通过遴选，纳入市级主打活动中，同步发布、同步宣传、同步推广。

第五，主办方将对各社区的文化活动组织进行指导服务和质量跟踪，对活动信息和市民参与情况进行汇总统计和定期发布。

(五)其他活动

积极推动2016年上海市民文化节在校园、广场、楼宇、商圈、地铁五大城市公共空间和网络空间、移动平台的开展，鼓励各行各业和市民大众策划富有特色的活动。选拔、推荐优秀社会团队、项目、个人参加各项市级赛事和活动。

七、活动宣传

2016年上海市民文化节宣传工作将以深耕中华优秀传统文化内涵为核心，以落细落小落实社会主义核心价值观为主线，以报道和展示"市民的故事"为主要内容，通过对赛事、活动、配送等重要工作节点的动态呈现，以及深化机制创新的特色亮点宣传，持续深入反映市民文化节给上海城市发展、上海市民精神风貌、上海城市文明建设及文化软实力提升带来的积极而深刻的变化。

第一，继续发挥市民文化宣传联盟作用，深化与央媒和本市主要媒体合作，推出专题、专栏、专版宣传报道。宣传见思想，有观点，看实证，能落地，引发社会思考，形成开放对策，发挥正向引领。

第二，激发更多新媒体平台成为办节主体，激活市民自我宣传意识，丰富并提高宣传报道的信息来源和传播效率。继续与土豆网、新民网、东方网等平台合作，拓展在今日头条、看看新闻网等移动媒体的发布渠道，推出市民文化节微信公众号，让市民无门槛参与并充分释放"我要知道、我想参与，我能创造、我来点评"的文化共建共享自觉。确保市民文化节宣传报道于常态中频显常新。

第三，每季度召开上海市民文化节、公共文化配送新闻发布会，发布活动全表和资源配送菜单。组织记者开展重大选题集中采访，不断提高新闻素材的数量和质量。

第四，按季出版《2016年上海市民文化节全表》，每半年推出《2016年上海公共文化资源配送全表》，在社区文化活动中心免费派发，可上网查阅、二维码扫描查询，移动终端推送；继续在《上海城市文化艺术手册》中开辟"上海市民文化节"信息专页，在公共场所免费派发。

第五，持续发挥好区县、街镇区域宣传载体的作用。借助广场、绿地、高架、地铁、公交、文化阵地等公共场所设施等载体，通过宣传品、移动终端、手机短信、12345市民服务热线等多种途径，投放公益性宣传广告，进行社会宣传，营造氛围。

八、质量把控

通过政府购买服务，请合格主体作为第三方，对 2016 年市民文化节进行全年跟踪、数据分析、质量监控。组建市民文化节观察员队伍，从项目策划、项目开展、项目成效，以及对社会和城市建设的影响力等方面进行观察和指导。

将依据活动内容、机制创新、参与人次、社会影响等指标，评选优秀的活动组织者、承办者、支持者并给予表彰奖励，在媒体公布。挖掘为市民文化节作出突出贡献的社会主体，给予表彰和扶持。

九、活动经费

2016 年上海市民文化节经费由市、区县共同承担，同时要积极吸纳社会资本。其中，各区县、社区的各项活动经费由各区县、社区承担，市文广局将对承办市级赛事决赛的区县补贴一定工作经费，对各项赛事成果和获得表彰的单位、项目、个人给予一定奖励。

（二）创新点

《中共中央办公厅、国务院办公厅关于加快构建现代公共文化服务体系的意见》提出："加强公共文化服务品牌建设，推动形成具有鲜明特色和社会影响力的服务项目。"上海市民文化节属于公共文化服务节庆品牌，并作为为上海市民提供公共文化服务的载体，在满足市民精神文化需求上发挥着重要作用。自首届上海市民文化节举办以来，由于其独有的对文化活动的整合力、对社会力量的吸引力和对市民参与文化创作的推动力，市民文化节成为上海市文化建设的标志。其成功做法：一是采取政府主导、社会支持、各方参与、群众受益的方式办节。二是贯通全年，覆盖全市，分春、夏、秋、冬四个阶段推进。三是发挥市级主打活动的牵引力，发动区、系统、社会主体围绕活动主题，依托自身优势，策划、设计、举办形式多样的市民文化活动。四是活动内容丰富，吸引了广大市民的热情参与。五是注重加强活动宣传，提升活动的影响力。

二、贵州省贵阳市"花溪之夏"艺术节①

"花溪之夏"艺术节是以花溪命名的贵阳市大型群众性文化活动，也是花溪区规模最大、知名度最高的大型群众性文化艺术活动，创办于 1980 年，每两年举办一次。"花溪之夏"艺术节原名"花溪之夏"音乐会，后又称"花溪之夏"音乐节。1980 年 7 月，首届"花溪之夏"音乐会诞生，共有 800 多名专业和业余文艺工作者参加了这一盛会，涌现出了《我家门前有条小溪流》等一批很有特色的歌曲。著名歌唱家刘淑芳等也应邀参加了音乐会。这是自新中国成立以来贵阳市举办的一次规模最大的音乐活动，引起

---

① 曹新：《创造品牌文化、保障文化惠民，提高公共文化服务能力与水平》，载《艺术教育》，2013(10)。

了国内外音乐界的关注。1990年，音乐会改为艺术节，扩大了艺术门类的范围。艺术节的举办宗旨强调群众文化的公众参与性和均等性，开展了全市、全省文艺汇演、调演，集歌、舞、乐、戏剧、曲艺、杂技表演和美术、书法、摄影、花卉、盆景、根雕以及民族民间工艺作品展出为一体，既有群众文化的广泛基础，又有专业艺术的锦上添花。2004年开始，花溪区开始承办"花溪之夏"艺术节，每两年一届。区委、区政府的高度重视和人民群众的支持，为"花溪之夏"艺术节发展注入了生机和活力。

(一)主要做法

1. 坚持准确定位，突出发展旅游和繁荣群众文化

"花溪之夏"艺术节定位为发展旅游、促进群众文化的艺术节。在举办中，既注重展现花溪区各民族的文化魅力，也注重群众参与，演出类别丰富，系列化设计，多场地展开。整个活动与当地观看演出的群众、游客融为一体，充分体现了"浪漫花溪""文化花溪"的魅力，进一步满足了广大人民群众的基本文化需求，从而真正保障了文化惠民。"花溪之夏"艺术节至2016年底已成功举办18届，其高雅艺术形象深深植根于群众心中，是吸引并满足群众求知、求乐、求美的文化艺术活动。第18届"花溪之夏"艺术节于2016年7月举办，此届"花溪之夏"艺术节以"生态、文化、旅游、时尚"为主题，历时3个月，凸显群众文化的公共参与性，彰显花溪文化旅游的魅力。

2. 坚持出新出精，提升公共文化品质

以"花溪之夏"艺术节为平台，涌现出了大量有代表性以及有较高艺术品质的文艺精品，助推了优质公共文化产品的生产，其中小品《走访路上》荣获全省反腐倡廉文艺调演二等奖；《水姑娘》《花溪花溪》《银项圈》在中国舞蹈"荷花奖"民族民间舞大赛上取得多项优秀节目奖，在全省乃至全国产生了较大影响；由"花溪之夏"艺术节推出的京剧《巾帼红玉》等优秀作品先后获得文化部文华奖、中宣部"五个一工程"奖等多项国家级大奖。这些优秀文艺精品，通过汇报表演、公益性文艺活动展演等形式服务于民，得到群众一致肯定和赞誉。2013年3月，"花溪之夏"艺术节荣获贵州省文化厅颁发的"贵州省群星项目奖"。

3. 坚持不懈举办，形成长效机制

一是为加强对"花溪之夏"艺术节工作的领导，贵阳市花溪区成立了组委会，由区委、区政府主要领导任组长，分管领导任副组长，相关部门负责人为成员。领导小组下设办公室在区委宣传部，办公室主任由区委宣传部常务副部长兼任。相关单位相应成立组织机构，负责组织开展、落实艺术节相关工作。二是落实经费，为品牌建设提供资金保障。花溪区除了每年投入公共文化事业以及文化活动专项经费200万元外，逐步形成了"政府引导、部门配合、市场运作、群众参与"的艺术节长效举办机制。三是立足长远，为品牌建设提供政策支持。

根据贵阳市委、市政府创建国家公共文化服务体系示范区的要求，花溪区提出了建设"文化花溪"的目标和思路，出台了《花溪区关于深入开展"文化花溪"创建工作的实施意见》，深化"花溪之夏"艺术节品牌创建工作。

（二）创新点

公共文化服务品牌是经过长期积累、不断打造提升而形成的，既要遵循文化自身的工作规律，还要注重特色鲜明；既要有品位，也要接地气。贵阳市"花溪之夏"艺术节属于节庆文化品牌活动。其创新做法：一是精准定位。"花溪之夏"艺术节定位为发展旅游、促进群众文化的艺术节，把文化作为旅游的灵魂，把旅游作为文化的载体，相互促进、共同发展。二是坚持走精品之路，提升了"花溪之夏"艺术节公共文化服务品质，满足了人民群众对高质量的文化服务的渴望。三是不断健全长效机制，形成了"花溪之夏"艺术节的组织、财政保障。

三、广西壮族自治区桂林市"百姓大舞台"①

"百姓大舞台"是 2009 年桂林市创新推出的面向基层、面向百姓着力打造的公益性、群众性文化服务品牌，是桂林市实施"文化立市"战略的重要载体。通过建立"政府倡导、社会支持、百姓参与、媒体互动"的长效机制，它使群众文化活动从"广场文化"向"剧场文化"全面升级，极大地满足了广大人民群众日益增长的文化需求。百姓演、百姓看、百姓评、百姓乐，它被广大群众亲切地称为——桂林老百姓的"星光大道"。这全面激活、提升了全市城乡老百姓的文化生活水平，提高了党和政府在群众中的公信力；为全国特别是财政对文化事业投入不足的中西部地区，探索出了一条"政府投入小、社会影响大、百姓广参与、群众得实惠"的"文化惠民"新路子。

（一）主要做法

1. 抓好文艺创作和策划

桂林市有悠久的历史，文化底蕴深厚，在民族文化方面有魔幻神秘的傩舞、热情洋溢的油茶歌、风趣多情的调子、清越天籁的侗族大歌、纯朴亲昵的草龙、悠远的盘王歌咏、活泼向上的龙船调，等等，这些都成为文艺创作不竭的源泉。鼓励、组织文艺工作者创作出反映桂林经济社会发展的文艺精品。抓好每一场的策划及主题提炼，充分发挥"百姓大舞台"的示范引领作用，促进全市各类群众文化活动蓬勃开展，使桂林的文化活动呈现出多样化、系列化、主题化、生活化的特点。通过这一系列活动，进一步推动桂林文化大发展大繁荣。

2. 坚持雅俗共赏原则

既邀请国内外高雅艺术团体，也重视市属专业演出团体和桂林市高校密集、拥有大量优秀文艺人才的优势，充分展演当地传统文化的精品节目。让全市百姓在充分享

---

① 谭积顺：《立足实际 打造桂林"百姓大舞台"文化品牌》，http://gxi. zwbk. org/info-show-7708. shtml，2016-11-25。《桂林"百姓大舞台"："文化惠民"铺就"老百姓的星光大道"》，http://news. ifeng. com/gundong/detail_2011_10/17/9913623_0. shtml，2016-11-25。

受市委、市政府提供的文化福利，实现文化权益的同时，在高雅文化中不断陶冶性情。让市民雅起来，进而提升城市文明程度，促进全市经济社会科学发展、加快发展、跨越发展，努力实现让桂林城市靓起来、企业强起来、市民雅起来、百姓富起来的战略目标。

3. 建立媒体互动机制

整合桂林市属报纸、电视、网络等传统和新兴媒体，形成"百姓大舞台"、媒体和百姓之间的互动。桂林电视台、桂林电台、《桂林日报》、《桂林晚报》、桂林生活网、桂视国际网、《桂林广播电视报》开辟桂林"百姓大舞台"专题、专栏，桂林电视台全程录播、直播。"百姓大舞台"每场演出前，媒体在显著版面、重要时段刊播预告；演出期间，对演出进行集中报道，现场直播；演出结束后通过电视频道和网络视频滚动播出。

4. 建立市场运作机制

"媒体互动"迅速提升了桂林"百姓大舞台"的知名度和影响力，吸引了各路商家、企事业单位的跟进支持。一场"百姓大舞台"演出，包括水电、服装租赁、交通、音响、灯光、保安、卫生、演员出场费等费用，花费约 10 万元。为了解决这笔费用，桂林"百姓大舞台"组委会成立了"百姓大舞台"演艺有限公司，通过规范的市场化运作，撬动了社会团体、企业单位、民间个人的人财物投入，既实现了"文化惠民"，又没有增加政府和老百姓的负担，而且还让支持单位和个人宣传了自己。桂林市环城水系公司在"百姓大舞台"成立之初率先投入 80 多万元，公司通过"百姓大舞台"的文化和社会品牌效应树立了良好社会形象。

(二)创新点

党的十七届六中全会决定强调指出：人民是推动社会主义文化大发展大繁荣最深厚的力量源泉。要积极搭建公益性文化活动平台，依托重大节庆和民族民间文化资源，组织开展群众乐于参与、便于参与的文化活动，让蕴藏于人民中的文化创造活力得到充分发挥。桂林"百姓大舞台"是植根群众、服务群众的文化载体和文化样式。桂林"百姓大舞台"属于特色文化演出品牌活动。其创新做法：一是坚持创作推动。紧密结合桂林悠久的历史文化，鼓励、组织文艺工作者创作出反映桂林经济社会发展的文艺精品。同时，抓好每一场的策划及主题提炼，充分发挥"百姓大舞台"的示范引领作用。二是坚持群众推动。充分发挥人民群众在桂林"百姓大舞台"中的主体作用，把"百姓大舞台"打造成老百姓的舞台，让老百姓当舞台"明星"，让老百姓演、老百姓看、老百姓评、老百姓乐[1]，激发了人民群众参与文化的热情。三是发掘城乡多元民族传统文化，使"百姓大舞台"成为具有地域特色的公共文化服务空间、文脉相存的民族优秀传统文化传承空间。

---

[1]　刘倩：《桂林"百姓大舞台"：全国基层公共文化服务新品牌》，载《桂林日报》，2014-12-27。

四、新疆维吾尔自治区乌鲁木齐"新疆情"文化讲坛①

为全面贯彻落实党的十七大报告提出的"建设和谐文化，培育文明风尚"的精神，2005年4月全国首届图书馆讲座研讨会精神，以及2006年文化部办公厅《关于深入开展公共图书馆讲座工作的通知》的要求，2005年10月，乌鲁木齐市图书馆在自治区文化厅、市委宣传部、市文化局的支持下，创建了乌鲁木齐"文化讲坛"。它成为推进乌鲁木齐学习型城市建设，促进乌鲁木齐文化建设和谐发展的有效载体。

(一)开展情况

1."文化讲坛"的特点

第一，知识性强。"文化讲坛"涉及人文生活、科学教育、历史文化、政治经济等各类题材，通过举办"当前我国面临的安全态势及军事形势""如何培养孩子良好的阅读习惯""注重粮油科技，提升产业水平""英法见闻与文化随想""收藏与鉴赏知识讲座""货币资本战争与华尔街金融风暴"等各类专题讲座，为广大市民开启了一扇汲取知识的大门。第二届鲁迅文学奖获得者、著名作家、文学评论家韩子勇，中国当代著名诗人、散文家周涛，零点研究咨询集团董事长、《头脑风暴》节目主持人袁岳，著名军旅作家、军事理论家和评论家、空军少将乔良，上海海事大学教授鲍日新等众多名家走进"文化讲坛"又拉近了名人学者与听众的距离，使乌鲁木齐的普通群众也有了近距离接接触名人、专家的机会。

第二，宣教性强。"文化讲坛"围绕弘扬社会主旋律，积极倡导先进文化，致力于引领不同民族、不同宗教信仰、不同认识水平的人们形成共识。逢重要政治活动、新政策出台，都会及时组织专家用浅显易懂的方式宣讲时事政治、解读国家政策。同时还注重从历史、地理、文化的角度解读新疆，统一人们对新疆的认识。"改革开放三十年的三大步""中国共产党的历史方位和使命""新疆民族演变历史""新疆六十年""从西域的概念看西域与中原的关系"一系列主题鲜明的讲座，充分显现了讲座的社会教育功能的文化渗透力量。

第三，地域性强。新疆自然资源富足、自然环境宜人、民俗民情浓郁、旅游资源丰富、历史积淀深厚，不但本地居民热衷于其地理、历史、文化探究，而且国内外学者、旅游者对其充满向往。"文化讲坛"重点推出的"新疆情"系列讲座，即以新疆的历史变迁、文物古迹、文学艺术、旅游景点等为关注点广邀专家学者登台讲座。"远古楼兰人的精神世界""新疆的考古与发现""新疆民间说唱艺术"等讲座的推出，使"新疆情"系列讲座成为宣传新疆的一道独特风景。

第四，传播范围广。"文化讲坛"通过多种手段延伸讲座内容。通过电台、报纸、

---

① 《新疆乌鲁木齐市："新疆情"文化讲坛的拓展和创新》，http://www.ndcnc.gov.cn/shifanqu/xiangmu/201303/t20130326_605713.htm，2016-11-25。

网络等各种媒介及时传递讲座信息，最大化吸引市民参与现场讲座；通过《新疆日报》文化周刊专栏全文刊登部分讲座内容，根据部分讲座内容编辑出版的《新疆话语》又进一步扩大了讲座的受众面；对每期录制的现场讲座在乌鲁木齐市图书馆网站上提供远程视听服务，为乌鲁木齐党员干部现代远程教育提供教学课件。2010年"文化讲坛"走出乌鲁木齐，在世博会期间新疆馆日，韩子勇、杨镰（中国社会科学院研究员，著名西域文化专家）、夏训诚（中国科学院新疆生态与地理研究所学术顾问）应邀走进"上图讲座"，讲述新疆的历史、文化，受到当地群众的热烈欢迎。上海电视台和《光明日报》分别对韩子勇的《文化新疆　心灵故乡》进行了全程转播和全文刊登。

第五，能够增强文化认同感。新疆自古就是一个多民族聚居地区，现有汉族、维吾尔族、哈萨克族等多个世居民族，每个民族都有自己独特的文化传统、民族风情、民族风格以及民族表现形式。保护民族文化的多样性、激发民族文化健康发展能有效防范境外敌对势力的文化渗透活动，维护边疆地区文化安全。"文化讲坛"在民族文化的宣传推广上既重视宣扬汉族的传统文化、文学艺术，又致力于挖掘、推广当地各少数民族文化。"端午文化的由来""国粹京剧艺术"与"中国新疆木卡姆艺术""魅力突现的新疆民族舞蹈"等交织辉映，使"文化讲坛"体现出汉族文化及少数民族文化大融合的内涵。

2."文化讲坛"取得的成就

在自治区文化厅、市委宣传部的大力支持下，"文化讲坛"全面发展，取得了卓有成效的成就。

乌鲁木齐市图书馆是目前乌鲁木齐市乃至新疆唯一一家将讲座活动常规化的机构，到2011年"文化讲坛"已持续开展了近6年，平均每月讲座4场。"文化讲坛"也是目前新疆讲座活动中唯一形成品牌的项目。

截止到2010年12月底，"文化讲坛"共举办现场讲座112场，视频讲座137场，现场听众累计2万多人次；签约"文化讲坛"的本土专家学者72人，现场讲座92场次，其中第一次走上讲坛为普通市民讲座的讲师有65人，因在"文化讲坛"讲座受到市民欢迎而被其他机构广为邀请的讲师有27人；走出乌鲁木齐，本地专家、学者异地现场讲座4场；录制现场讲座70场，上传至乌鲁木齐市图书馆网站提供远程视听服务13场；为乌鲁木齐市党员干部现代远程教育提供教学课件，为农牧区赠送光盘近百张。

（二）具体措施

1. 以"文化讲坛"为轴心，扩大现场讲座的覆盖面

一是建立"文化讲坛"三级网络。"文化讲坛"设在乌鲁木齐市图书馆内，仅有200座席，容纳听众有限，加之乌鲁木齐市跨度较大，人员分布较广，很多人距离乌鲁木齐市图书馆较远，现场听讲座较为困难。因此，乌鲁木齐市图书馆作为"文化讲坛"主要讲座地点，在部分区县、社区的文化馆和文化室建立分场，形成三级网络结构，定期组织现场讲座，帮助无资金、无资源的下级单位组织开展文化活动，扩大现场讲座的覆盖面。

二是建立"文化讲坛"集群。针对不同的政府机关、企事业机构、社会组织、部队等，开展政府机关讲坛、单位讲坛、农牧区讲坛、校园讲坛、军营讲坛等，不定期组织讲师登门，开展针对性较强的专场讲座，最大化提高"文化讲坛"的影响力，达到知识传播、政策传播、信息传播的最终目的。

2. 以"文化讲坛"的"新疆情"系列为纽带，与全国各地公共图书馆开展互动

"新疆情"系列以新疆人说新疆事为宗旨。由本土的专家、学者结合自身的研究领域，讲述新疆的政治经济、人文地理。2010 年在上海图书馆举办的三场"新疆情"系列讲座及 2011 年在首都图书馆的讲座，都受到了当地群众的热烈欢迎，达到了非常好的宣传效果。以西部、中部、东部为序逐步扩大合作范围，与各地公共图书馆开展互动活动，将"新疆情"系列精品讲座送出去，讲述新疆、宣传新疆。

3. 以"文化讲坛"为平台，拉近名人专家与听众的距离

一方面，新疆本土专家学者的影响力和知名度相对较小；另一方面，新疆地处祖国西北边陲，与内地各省市之间距离较远，加之本地区有影响力的政治、经济、文化活动较少，来疆的外地高端学者很少。由此导致当地群众很难有机会接触到名人名家或高端学者。因此努力邀请在国内乃至国际上具有较高影响力的名人专家到乌鲁木齐演讲，能拉近名人专家与听众的距离，让乌鲁木齐的百姓也能亲眼看见、亲耳聆听名人名家的讲座，缩小乌鲁木齐与国内先进省市的时间差、空间差。

4. 制作信息产品，延伸"文化讲坛"服务范围

一是坚持现场录音、录像，制成音频、视频资料。在网站上传播，向农牧区等偏远地区赠送，固定在电视台播放，向国家文化信息资源共享工程推介。

二是编辑文字资料。将讲座内容整理成文字资料，将精华内容编辑成信息资料；将部分精品讲座全文在报纸上刊登；定期出版成国家正式刊物，进行文化交流。

5. 完善"新疆地区专家学者人才库"

采取多种途径建立在新疆各领域具有一定影响力的专家学者人才库，最大化宣传培养新疆的专家学者。

6. 投入保障经费

将"文化讲坛"作为长期开展的固定项目，列入每年的地方财政预算，确保每年投入增幅不低于同级财政经常性收入的增幅，定期划拨。

(三)创新点

讲座是聚合知识精华的文化产品，能快速有效地传播文明成果，提高人们的知识水平和文明素质。讲座是图书馆服务创新的重要内容之一，也是图书馆提升服务效能和塑造影响力的重大举措。乌鲁木齐"文化讲坛"于 2010 年荣获全国第十五届"群星奖"公共文化服务项目奖，也是第一批国家公共文化服务体系示范项目。其创新做法：一是建立"文化讲坛"三级网络，扩大现场讲座的覆盖面。二是坚持与全国各地公共图书馆开展互动，将"新疆情"系列精品讲座送出去，扩大影响。三是安排名人专家开展讲座，提高讲座质量和水平。四是完善"新疆地区专家学者人才库"，打造培养本土讲座人才。五是讲座经费列入每年的地方财政预算，保障项目经费投入。

第三部分　案例分析

一、建设公共文化服务品牌需坚持政府主导与社会参与相结合

公共文化服务品牌的性质是公益和惠民，其建设无疑需要政府加大投入力度。但品牌建设需要较大的经费投入和丰富的人力资源支撑，对于政府来说挑战很大。这就既要发挥政府的主导作用；又要因地制宜，认真研究广大人民群众的文化需求，采取多种办法，激发各类社会主体参与公共文化服务品牌建设的积极性和能动性。上海市民文化节采取"政府主导、社会支持、各方参与、群众受益"的方式办节，取得了显著效果，尤其注重挖掘为市民文化节作出突出贡献的社会主体，给予表彰和扶持，极大地调动了社会力量参与市民文化节的积极性。桂林市"百姓大舞台"成功的一个重要原因就是探索建立了媒体与市场运作联动机制和演出造"星"机制，前者是相关文化传媒公司利用媒体与"百姓大舞台"互动的影响力，从节目的策划、编导到LED的内容制作全面介入了桂林"百姓大舞台"的运营；后者则是通过"百姓大舞台"打造桂林老百姓的"明星"。正是这些机制，成为经济与文化惠民、文化乐民、文化育民的最佳结合点，构建了展示平台和造"星"平台，从而有效地整合了社会资源。桂林市委宣传部整合媒体资源进而与"百姓大舞台"互动，为市场运作提供了关注体系和关注平台。文化传媒公司的加入，既为"百姓大舞台"提供了技术支持和人力资源，又为公司开拓市场找到了空间和平台，巧妙地解决了演出经费难的问题。桂林市"百姓大舞台"探索建立起"政府倡导、社会支持、百姓参与、媒体互动"等长效机制，实现了可持续发展。贵阳市"花溪之夏"艺术节，也逐步形成了"政府引导、部门配合、市场运作、群众参与"的艺术节长效举办机制，有力地推动和促进了当地公共文化服务的完善。

二、建设公共文化服务品牌需坚持群众的意愿与需求相结合

人民群众既是文化建设的主体，也是发展成果的享用者。贵阳市"花溪之夏"艺术节注重群众参与，演出类别丰富，系列化设计，多场地展开，因而群众参与面广。桂林市"百姓大舞台"通过百姓演、百姓看、百姓评，把参与权和评议权交给了广大百姓，从而不仅激发了百姓参与文化建设的内动力，也因此被桂林百姓称为"老百姓自己烹饪的文化盛宴"。乌鲁木齐"文化讲坛"，针对不同的政府机关、企事业机构、社会组织、部队等，开展政府机关讲坛、单位讲坛、农牧区讲坛、校园讲坛、军营讲坛等，不定期组织讲师登门开展专场讲座，最大化提高"文化讲坛"的影响力，达到知识传播、政策传播、信息传播的最终目的。

三、建设公共文化服务品牌需坚持文化资源挖掘与创新发展相结合

创新是文化的本质特征，也是文化富有生机与活力的不竭动力。建设公共文化服务品牌，在深度整理、挖掘文化的基础上，只有依靠创新才能推动发展，只有坚持创新才能充分发挥品牌的吸引力、影响力和感召力，进而充满生机与活力。贵阳市"花溪之夏"艺术节做到与发展旅游和促进群众文化相结合，进一步弘扬浓郁的地方文化，挖掘多彩贵州文化资源，注重展现贵阳市花溪区各民族的文化魅力，充分体现了"浪漫花溪""文化花溪"的魅力。桂林市"百姓大舞台"与桂林市建设现代化国际旅游名城、历史文化名城和生态山水名城的发展定位相适应，其演出的多个节目都是利用当地文化资源进行创作的，演出中既有原汁原味的桂剧、彩调、文场、渔鼓等地方戏曲，又有神秘悠久的傩舞、油茶歌、盘王歌咏、拦路歌舞、龙船调等古老传承，还有"三皮画"艺术、山歌、剪纸，以及身怀绝技、绝活的民间奇人等，全面展现了桂林历史文化的深厚底蕴，为民族民间文化的展示提供了用武之地，推动了非物质文化遗产的传承与发展。乌鲁木齐"文化讲坛"重点推出"新疆情"系列讲座，即以新疆的历史变迁、文物古迹、文学艺术、旅游景点等为关注点，广邀专家学者登台讲座，不仅深受广大人民群众的喜爱，而且使"新疆情"系列讲座成为宣传新疆的一道独特风景。

第四部分　结语

公共文化服务品牌建设是一个地区加快构建现代公共文化服务体系的必然要求，它的形成是一个区域内公共文化繁荣发展的重要标志。公共文化服务品牌往往具备了特有的凝聚效应，极大地丰富了当地群众的文化生活，其示范效应和引领效应推动着城乡群众文化事业发展与创新。同时，它也提升了当地的知名度，促进了当地的经济效益提高，营造了社会和谐的氛围。因此，建设公共文化服务品牌，是摆在我们面前的一项非常重要的任务。要精心维护和持续不断地打造现有的公共文化服务品牌，维护其权威性和持续性，不断丰富其文化内涵；要从民族的、民间的、历史的、现有的各种文化载体和文化现象中，发掘、培育和扶持打造一批具有深厚文化内涵与底蕴的公共文化服务品牌；要加大宣传推广力度，注重文化品牌的民众认同和社会认同，发挥公共文化品牌的优势，不断满足人民群众日益增长的文化需求。

思考题

1. 简述公共文化服务品牌的概念、特征。
2. 联系实际，谈谈建设公共文化服务品牌的重要意义。
3. 结合实际，谈谈如何建设公共文化服务品牌。

第四章　公共文化管理体制和运行机制

内容概要

本章主要介绍了文化事业单位法人治理结构改革、公共文化管理体制和运行机制、公共文化服务评价机制的基本情况。通过本章学习，达到对创新公共文化管理体制和运行机制有一个总体认识和了解。

"案例1　文化事业单位法人治理结构改革"，主要介绍了事业单位法人治理结构的概念，建立事业单位法人治理结构的重要意义、总体要求及基本原则，事业单位法人治理结构的基本架构及其主要内容，事业单位章程的产生及其主要内容，事业单位法人治理结构和公司法人治理结构的区别与联系，实行法人治理结构的事业单位与行政主管部门的关系，事业单位法人治理结构与在事业单位加强和改善党的领导的统一，以及我国文化事业单位法人治理结构的探索。在介绍浙江省温州市图书馆法人治理结构改革、广东省深圳市福田区图书馆法人治理结构改革、浙江省义乌市图书馆法人治理结构改革试点工作的实施方案和广东省广州图书馆章程的基础上，总结了每个具体案例的创新点，对4个案例进行了综合分析。

"案例2　公共文化管理体制和运行机制"，主要介绍了公共文化管理体制的概念及特征，公共文化运行机制的概念及特征，公共文化管理体制和运行机制的现状。在介绍广东省深圳市文体旅游局、重庆市文化委员会、浙江省余姚市公共文化服务中心、广东省佛山市顺德区文化艺术发展中心4个案例的基础上，总结了每个具体案例的创新点，对4个案例进行了综合分析。

"案例3　公共文化服务评价机制"，主要介绍了公共文化服务评价的概念及特征，公共文化服务评价的模式及类型，公共文化服务评价的原则及意义，公共文化服务评价的发展历程。在介绍重庆市区县"三馆一站"免费开放绩效评价、广东省东莞市公共文化服务体系绩效评估、山西省公共文化服务绩效考核评价、江苏省无锡市公共文化服务评价4个案例的基础上，总结了每个具体案例的创新点，对4个案例进行了综合分析。

案例 1 文化事业单位法人治理结构改革

第一部分 背景透视

一、事业单位法人治理结构的概念

事业单位法人治理结构，是指提供公益服务的事业单位，以依法独立运作、自我管理和承担职责，实现事业单位宗旨和职责为目标，使各利益相关方共同参与治理的组织架构与运行机制等相关制度安排。

二、建立事业单位法人治理结构的重要意义、总体要求及基本原则

(一)建立事业单位法人治理结构的重要意义

开展事业单位法人治理结构工作，是进一步转变政府职能、创新体制机制的重要内容，是实现政事分开、管办分离的有效途径。建立事业单位法人治理结构，其意义体现为如下三点。一是通过明确理事会等决策层的决策地位，减少政府主管部门对事业单位的微观管理和直接管理，有利于明确事业单位的功能定位，进一步激发事业单位从业人员的积极性和主动性。二是通过吸收事业单位外部人员参加决策层，扩大参与事业单位决策和监督的人员范围，有利于进一步规范事业单位的行为，确保公益目标的实现。三是通过明确决策层与管理层的职责权限和运行规则，有利于进一步完善事业单位的激励约束机制，提高公益服务的质量和效益。

(二)建立事业单位法人治理结构的总体要求

一要把建立和完善以决策层及其领导下的管理层为主要构架的事业单位法人治理结构，作为转变政府职能、创新事业单位体制机制的重要内容和实现管办分离的重要途径。二要明确事业单位决策层的决策地位，把行政主管部门对事业单位的具体管理职责交给决策层，进一步激发事业单位活力。三要吸收事业单位外部人员参加决策层，扩大参与事业单位决策和监督的人员范围，进一步规范事业单位的行为，确保公益目标的实现。四要明确决策层和管理层的职责权限和运行规则，进一步完善事业单位的激励约束机制，提高运行效率。

(三)建立事业单位法人治理结构的基本原则

一是坚持解放思想，着力创新事业单位管理体制和运行机制。二是坚持政事分开和管办分离，落实事业单位法人自主权。三是坚持强化事业单位的公益属性，加强对事业单位的监管。四是坚持从实际出发，试点先行。五是坚持正确的政治方向和党管

干部的原则，加强和改善党对事业单位的领导。

三、事业单位法人治理结构的基本架构及其主要内容

事业单位法人治理结构的基本架构包括决策层和管理层。决策层是事业单位的决策与监督机构，负责对本单位的重大事项进行决策，并对管理层执行决策层决议事项有关情况进行监督。管理层是决策层的执行机构，对决策层负责，并向决策层汇报工作。对于服务事项涉及公众普遍需求，承载较多公共利益，以及可以依法开展相关经营活动的事业单位，可设置监事会，作为本单位的专门监督机构，负责对本单位的财务、理事和管理层履行职责的情况进行监督。

事业单位法人治理结构决策层的主要组织形式是理事会，也可以探索董事会、管委会等多种形式。对于举办主体、投资主体单一的事业单位，一般采用理事会的组织形式。对于存在不同的举办主体，投资主体多元化的事业单位，也可以考虑采用董事会或者管委会的决策组织形式。具体采用何种形式，由事业单位、举办单位和同级机构编制部门商榷确定。

事业单位的理事会主要由政府有关部门、举办单位、事业单位、服务对象和其他有关方面的代表组成。政府有关部门的具体范围应结合事业单位的业务情况和工作实际需要进行确定。其他有关方面的代表，是指相关领域的知名人士、专家、行业代表等。直接关系人民群众切身利益的事业单位，应尽可能增加代表服务对象利益的理事人数，且本单位以外的人员担任的理事要占多数，具体比例应结合本单位实际在事业单位的章程中予以明确。

事业单位的理事会成员一般为7～11人，为奇数。事业单位的理事会应设理事长1名，根据工作需要，规模比较大的理事会可设副理事长或常务理事长协助理事长开展相关工作。

事业单位的理事会作为本单位的决策与监督机构，其职责权限主要包括以下几个方面：第一，拟定和修改本单位的章程。第二，拟定本单位的发展规划。第三，审议和决定本单位重大业务事项。第四，负责本单位管理人员的任免或任免提名。第五，审议和批准本单位的财务预决算。第六，审议和批准内部职工的收入分配方案。第七，监督管理层执行理事会决议。第八，拟订单位合并、分设、变更、解散的方案。第九，法律法规和本单位章程规定的其他工作。

事业单位理事的具体产生办法应在本单位章程中予以明确。一般而言，代表政府部门或者相关组织的理事由政府部门或者相关组织委派，代表服务对象和其他利益相关方的理事原则上由服务对象群体和其他利益相关方群体推选产生，事业单位党组织负责人、行政负责人以及其他管理岗位负责人可以确定为当然理事。理事成员应报主管部门和同级机构编制部门备案，并由主管部门颁发聘书。

事业单位理事长的产生，一般而言，原则上由举办单位分管领导兼任，也可以外

请知名人士担任，具体产生办法、方式，应在事业单位章程中予以明确。事业单位的理事可以行使以下权利：第一，参加理事会会议，并对理事会决策事项进行表决。第二，对管理层执行理事会决议的行为进行监督。第三，检查本单位的财务状况。第四，提议召开临时理事会会议。第五，向理事会会议提出议案或罢免建议。第六，本单位章程规定的其他职权。事业单位理事应遵循的义务主要有：遵守法律法规和国家政策，按时出席理事会会议，忠实、诚信、勤勉地履行职责，谨慎决策等。

事业单位理事长，除履行理事的一般职责外，还履行如下职责：召集和主持理事会会议，代表理事会签署理事会决议和有关文件，检查理事会决议实施情况等法律、法规、规章和本单位章程规定的其他职责。理事长主要统筹负责理事会的正常运作，对理事会的具体决议事项不具有最终决策的权利。

事业单位理事会的议事规则是会议制和票决制。理事会会议分为定期会议和临时会议，定期会议应当按照本单位章程的规定按时召开，每年不少于两次。理事长、三分之一以上的理事、监事提议召开临时会议的，应当召开临时会议。理事会决策实行一人一票。属于理事会决策范围的一般事项须经全部理事的半数以上通过，重要事项须经全部理事的三分之二以上通过。一般事项和重要事项的具体范围，由事业单位根据本单位实际在章程中予以明确。因特殊原因确实无法出席理事会会议的理事，可以书面委托其他理事代为表决。

理事会会议的一般流程：一是由相关主体提议召开理事会会议，并确定会议议题。二是提前五个工作日以上的时间，将会议议题及相关材料提供给所有的理事。三是召开理事会会议并就有关议题进行讨论。四是表决并形成决议。五是根据会议有关情况，真实、完整地形成理事会会议记录，并按有关规定向有关方面传达、报告或者披露。

对事业单位的理事会、监事会、专门委员会及其成员，一般不核定编制。理事主要来自政府有关部门、举办单位、事业单位、服务对象和其他利益关联方。监事主要由事业单位内部职工选举产生的代表兼任。根据本单位特点和工作需要，为提高决策的科学性和有效性，可以在理事会下设咨询委员会或者发展战略、审计、财务、薪酬与考核等专门委员会，负责为理事会决策提供咨询建议，其成员主要由事业单位聘请的相关领域的专家代表组成，不纳入编制管理。事业单位应将本单位理事会、监事会的人员组成情况报同级机构编制部门备案。

事业单位的理事为非授薪职位，一般不得凭借理事身份从事业单位领取报酬。因履行理事职责所需的相关补贴，按照单位章程的有关规定办理。对来自政府部门和事业单位之外的理事，可根据理事的履职情况提供相应的误工补贴等。具体标准在事业单位章程中予以明确。

事业单位的管理层是理事会的执行机构，由行政负责人及其他主要管理人员组成，管理层对理事会负责。管理层的职责主要体现在：第一，拟订业务活动计划。第二，组织开展业务活动。第三，管理本单位财务和资产。第四，向理事会提出一般管理人员的任免建议。第五，负责一般工作人员的聘任和管理。第六，执行理事会的其他决议。管理层实行行政负责人负责制，由行政负责人就管理层的整体运作情况对理事会负责。一般情况下，行政负责人也是本单位的法定代表人。

事业单位主要管理人员的任命和提名，根据不同情况可以采取不同的方式。例如，事业单位行政负责人等主要管理人员可以由理事会任命或提名，并按照人事管理权限报有关部门备案或者批准。专业技术性较强的事业单位，可以选择1～2名行政副职领导岗位和总工程师、总经济师、总会计师等管理层岗位实行公开招聘。一般管理人员可由管理层向理事会提出任免建议，再由理事会决议任免。

事业单位应建立和完善决策失误追究制度、年度工作报告制度、重要信息公开制度和绩效评价制度，拓展社会公众参与事业单位管理、运作和监督的渠道。政府主管部门可以通过委派理事会成员，参与事业单位的决策管理；通过参与事业单位年检、绩效评价等，监督事业单位的管理运作。社会公众可以通过推选代表参加理事会、事业单位重要信息公开制度等，对事业单位进行监督。机构编制部门可以通过绩效评价机制、章程审核备案制度、年度报告备案制度等，对事业单位的管理运作进行监督。事业单位应当严格按照法律法规和本单位章程的有关规定，真实、完整、及时地公开本单位章程、法人登记事项、主要业务活动情况等应公开的重要信息，接受社会监督。其中涉及人民群众切身利益的重大业务事项，还应按有关规定进行社会公示或者举行听证。通过这些监督机制，来保证决策层和管理层正确履行职责。

四、事业单位章程的产生及其主要内容

事业单位章程由事业单位根据本单位实际进行草拟，并由事业单位理事会审议通过，经行政主管部门同意后报同级事业单位登记管理机关审核备案。事业单位章程的修改也应按照前述程序，经行政主管部门同意后报同级事业单位登记管理机关审核备案。

事业单位章程的主要内容包括：单位名称；住所；开办资金和举办单位；宗旨和业务范围；组织机构（法人治理结构）；理事会和行政负责人的关系；产生方式、人员组成、主要职权、资产管理和使用原则；章程的修改；薪酬和社会保障；终止程序和终止后关系的处理办法；信息披露等。

五、事业单位法人治理结构和公司法人治理结构的区别与联系

事业单位法人治理结构与公司法人治理结构既相联系又相区别。就联系而言，事业单位法人治理结构在组织架构和运行机制上主要借鉴了公司法人治理结构的相关经验，二者的基本原理都是在组织体内形成决策、执行与监督相互分离又相互协调的权力运行机制。就区别而言，事业单位具有公益属性，组织使命是提供公益服务，弱化出资者角色，体现利益相关方的多方共同治理；公司具有财产属性，组织使命是获取

利润，依出资比例分配收益，彰显所有者权益。

六、实行法人治理结构的事业单位与行政主管部门的关系

建立和实行法人治理结构并不是要取消行政主管部门对事业单位的监管，只是将原来的直接、微观管理改为间接、宏观管理。行政主管部门的分管领导可以兼任理事会的理事长，制定发展规划或相关政策等对事业单位进行监督管理。事业单位依法独立开展相关业务活动，依照有关规定和程序产生或提名本单位的理事会及管理层人选，并按照法律、法规、规章和有关政策的规定对本单位财产、内部人事和其他事务进行管理。事业单位应及时向行政主管部门反馈业务开展情况，并将发展规划、财务预算、年度工作计划、年度报告等重要事项报主管部门审定或者备案。

七、事业单位法人治理结构与在事业单位加强和改善党的领导的统一

这二者并不冲突。要明确党组织在法人治理结构中的法定地位，发挥党组织政治核心作用。党的领导主要是方针、政策和组织的领导。在事业单位中建立和实行法人治理结构，属于具体的公益性事务管理的范畴，其最终目标是使事业单位的公益服务效益最大化，满足人民群众日益增长的公益服务需求，这与党的路线、方针、政策是相一致的。在建立和实行法人治理结构的事业单位，加强党的领导可以通过两个路径来实现：一是组织领导上的保证。事业单位的党组织领导人、行政负责人可以是理事会的当然成员，这主要考虑到事业单位的行政负责人以及政府相关部门委派的理事一般也都应具有党员身份，可以在一定程度上确保理事会的决策管理与党的路线、方针、政策保持一致。二是思想政治上的保证。由于治理结构规范、治理规则有效、治理过程透明，事业单位的生机与活力得以充分体现，内部的凝聚力、向心力将进一步加强，客观上将为党的基层组织做好基层群众的思想政治工作营造良好的环境。

八、我国文化事业单位法人治理结构的探索

为了贯彻落实2002年11月党的十六大提出的推进文化体制改革的要求，2003年7月我国开始了文化体制改革的试点，提出公益性文化事业单位按照"增加投入、转换机制、增强活力、改善服务"的要求进行改革；2003年10月党的十六届三中全会通过的《中共中央关于完善社会主义市场经济体制若干问题的决定》指出："公益性文化事业单位要深化劳动人事、收入分配和社会保障制度改革，加大国家投入，增强活力，改善服务。"在总结试点工作经验的基础上，2006年1月中共中央、国务院发出《关于深化文化体制改革的若干意见》，指出："推进文化事业单位改革，要根据现有文化事业单位的性质和功能，区别对待、分类指导，明确不同的改革要求。"

为了借鉴发达国家和地区公益性文化机构建立法人治理结构的普遍做法，2007年开始，中央编办在浙江省嘉兴市、广东省深圳市等地开展文化事业单位实行法人治理

结构的试点；为推动公益事业更好更快发展，不断满足人民群众日益增长的公益服务需求，2011 年 3 月《中共中央国务院关于分类推进事业单位改革的指导意见》明确提出："建立健全法人治理结构。面向社会提供公益服务的事业单位，探索建立理事会、董事会、管委会等多种形式的治理结构，健全决策、执行和监督机制，提高运行效率，确保公益目标实现。不宜建立法人治理结构的事业单位，要继续完善现行管理模式。"2011 年国务院办公厅《关于建立和完善事业单位法人治理结构的意见》，作为分类推进事业单位改革的配套文件之一，对建立事业单位法人治理结构的基本原则、总体要求、主要内容、组织实施等作出顶层设计。该意见明确山西、上海、浙江、广东、重庆等先行试点的省份要加大试点范围和力度；其他省份可先选择部分事业单位作为试点；试点单位主要从涉及利益相关者较多、规模较大的事业单位中选择，并注意涵盖不同的行业领域，注意做好与现行事业单位管理体制的衔接和平稳过渡。2013 年 11 月党的十八届三中全会审议通过的《中共中央关于全面深化改革若干重大问题的决定》提出："推动公共图书馆、博物馆、文化馆、科技馆等组建理事会，吸纳有关方面代表、专业人士、各界群众参与管理。"

在这种背景下，全国文化系统率先在公共图书馆开始了事业单位法人治理结构的探索实践，其中有一些好的做法。2007 年深圳图书馆作为公益性事业单位，开始进行图书馆理事会制探索，2010 年正式实施理事会制；云南省博物馆从 2012 年起着手法人治理结构建设工作，2014 年 4 月法人治理结构新机制正式启动。尤其是 2013 年党的十八届三中全会后，文化部加大对事业单位建立法人治理结构工作的重视，2014 年 9 月文化部明确温州市图书馆、南京图书馆、浙江图书馆、重庆图书馆、河北省唐山市丰南图书馆、山西省朔州市图书馆、山东省济南市群众艺术馆、广东省博物馆、广东省深圳市福田区图书馆、广西壮族自治区桂林市临桂区文化馆共 10 家单位为国家公共文化机构法人治理结构试点单位，下发了《公共文化机构法人治理结构试点工作方案》，总体进展良好。

在总结试点的基础上，为深化公益性文化事业单位改革，推动公共图书馆、博物馆、文化馆、科技馆、美术馆建立以理事会为主要形式的法人治理结构，2017 年 8 月，中宣部等 7 部委联合印发了《关于深入推进公共文化机构法人治理结构改革的实施方案》，明确其改革的总体要求、主要内容、配套措施、工作步骤、组织实施，为深入推进公共文化机构法人治理结构改革提供了政策制度设计。多年来各地结合实际，在文化事业单位法人治理结构方面进行了一系列积极的探索，积累了不少经验。但从整体上看，事业单位法人治理结构建设试点工作还没有取得实质性的突破。主要有如下表现。

第一，难以破解政府对事业单位的集中管理。

一是事业单位附属于政府主管部门仍难以打破。建立法人治理结构后，主管部门不直接管理事业单位，而是把具体管理职责交给理事会，但是主管部门向理事会到底移交哪些具体管理职责，各地并没有具体界定，只是笼统地提及理事会负责本单位发展规划、财务预决算、重大业务、章程拟定和修订等决策事项，由此导致理事会的决策监督职责只是写进了章程，往往没有得到落实。二是理事会履职空间受限于相关部门对事业单位的综合管理。目前，除主管部门外，管理事业单位的还有人力资源社会保障、机构编制、财政、发展改革、审计等多个政府部门。这些部门现仍然通过审批的方式行使管理职权，如增人计划、岗位设置、人员招聘、职员调配、工资薪酬、资产处置和限额内的内设机构设置等具体管理职责，这导致理事会对上述事项无法行使决策权，再加上只有审议权的财务预决算等职权，理事会真正能决策的事项少之又少。三是理事会履行人事管理职责的内容、程序不够细化与明确。建立法人治理结构，在坚持党管干部原则的同时，要将理事会按照有关规定履行人事管理方面的职责这一点予以落实，但由于没有具体细化明确，绝大多数文化事业单位并未将此项职责赋予理事会，即使将此项职责赋予理事会，也只是流于形式。

第二，无法介入事业单位完全闭合的管理链条。

一是主管部门与事业单位的裙带是捆绑在一起的，事业单位甚至承载着主管部门不少的灰色利益。而事业单位也乐于依附于主管部门。主管部门历来把事业单位视同己出，不仅难以划分彼此的责任和义务，往往在政府的项目补贴、资金安排、资质资格等领域"大开绿灯"和"内外有别"。这样的利益链条，会让主管部门对多方人士参与的理事会"心存戒备"，尽可能只赋予理事会一些"无伤大雅"的职责，大大限制理事会作用的发挥。二是管理层长期形成的"一支独大"格局不易破除。作为事业单位初始委托人的政府及人民，长期以来是缺席或被虚化的，而作为代理人的管理层就掌握了对本单位的实际控制权，再加上信息传递失真和监督力度有限，管理层人员极易利用手中权力为自身或事业单位小团体谋利，这就是所谓的"内部人"控制问题。建立法人治理结构后，理事会将使初始委托人不再缺席或被虚化，这直接的影响是，管理层要将原来由其负责的人事提名或审议权、重大事项决策权交给理事会，管理层的职权将大大减少。此外，外部理事的加入将使公共利益被更多考量，文化事业单位曾经的封闭管理状态将被打破。这导致文化事业单位自身面对法人治理结构改革的内在动力不足，管理层会以改革缺乏共识、理事会能力不足、责任分担不明等各种理由，不支持、不配合法人治理结构建设，或想方设法将理事会改造成决策咨询机构。三是事业单位民主管理制度下的理事会履职维度没有明确。职工（代表）大会是事业单位工作人员依法参与管理和监督的基本形式。《中华人民共和国工会法》规定："法律、法规规定应当提交职工大会或者职工代表大会审议、通过、决定的事项，企业、事业单位应当依法办理。"但法人治理结构的要求就是扩大事业单位外部人员参与决策和监督的范围。虽然事业单位工作人员与其他外部人员参加理事会的目标是一致的，即规范本单位行为，确保公益目标实现，但在实际中肯定会出现一些分歧，如工资福利、经营创收等方面，事业单位工作人员会期待增加收入，而外部人员更多考虑的是如何降低运行成本。这导致事业单位工作人员常常会以"理事会履职违反工会法""建立法人治理结构将会损害其利益"等缘由，对法人治理结构建设抱观望或抵制态度，一定程度上影响了理事会职责的履行。

第三，理事会的能力与其担负的职责不相称。

一是理事会组织架构不够科学，主要表现为理事会构成"行政化"色彩浓厚，理事产生程序与标准缺失，外部理事参与决策监督的工作机制不健全。二是理事会职责界限不够清晰，主要表现为在理事会与党组织的重大决策、监督保障上职责划分不清晰，在理事会决策与管理层的执行职责划分上不具体。三是理事会运作机制不够健全，主要表现为理事激励约束机制缺失，理事会决策执行程序不规范，外部监督制度不健全，等等。这些问题是推进文化事业单位发展无法回避的，需要在理论和实践中加以研究和解决。①

文化事业单位法人治理结构形式上的完备不等同于实施上的有效，仅仅搭建起理事会的框架不等同于法人治理结构的全面建立。我国文化事业单位法人治理结构的建设需要结合中国实际进行全面而周密的制度设计，需要政府配套制度的支持，也必将受到政府与事业单位改革进程，特别是政府职能转变进程的影响。政府职能的转变是文化事业单位法人化、理事会有效行使权力的前置性条件。然而，由于我国现行文化事业单位管理体制存在着法制化程度低，政府职能错位、越位、缺位并存，行业管理体系独立性差、成熟度低、规范性弱，法人制度欠完善等问题，因此文化事业单位法人治理结构的建立，将在较长一段时间内处于最初级的摸索阶段，短期内难以形成完善的治理模式。②

第二部分　案例描述

一、浙江省温州市图书馆法人治理结构改革③

浙江省温州市图书馆是浙江省温州市文化广电新闻出版局主管、财政全额拨款的公益性文化事业单位，是一个集文化、教育、科研、休闲等功能于一体的大型现代化公共图书馆。温州市图书馆积极响应、认真贯彻党的十八届三中全会关于文化事业单位建立法人治理结构，全面深化改革的精神，推进体制创新，于2014年2月启动法人治理结构建设，6月组建成立温州市图书馆理事会。2014年9月，入选文化部10家全国公共文化机构法人治理试点单位。温州市图书馆法人治理结构建设是从理念到行动都比较彻底的一项改革，示范效应初步显现。

---

①　周晓梅、李学经：《事业单位法人治理结构的广东实践》，http://qu.weixinyidu.com/e_3231526，2017-01-03。

②　白云：《我国公共图书馆法人治理结构建设现状与比较》，载《中国管理信息化》，2015(12)。

③　温州市图书馆：《温州市图书馆以法人治理改革推进文化体制创新》，载《公共文化》，2015(12)。

（一）主要做法

1. 坚持突破"四个"改革难点

第一，采取面向社会公开招募理事的办法。

成立理事会是法人治理结构的核心工作，而理事会成员是理事会组建的关键。为了真正吸纳社会人士参与图书馆管理，温州市图书馆以面向社会公开招募的方式吸引各阶层市民代表加入理事队伍，确保理事会成员结构的"多元性"、来源的"广泛性"、身份的"公开性"和公众的"参与性"。这也是自国内事业单位法人治理结构改革以来，首次采用向社会公开招募而选定理事的探索性做法。

第二，明确理事构成中社会代表占多数以上。

经相关部门评审，通过与拟招募对象面谈，按照热心程度、履职能力、阅历及业界威望等要素进行审核筛选，确定理事会成员构成。13名理事中，主管部门委派1名，图书馆占2名，剩余10名均为社会理事代表。经理事会投票选举，温州总商会的一名副会长任首届理事会理事长。理事成员中社会代表比重如此之大，理事长又由社会知名人士担任，在目前文化事业单位的理事会改革中也是一大突破，充分体现了图书馆接纳社会公众参与的决心。

第三，明确理事会参与管理的权限。

在人事管理方面，理事会可以提名图书馆馆长、副馆长人选，可参与图书馆中层管理人员竞聘工作，参与图书馆新进员工招聘岗位、招考专业、招考范围等相关报考条件的设置。在财务管理方面，理事会参与图书馆下一年度的财政预算审核，同时对本年度的财政投资执行情况进行审议，提出资金调整的合理化建议。50万元以上的货物采购、100万元以上的工程类项目实施，向理事会进行汇报审议批准后方可进行。在干部考核方面，参与图书馆领导班子上级评议工作，负责图书馆财政投资项目的绩效考核，并对绩效进行审议。

第四，明确政府主管部门、理事会、管理层三者的事权关系。

政府主管部门对理事会的影响主要表现为政策引导、经费约束和行为监督，而不直接干预理事会的决策行为。政府与图书馆理事会之间不是纯粹的领导与被领导的关系，而是一种以政策和法律为纽带的契约关系。理事会具有较独立的自主决策权力，并按照一定程序向政府报告工作、接受政府的监督；明确图书馆管理层是理事会决策的执行主体，执行理事会决议，接受理事会监督，理事会通过理事会章程和理事会会议行使决策权，支持执行层工作，但不直接参与图书馆的微观管理事务。通过理事组织、理事构成、理事长人选、运行机制等四项突破，使图书馆真正走上文化事业单位法人治理的道路。

2. 实施"五大"改革举措

理事会运行一年来，温州市图书馆先后推出"五大"举措以推进理事会平稳运行，确保法人治理的改革进度。

第一，制定系列议事规则。

温州市文广新局制定《关于进一步推进温州市图书馆理事会的指导意见》，规定了酝酿机制、表决机制、"一票否决"机制、听证机制等理事会议事规则，进一步明确理事会参与人财管理权限，同时着力构建内外结合的监督约束机制，建立工作报告制度、决策失误追究制度、信息披露制度、履职评价制度等约束机制。

第二，筹建温州市图书馆事业发展基金会。

理事会专门成立基金会工作小组，多方考察调研，协商制定基金会章程，并积极向市财政申请政府资金注入，向民政部门提交申请，希望通过政府资金注入、民间社会团体个人捐赠等方式拓宽经费渠道。

第三，积极组织理事参加相关活动。

例如，组织理事参加国家文化部公共文化司领导、专家参与的法人治理座谈会，由温州市文广新局主办的"春风文化"培训班；邀请理事出席"中国梦·我的梦"第八届新温州人梦想演说大赛，参与"图书馆 LOGO 征集"以及完善馆舍改造方案等工作，促进理事了解图书馆基础工作和各项事务，引导理事主动关心和积极参与图书馆各项事务。

第四，推出理事招待日活动。

确定每月最后一个星期日为理事招待日，13 名理事依次轮流接待读者问询。

第五，推行图书馆内部改革。

探索建立以岗位管理、全员聘用、绩效考核三项制度为核心，干部管理、绩效工资管理、岗位竞聘、日常工作管理四项机制为配套的事业单位综合管理体系，形成能上能下、富有生机、充满激励和竞争活力的事业单位工作机制。

3. 以"三城一网"示范项目彰显改革成效

法人治理结构的建立，使温州市图书馆事业有了更多社会力量的参与，使图书馆公共文化服务激发出了新的活力。2014 年以来，温州市图书馆在市文广新局的指导下，理事会参与组织实施以"三城一网"（城市书房、城市书站、城市书吧、城市知网）建设为主体、以阅读活动推广为平台、以法人治理社会化管理为保障，集均等化、社会化、信息化、标准化为一体的现代新型城市阅读服务体系。该项目于 2015 年 5 月被列入第三批国家公共文化服务体系示范项目。项目主体的"三城一网"建设初显成效，2017 年年底前，全市计划建成各具特色的城市书房 30 个、城市书站 60 个（包括 ATM 借阅机、社区街头书站和 O2O 十足便利店借还站），实现城市书吧服务范围覆盖市区 80% 的社区点；城市知网功能也将不断完善，实现智能化定位查阅身边的文化设施和活动、读者自我传递借阅等功能。

（二）创新点

运行机制民主化是现代公共文化服务体系的基本特征之一。运行机制民主化是现代公共文化服务体系体现公共性和提高服务绩效的必然要求。党的十八届三中全会决定指出，要"明确不同文化事业单位功能定位，建立法人治理结构"，"推动公共图书馆、博物馆、文化馆、科技馆等组建理事会，吸纳有关方面代表、专业人士、各界群众参与管理"。其核心思想就是要通过建立健全我国公共文化服务的民主管理体制，来确保公共文化服务单位不偏离自身的公益属性，不断提升公共文化服务的质量和绩效。通过建立和完善法人治理结构，明确公共文化服务单位各个利益相关者的权利、义务与责任，吸纳社会各界代表和群众广泛参与，构建以公益目标为导向、内部激励机制完善、外部监管制度健全的治理结构和运行机制，实现决策、执行、监督三方的有效制衡，最终形成公共文化服务单位独立运作、自我发展、自我约束、自我管理的现代公共文化服务体系运行新机制。温州市图书馆是文化部确定的国家公共文化机构法人治理结构试点单位之一。温州市图书馆理事会是决策和监督机构，理事会被赋予的权利角色是决策者、监督者，负责确定发展战略和发展规划，行使重大事项议事权和决策权。其创新做法：一是采取面向社会公开招募理事的办法，确保理事会成员结构的"多元性"、来源的"广泛性"、身份的"公开性"和公众的"参与性"。二是明确理事构成中社会代表占多数以上，凸显了图书馆接纳社会公众参与管理的思想。三是明确政府主管部门、理事会、管理层三者的事权关系，特别是明确理事会参与管理权限，做到各方不越位、不缺位、不错位，破解了法人治理结构建设中"政府与事业单位法人的关系以及政府部门、理事会、管理层的权责划分"的核心问题。

二、广东省深圳市福田区图书馆法人治理结构改革①

2014 年，为贯彻落实党的十八届三中全会精神以及文化部《关于开展公共文化服务标准化等试点工作的通知》精神，广东省深圳市福田区委、区政府印发《福田区 2014 年改革行动方案》，明确把在文化事业单位开展"文化事业项目理事会制度改革"列入福田区 2014 年 23 项重点改革行动。福田区图书馆率先开展文化事业项目理事会制度改革试点，探索在全区公共图书馆层面成立适应于"总分馆"运作模式的共同理事会。2014 年 9 月，福田区图书馆成功列入国家公共文化机构法人治理结构试点单位。经过一年半的探索实践，福田区公共图书馆逐渐形成了"理事会"＋"总分馆"的治理模式，在推进共同治理、激发社会参与、创新发展活力、促进交流合作等方面取得实效，得到了上级主管部门和社会各界的充分肯定，改革项目被评为福田区 2014 年"改革创新（精品）奖"。截至 2016 年 5 月，福田区公共图书馆已建成"1 个区总馆＋10 个街道分馆＋96 个社区馆"的服务网络体系，实施"五统一"（统一拨款、统一采购、统一编目、统一配置、统一服务）的"总分馆制"管理新模式，总分馆建筑面积达 2.7 万平方米，藏书 280.5 万册，从业人员达到 280 人，年接待读者 500 多万人次。

---

① 深圳市福田区公共文化体育发展中心：《福田区图书馆"公共文化机构法人治理结构"改革试点》，载《公共文化》，2016(8)。

（一）主要做法

1. 强化组织领导

福田区法人治理结构改革工作由福田区委常委、宣传部部长挂帅，福田区公共文化体育发展中心与区图书馆共同组建项目执行团队，制订具体实施方案、确定改革路径、倒排时间进度，确保顺利推进。

2. 把握改革重点

(1)科学搭建理事会制。

在制度设计中，将理事会定位为全区总分馆体系(区、街道、社区三级公共图书馆服务体系)的决策和监督机构，负责审定全区公共图书馆的发展战略和发展规划，行使福田区公共图书馆重大事项决策权和监督权。理事会对福田区公共文化体育发展中心负责。2014年7月9日，福田区公共图书馆理事会正式成立。首届理事会由15名理事组成，理事会设理事长、执行理事、秘书各1名。首届理事无人为公职人员，全部来自专业领域、企业、社区和媒体界，其中2人还是美国和我国台湾地区的知名专业人士。理事长由深圳市图书馆界资深专家出任。2015年3月，组建成立理事会下属文献资源建设、阅读推广指导、绩效评估考核3个专业委员会，3个专业委员会均由1名主任委员和4名委员组成，委员会的构成充分体现了本土化、专业化、社会化的特点。委员们来自深圳市图书馆界、公益阅读组织、企业、文体中心、街道文化站等，在各自业务领域都具有丰富的实践经验和极高的专业素养，为理事会决策提供智力支撑，有利于理事会组织架构的进一步健全。

(2)不断建立健全规章制度

《福田区公共图书馆理事会章程》《福田区公共图书馆信息公开制度》《福田区公共图书馆年度报告制度》《福田区公共图书馆审计和绩效评估制度》《福田区公共图书馆理事会决策失误追究制度》等规范性文件已经理事会审议通过，并付诸实施。

(3)坚持规范有序履职运行

理事会及下属专业委员会正常运作以来，先后召开多次理事工作会议及专业委员会会议，审议福田区公共图书馆年度经费预算、工作总结计划、全区图书馆阅读推广活动方案等多项工作文件及业务项目，对全区公共图书馆建设相关工作提出决策性意见，取得了大量实质性的成果。此外，理事会首次引入社会第三方绩效评估机制，对全区公共图书馆组织实施绩效评估，并对公共图书馆的运营管理水平和服务效益发挥监督指导作用。

3. 注重改革实效

为保障改革落到实处并取得实效，在改革项目正式启动前，根据区委"开门搞改革"的精神和要求，通过举办专家专题讲座、新闻媒体问政会，以及基层图书馆走访、读者调查等活动，广泛征求社会各界意见建议，并在改革过程中主动接受媒体评议。

（二）创新点

深圳市福田区图书馆是文化部确定的国家公共文化机构法人治理结构试点单位之一。福田区公共图书馆逐渐形成了"理事会"＋"总分馆"的治理模式，在推进共同治理、激发社会参与、创新发展活力、促进交流合作等方面取得实效。福田区图书馆理事会既是图书馆决策和监督机构，也是全区总分馆体系的决策和监督机构。其创新做法：一是首届理事无人为公职人员，全部来自专业领域、企业、社区和媒体界，其中2人还是美国和我国台湾地区的知名专业人士；理事长由深圳市图书馆界资深专家出任。确保"运动员"和"裁判员"分离。二是理事会下设文献资源建设、阅读推广指导、绩效评估考核等3个专业委员会，为理事会决策提供智力支撑。三是建立健全规章制度，以制度管人管事，使理事会履职权责对等，确保理事会规范化运行。

三、浙江省义乌市图书馆实施方案和广东省广州图书馆章程

本部分选录《义乌市图书馆法人治理结构改革试点工作的实施方案（修订稿）》①和《广州图书馆章程》②供读者在实际工作中借鉴参考。

（一）浙江省义乌市图书馆实施方案

义乌市图书馆法人治理结构改革试点工作的实施方案（修订稿）

为进一步深化图书馆管理体制改革，不断提高图书馆的科学治理水平，增强活力，实现开放、民主的管理模式，制订如下实施方案：

一、指导思想

以邓小平理论、"三个代表"重要思想、科学发展观为指导，以依法独立运行、实现单位宗旨为目标，以深化体制机制改革为核心，以落实公共图书馆法人自主权和加强公共图书馆监管为重要内容，积极稳妥推进公共图书馆法人治理结构建设试点工作，逐步建立功能明确、治理完善、运行高效、监管有力的公共图书馆管理体制和运行机制。

二、基本原则

坚持解放思想，着力创新公共图书馆管理体制和运行机制；坚持政事分开、管办分离，落实公共图书馆法人自主权；坚持强化公共图书馆公益属性，加强政府监管和社会监督。

三、总体目标

实行公共图书馆决策、执行和监督三权相对分离，相互制约，相互促进。基本形成政府宏观管理、图书馆自主办事业、社会力量积极参与的办馆格局，从而提供优质、

---

① 《义乌市图书馆法人治理结构改革试点工作的实施方案（修订稿）》，http://www.yiwulib.cn/web/2014/0926/1389.html，2016-11-30。

② 广州图书馆：《广州图书馆章程》，http://www.gzlib.gov.cn/ztOrg/89796.jhtml，2016-11-30。

高效、公平的公共文化服务。

四、工作内容

1. 建立理事会制度

(1)组建义乌市图书馆理事会。理事会作为公共图书馆的决策机构，其主要职责是对义乌市图书馆重大事项进行审议和科学决策等。理事会由11人组成，分别为政府部门代表3名(由政府相关部门委派：发改委1名、财政局1名、人力社保局1名)，举办单位和义乌市图书馆代表3名(文广新局1名、图书馆2名)，专家、读者代表等5名(通过举荐等方式产生：图书馆专业人员1名、社会团体1名、读者代表3名)。理事长人选由举办单位相关领导担任，理事会每届任期3年，设1名执行理事，执行理事任馆长。

(2)理事会成员的产生。理事采用选任制或委任制产生，由文广新局履行任免程序。政府部门代表(3名)：由政府相关部门委派。举办单位和义乌市图书馆代表(3名)：1名文广新局代表由文广新局委派；2名义乌市图书馆代表的其中一名由馆长担任，另一名由图书馆在主管业务的班子成员中选举产生。业界专家、读者代表等5名：业界专家由工商学院图书馆委派1名；社会团体代表拟在作协或知联会中推举产生1名；读者代表计划分别在人大、政协代表中推举1名，外来务工者中推举1名，优秀读者中推举1名。

(3)组建义乌市图书馆管理层。建立以馆长为代表的行政班子作为义乌市图书馆管理的执行机构，组织开展日常业务活动。馆长、副馆长由文广新局提名，理事会审议，审议通过后按照组织人事管理权限报文广新局备案，由文广新局履行任免程序；如审议未通过，由文广新局重新提名，再按上面程序进行。馆长按义乌市图书馆理事会章程规定执行理事会的决议、编制预算方案、聘用其他行政管理人员和专业技术人员、负责义乌市图书馆日常事务运行等。党内职务由市文化广电新闻出版局党委任免。

2. 制定理事会章程

章程是法人治理结构的制度载体，是理事会和管理层的运行规则，是有关部门对事业单位进行监管的重要依据。按照中央关于分类推进事业单位改革的指导意见及其相关配套文件精神，根据《事业单位登记管理暂行条例》及其实施细则，结合行业特点及图书馆实际，制定理事会章程。

3. 建立与法人自主权相适应的内部管理制度

(1)改革人事用工制度。创新管理体制，转换用人机制，进一步扩大公共图书馆人事管理的自主权，健全其自我约束与发展机制。一是健全岗位管理制。除理事会成员和管理层正、副职外，按照"按需设岗、优化结构、精简高效"的原则，科学设置管理、专业技术和工勤技能岗位，合理配置各类人员比例。逐步建立以事定岗、以岗择人、按岗聘用、以岗定薪的岗位管理制度，实现由身份管理向岗位管理的转变。二是实施全员聘任制。遵循"公开、公平、竞争、择优"原则，公开招聘，全员聘用；引入竞争机制，摒弃身份限制，开展竞聘上岗，根据编制管理办法内的岗位设置及相关规定，按岗聘用，合同管理，从单位人向社会人转变。

（2）完善分配激励机制。一是全面实行岗位绩效工资制。按照市人力资源和社会保障局、市财政局制定的绩效工资相关政策，认真实施绩效工资。基础性绩效工资按市里制定的标准执行；奖励性绩效工资，以岗位进行绩效工资考核和奖励。二是扩大内部工资分配自主权。依据图书馆事业发展、人员结构、经费类型和运行效益等特点实行新的分配办法。

（3）建立人员考评淘汰机制。在全员聘用和岗位管理基础上，对所有员工进行考评，对考评等次不理想者或竞聘上岗落聘者采取低聘、转岗等，图书馆可以根据聘用合同条款解聘员工，从而逐步形成人员能进能出、职务能上能下、待遇能升能降的自主、灵活、严格的用人机制。

4. 建立科学有效的监督评估制度

（1）实行义乌市图书馆目标管理考核。建立科学合理的责任考核制度，引入事业目标责任约束机制与激励机制。对义乌市图书馆年度履行职责、开展业务活动、完成年度目标任务、运行效益等情况进行绩效考核评价，以督促义乌市图书馆提高工作效能，确保事业发展目标的实现。

（2）建立有效的监督制度。举办单位加强公共图书馆行业监管，义乌市图书馆每年向举办单位及相关部门公开年度报告，接受评议。理事会认真履行内部监督职责，建立健全义乌市图书馆职工民主管理制度和社会舆论监督机制，充分发挥职工民主参与、民主管理、民主监督和社会监督作用。

五、组织领导

加强对义乌市图书馆法人治理结构建设试点工作的组织领导和政策协调。市文广新局成立事业单位法人治理结构建设试点工作领导小组，对试点工作进行统一领导。领导小组下设办公室，负责试点工作的组织实施。

六、实施步骤

第一阶段：准备阶段(2014 年 4 月—2014 年 6 月底)

成立义乌市图书馆法人治理结构建设试点工作领导小组；出台试点工作实施方案并召开动员会，做好此项试点改革的宣传发动工作，起草图书馆章程，设计义乌市图书馆理事会等机构框架。

第二阶段：实施阶段(2014 年 7 月—2014 年 10 月)

根据市事业单位法人治理结构建设领导小组试点工作要求，构建起图书馆法人治理结构的基本框架，建立相关组织，健全各项制度，深化图书馆人事制度改革，完善聘任与分配制度。

第三阶段：总结阶段(2014 年 10 月—2014 年 11 月)

针对试点工作中出现的问题、法人治理结构组织构架建立情况、章程执行情况、监管情况,不断总结与探索、深入研究,完善各种管理机制,不断理顺和改善各类关系,逐步形成相关经验、技术和理论,促进义乌市图书馆改革制度深入实施。

(二)广东省广州图书馆章程

广州图书馆章程

第一章　总则

第一条　为规范本馆运行,确保公益目标的实现,根据《事业单位登记管理暂行条例》及其实施细则和国家有关法律法规、规章,制定本章程。本章程是理事会、监事、管理层的运行规则,对理事会、监事及本馆全体人员具有约束力。

第二条　本馆名称:广州图书馆(英文名称:Guangzhou Library)。

第三条　本馆性质:面向社会公众开放的,收集、整理、保存、传播、研究和利用文献信息资源的公益性服务机构。

第四条　本馆住所:广州市天河区珠江东路4号。

第五条　本馆经费来源:财政核拨。

第六条　本馆开办资金:略。

第七条　本馆的举办单位:广州市文化广电新闻出版局。

第八条　本馆的登记管理机关:广州市事业单位登记管理局。本馆自觉接受登记管理机关的监督管理。

第二章　宗旨和业务范围

第九条　宗旨:一切为了读者。

第十条　业务范围:承担地方文献的收集、整理、储存和研究工作;收集、整理各种载体类型的文献信息资源,提供文献借阅、阅读辅导、信息咨询、政府公开信息查询等公益服务;组织开展各类读书讲座、图书展览等活动;建立全市统一的通用数字信息资源库,对数字信息资源与传统载体资源进行整合,为全市公共图书馆用户提供数字化、网络化服务;履行中心图书馆职能,开展图书馆管理与服务的理论研究,指导各区图书馆的建设;完成上级交办的其他工作。

第三章　权利和义务

第十一条　本馆的权利:

(一)依法自主开展业务活动,对文献信息资源享有自主采购权,有收藏和利用收藏举办活动的权利;

(二)按照有关规定使用和管理本馆的法人财产;

(三)依照有关程序和规定推选本馆内部人员担任理事;

(四)按照有关规定行使内部人事管理和其他事务管理职责;

(五)接受单位和个人向本馆捐赠各类合法的出版物和资料;

（六）依法定权限接受机构、组织与个人自愿捐赠的合法财产，并依法完成捐赠事宜；

（七）法律法规规定的其他权利。

第十二条　本馆的义务：

（一）按照法律法规和国家政策，在核准登记的宗旨和业务范围内开展活动，为读者提供优质、高效、便捷的图书服务；

（二）执行图书馆行业的政策法规、行业规划、标准规范；

（三）按照有关规定向举办单位和政府有关部门报告重大事项；

（四）依法接受举办单位和政府有关部门的监管和社会监督；

（五）依法公开有关信息；

（六）法律法规规定的其他义务。

第四章　理事会

第一节　理事会的构成及职责

第十三条　本馆设立理事会作为决策机构。理事会向举办单位报告工作。理事会每届任期4年。

第十四条　理事会由15名理事组成，其来源与名额、产生方式为：

（一）政府方代表3名：广州市文化广电新闻出版局、广州市人力资源和社会保障局、广州市财政局代表各1名。政府方代表一般由举办单位提名，商组织、编制、人事等部门按有关规定产生。

（二）本馆代表5名：馆长、党委书记为当然理事，副馆长、专业馆员、职工代表各1名。职工代表由职工(代表)大会推选产生。

（三）社会方代表7名：图书馆界专家代表1名，由广东图书馆学会或广州市图书馆学会推选产生；文化艺术界代表2名，由广州市社会科学界联合会、广州市文学艺术界联合会各推选产生1名；地方历史代表1名，由高校历史相关专业学院推选产生；企业界代表1名，由广州有代表性的企业推选产生。服务对象2名，在读者中推选产生。

第十五条　理事会行使下列职权：

（一）提出和审议本馆章程及章程修改意见；

（二）审定本馆管理制度；

（三）审定本馆服务、馆藏等重大政策；

（四）审定本馆发展战略和发展规划；

（五）审定本馆年度工作计划和重大业务活动计划；

（六）审议本馆财务预算和决算；

（七）审议本馆薪酬分配方案；

（八）审议本馆机构编制方案；

（九）提名或选举产生理事长、副理事长人选；

（十）监督管理层执行理事会决议；

（十一）评估馆长和管理层的工作；

（十二）理事会届满前三个月内提出下届理事会组建方案。

第二节　理事

第十六条　理事每届任期与理事会每届任期相同。任期届满，可以连任。

理事由举办单位颁发聘书。

第十七条　本馆对理事因履行理事职责产生的交通、通信等费用给予补助，并在年终对履职表现突出的社会方理事，给予一次性奖励。

第十八条　理事的任职资格：

（一）具备履职的知识和能力，熟悉并遵守有关法律法规和国家政策，能忠实、诚信、勤勉地履行职责；

（二）热心社会公益，热爱图书馆事业，能维护图书馆的权益和社会声誉；

（三）在行业、业界或社会具有一定资历和良好声望，能客观、独立表达意见；

（四）无违法犯罪、失信记录，具有完全民事行为能力。

第十九条　理事享有以下权利：

（一）出席理事会会议，享有会议发言权、提议权、表决权、选举权和被选举权；

（二）对理事会会议及本馆开展业务活动情况的知情权、建议权、监督权；

（三）对管理层的履职行为进行监督，对违反法律、法规、本馆章程或理事会决议的人员提出罢免建议；

（四）提议召开理事会临时会议；

（五）向理事会提出提案；

（六）接受本馆邀请参与社会活动的权利。

第二十条　理事应当履行以下义务：

（一）遵守国家法律法规、本章程及有关规定；

（二）遵守并执行理事会决议；

（三）按时参加理事会会议及相关活动；

（四）不得擅自公开本馆涉密信息；

（五）不得凭借理事身份，为本人或他人从本馆牟取不当利益；

（六）及时向本馆反映社会各界的意见和建议，广泛引导和争取社会资源支持本馆事业发展；

（七）履行理事会规定的其他义务。

第二十一条　理事可以在任期内提出辞职。辞职应提前10个工作日向理事会递交书面报告，经理事会批准，理事资格方可终止。委派产生的理事辞职须经委派方同意。

第二十二条　理事发生以下情形，经理事会批准，终止其理事资格：

（一）未经理事会同意，连续 3 次以上（含 3 次）不参加理事会会议的；

（二）因本人身体健康和工作等原因，不能继续履行理事职责的；

（三）从事有损本馆利益活动的；

（四）违反法律法规，被追究刑事责任的；

（五）委派方或推选方建议终止的。

第二十三条　理事出现空缺，应及时按原产生方式及程序提出理事人选，经理事会表决通过后，产生新任理事。新任理事任期为当届理事余下任期。

第二十四条　经理事会同意，聘任荣誉理事若干名。荣誉理事列席理事会会议，享有会议发言权和提议权，但不享有表决权、选举权和被选举权。

第三节　理事长

第二十五条　理事会设理事长 1 人，副理事长 1 人。理事长由举办单位提名，理事会选举产生；副理事长由理事会提名，报举办单位批准。

第二十六条　理事长除了享有理事权利、履行理事义务外，还行使下列职权：

（一）主持理事会日常工作；

（二）负责召集和主持理事会会议；

（三）确认理事会会议议题；

（四）执行理事会决议，督促和检查决议落实情况；

（五）签署理事会重要文件；

（六）理事会赋予的其他职权。

第二十七条　副理事长对理事长负责，协助理事长工作。理事长因故不能履行职权时，经理事长授权，副理事长代行理事长职权。

第四节　理事会会议

第二十八条　理事会分为定期会议和临时会议，一般由理事长召集和主持。理事会每年召开 2 次定期会议，其中第二次定期会议为理事会会议暨年度专家咨询会议。

第二十九条　理事长、馆长、三分之一以上的理事提议召开会议的，应当召开理事会会议；如遇重大特殊情况，理事长可立即召开理事会临时会议。

第三十条　理事会会议程序：

（一）提议召开理事会会议，并确定会议议题（理事会会议议题应根据工作需要确定，理事在职权范围内可提交补充议题，补充议题须在理事会会议召开前以书面方式提出，由理事长决定是否列入当次会议议题）；

（二）提前 10 个工作日将定期会议通知（时间、地点、议题等）及相关材料送达全体理事；

（三）就会议议题进行讨论；

（四）表决并形成理事会决议；

（五）做好会议记录，制作会议纪要。

第三十一条　理事会会议须有全部理事的三分之二以上出席方能召开。因特殊原因确实无法出席理事会会议的理事，可以书面委托其他理事代为表决。

第三十二条　理事会会议采取记名投票表决，每名理事享有一票表决权。

第三十三条　理事会会议一般以现场会议的形式举行，紧急情况下可采用电视电话会议等方式举行。涉及重大事项的，必须实行现场票决制。

理事会决议一般事项须经全部理事的半数以上通过。重大事项须经全部理事三分之二以上通过。

重大事项包括：

（一）审议本馆章程及章程修改意见；

（二）审议本馆发展战略和发展规划；

（三）审定本馆重大业务活动计划；

（四）提名馆长、副馆长人选；

（五）审议本馆财务预算和决算；

（六）审议管理层工作报告。

第三十四条　理事与决议事项存在利害关系的，应主动向理事会报告利害关系的事实及性质并自行申请回避，放弃行使相关职权。利害关系人申请理事回避的，理事会应当及时受理，作出答复。

第三十五条　理事会会议应当有会议记录及会议纪要，出席会议的理事和记录人，应当在会议记录上签名。理事会会议记录及会议纪要应当作为重要档案妥善保存。

第三十六条　理事会会议记录应当载明以下内容：

（一）理事会会议的出席人员、列席人员、缺席人员及事由；

（二）召开会议的时间、地点和召集人；

（三）会议主要议题及议程；

（四）各位理事发言的主要内容；

（五）表决事项的表决方式和结果（表决结果应载明赞成、反对或弃权的票数）。

第三十七条　理事会决策前应充分听取专家、群众的意见，对涉及全体职工切身利益的事项应按规定提请职工（代表）大会讨论或审议。

第三十八条　经理事长同意，本馆相关人员可以列席理事会会议。

第三十九条　理事会决议经理事长签署后生效。决议应在5个工作日之内以文件形式发给本馆管理层执行，特殊情况除外。所决议事项按管理权限须报有关部门批准的，应履行报批手续。

第四十条　理事会决议违反法律、法规和本章程规定的，在表决中投赞成票的理事应承担相应的责任，不赞成的不承担责任。

第四十一条　理事会有以下几种情况造成决策失误的，予以追究责任：

（一）未经充分调查论证就作出决策造成后果的；

（二）重大专业事项未听取专家意见就作出决策造成后果的；

（三）重大事项未经请示报告就作出决策造成后果的。

第四十二条　理事会决策失误造成后果的，根据实际情况上报有关部门分别给予相应的处理，构成违法的依法追究法律责任。

第五节　秘书处

第四十三条　理事会设秘书处作为理事会的常设办事机构，负责理事会的日常事务性工作。

秘书处设秘书长1名，由理事长提名，理事会任命。

第四十四条　秘书处的职责：

（一）负责理事会的文件起草、资料收集整理、文件保管等日常事务；

（二）负责理事会会议的安排、会议纪要的编写，并及时提供给所有理事；

（三）负责联络理事并为理事及理事会的工作提供服务；

（四）负责理事会交办的其他事务。

第五章　监事

第四十五条　理事会设立监事一名，对理事会的财务状况以及日常运作情况进行监督，监事由理事会选举产生，监事不得同时兼任理事。

监事每届任期与理事会每届任期相同。理事会理事、管理层成员不得兼任监事。

第四十六条　监事因履行监事职责产生的交通、通信等费用，参照理事的补助标准执行。

第六章　管理层

第四十七条　本馆管理层由馆长、副馆长、党委书记组成，是理事会的执行机构，实行馆长负责制。

第四十八条　管理层向理事会负责，履行下列职责：

（一）执行理事会决议；

（二）拟订和实施年度工作计划；

（三）按要求编制年度经费预算和财务决算，执行上级审定的经费预算，按规定进行财务核算和资产管理；

（四）拟定本馆基本管理制度；

（五）拟订本馆机构编制方案；

（六）本馆日常工作管理；

（七）定期向理事会汇报工作；

（八）理事会赋予的其他职权。

第四十九条　本馆馆长、副馆长由理事会提名，报举办单位任免。党委书记按党章有关规定产生，由举办单位任免。

第五十条　馆长行使下列职权：

（一）在理事会领导下按章程开展工作，定期向理事会汇报本馆运行管理状况，接受理事会、监事监督；

（二）全面负责本馆业务、人事、财务、资产等各项管理工作；

（三）决定聘任或解聘管理层以外的管理人员；

（四）法律法规和理事会授予的其他职责。

第五十一条　馆长作为拟任法定代表人人选，经登记管理机关核准登记后，取得本馆法定代表人资格，依法履行法定代表人职责。

第五十二条　管理层班子及其成员定期向理事会和职工（代表）大会述职，接受理事会的考核和职工（代表）大会的监督，并将考核和评价结果作为管理层绩效考核的重要依据。

第七章　员工管理

第五十三条　员工享有下列权利：

（一）按规定使用本馆的公共资源的权利；

（二）公平获得自身发展所需机会和条件的权利；

（三）在品德、能力和业绩等方面获得公正评价的权利；

（四）对本馆工作的知情权、参与权、监督权；

（五）依照法律、法规、规章、规定和聘用合同约定，获得薪酬及其他福利待遇的权利；

（六）对岗位聘用、福利待遇、奖励或处分等事项表达异议和提出申诉的权利；

（七）法律、法规、规章与聘用合同规定的其他权利。

第五十四条　员工应履行下列义务：

（一）遵守本馆规章制度，履行岗位职责；

（二）钻研业务，提高专业素养；

（三）遵守职业道德，爱岗敬业，热情服务；

（四）维护读者权益，保护读者个人信息安全；

（五）尊重知识产权，依法利用文献信息资源；

（六）维护本馆权益和声誉；

（七）法律、法规、规章和聘用合同规定的其他义务。

第五十五条　经评定具备任职条件的员工，由管理层按照岗位职责、条件和任期进行聘任（用）。

第五十六条　实行绩效考核制度，每年对员工的思想品德、业务水平、工作态度和工作业绩进行考核，考核结果作为其岗位聘任（用）、薪级调整、职务变动、职称评定的重要依据。

第五十七条　依法保障员工的工资、福利待遇，其工资、保险、福利待遇按照国家有关规定执行。

第五十八条　加强对员工的业务培训，支持和鼓励员工从事图书事业研究、学术交流，参加专业学术团体。

第五十九条　按照有关规定，对本馆作出重大贡献的员工予以表彰、奖励，对违反法律法规和本馆规章制度的员工予以处分。

第六十条　在本馆从事读者志愿服务、研究交流、后勤保障等活动的人员，依据法律法规和有关规定，享有相应的权利，履行相应的义务。

第八章　资产管理和财务制度

第六十一条　本馆的合法资产受法律保护，任何单位、个人不得侵占、私分、挪用。

第六十二条　本馆开办资金和相关经费按规定由财政拨付。

第六十三条　本馆的资产管理和使用执行国家有关事业单位国有资产管理规定，符合本馆的宗旨和业务范围。

第六十四条　本馆的经费使用应符合预算法和财政预算支出管理的相关规定。本馆应依法使用接受捐赠的财产。

第六十五条　本馆执行国家统一的事业单位会计制度，依法接受税务、会计、审计等主管部门监督。

第六十六条　本馆财务人员按照有关法律法规和规定配备、管理。

第九章　信息公开

第六十七条　本馆严格按照国家法律法规和登记管理机关的规定，真实、完整、及时地公开以下信息：

（一）图书馆章程；

（二）图书馆发展规划、重大决策等事项；

（三）图书馆年度计划、年度工作报告；

（四）图书馆年度服务数据统计资料；

（五）图书馆年度公共服务经费使用情况；

（六）馆藏及读者服务信息；

（七）读者意见及其办理情况信息；

（八）理事成员名单；

（九）法人登记信息；

（十）理事会认为需要公开的其他信息。

第十章　终止和剩余资产处理

第六十八条　本馆有以下情形之一，应当终止：

（一）经审批机关决定撤销；

（二）因合并、分立解散；

（三）因其他原因依法应当终止的。

第六十九条　本馆在申请注销登记前，理事会在举办单位和其他有关部门的指导下，成立清算组织，开展清算工作。清算期间不得开展清算以外的活动。

第七十条　清算工作结束，应形成清算报告，经理事会通过，报举办单位审查同意，向登记管理机关申请注销登记。

第七十一条　本馆终止后的剩余资产，在举办单位和财政部门的监督下，按照有关法律法规和规定进行处置。

第十一章　章程修改

第七十二条　本馆有下列情形之一的，应当修改章程：

（一）章程规定的事项与修改后的法律法规、规章的规定不符的；

（二）章程内容与实际情况不符的；

（三）理事会认为应当修改章程的其他情形。

第七十三条　章程修改案经本馆职工（代表）大会讨论，理事会审议通过报举办单位审核同意后，并报登记管理机关核准备案。

第十二章　附则

第七十四条　本章程_____年_____月_____日经理事会表决通过。

第七十五条　本馆党组织、职工（代表）大会分别按照党章、工会法等有关规定开展工作。

第七十六条　本章程内容如与法律法规、规章及国家政策相抵触时，应以法律法规、规章及国家政策的规定为准。涉及事业单位法人登记事项的，以登记管理机关核准颁发的《事业单位法人证书》刊载内容为准。

第七十七条　本章程的解释权属于理事会。章程自事业单位登记管理机关核准之日起生效。

（三）创新点

实施方案和章程是法人治理结构改革试点工作的重要制度设计，尤其章程是法人治理结构的制度载体和理事会、管理层的运行规则，也是有关部门对事业单位进行监管的重要依据。事业单位章程由事业单位根据本单位实际进行草拟，并由事业单位理事会审议通过，经行政主管部门同意后报同级事业单位登记管理机关审核备案；事业单位章程的修改也应按照前述程序执行。广州图书馆章程的创新之处主要有：一是理事会的宗旨是根据决策权力机构、管理执行机构、监督约束机构相互分离、相互制衡和精干高效的原则，建立以理事会决策机构为核心的事业单位法人治理结构，明确图书馆各个利益相关者的权利、义务与责任，使图书馆形成独立运作、自我发展、自我约束、自我管理的现代运行新模式，为社会提供优质高效的公共文化服务。二是社会参与程度高。广州图书馆首届理事会共有 15 名理事组成，其中社会方代表 7 名。社会人士的参与，极大地提高了图书馆理事会的社会化程度，鼓舞了社会力量参与图书馆建设的热情，同时也使理事会的视野更加开阔、决策更加民主。

第三部分　案例分析

一、建立事业单位法人治理结构是实现政府与公共文化机构"管办分离"的有效途径

(一)通过明确理事会的职能定位来实现

以图书馆为例，政府作为图书馆的举办者依据法律法规进行宏观调控和监督，而不再直接管理图书馆；理事会和监事会向举办单位报告工作，对举办单位负责；管理层向理事会负责。浙江省温州市图书馆理事长由一名企业家代表担任；深圳市福田区图书馆理事长由深圳市图书馆界资深专家出任，且在理事会下设文献资源建设、阅读推广指导、绩效评估考核3个专业委员会，推动图书馆开放的、民主的、专业化管理方式的形成，建立分权制衡的初步架构，促进开放民主的治理取向，形成多元规范的监管体系。

(二)在事业单位法人治理结构中探索了举办单位、理事会及管理层良性运转的机制

以图书馆为例，一是温州市图书馆理事会制厘清了政府主管部门、理事会、管理层三者的事权关系，作出"三个明确"的规定。同时，温州市文广新局还通过制定《关于进一步推进温州市图书馆理事会的指导意见》，明确理事会参与管理权限，确保理事会运作有序。温州市图书馆理事会制在人事管理方面，理事会可以提名图书馆馆长、副馆长人选，可参与图书馆中层管理人员竞聘工作，参与图书馆新进员工招聘岗位、招考专业、招考范围等相关报考条件的设置。在财务管理方面，理事会参与图书馆下一年度的财政预算审核，同时对本年度的财政投资执行情况进行审议，提出资金调整的合理化建议；50万元以上的货物采购、100万元以上的工程类项目实施，向理事会进行汇报审议批准后方可进行。① 在干部考核方面，参与图书馆领导班子上级评议工作，负责图书馆财政投资项目的绩效考核，并对绩效进行审议。二是深圳市福田区图书馆首届理事会成立后，充分履行决策和监督职能。理事会成立以来，先后召开多次理事会会议及专业委员会会议，审议图书馆重点工作和重大事项议题，对全区公共图书馆建设相关工作提出决策性意见，对不切实际的项目"总部经济论坛"行使了否决权；引入社会第三方建立绩效评估机制，开展了对基层图书馆综合运行服务的绩效评估，对各基层图书馆的建设管理提出了建设性的指导意见。同时，积极推动《福田区公共图书馆管理办法》的修订工作。推动了图书馆"政事分开、管办分离"和"去行政化"。

---

① 温州市图书馆：《温州市图书馆以法人治理改革推进文化体制创新》，载《公共文化》，2015(12)。

二、建立事业单位法人治理结构是激发社会力量参与公共文化建设积极性的有效途径

(一)通过社会人士占理事会构成的多数来实现

以图书馆为例,深圳市福田区图书馆首届理事会 15 名理事中,境外专家、社科界、图书情报界、社会组织、服务对象等"体制外"理事共 12 名,占比 80%;代表政府部门和举办单位的理事仅 3 名,占比 20%。[①] 广州图书馆理事会共 15 名理事,其中"文化系统外"代表 9 名,占 60%。[②] 图书馆理事会由来自社会各界的代表、专业人士和群众共同组成,凝聚了社会各界的力量,实现了图书馆利益相关群体的共同治理。这种治理模式相较于过去由政府直接主管的模式,好处显而易见:不仅更加有效地实现了决策民主,保证了人民群众在公共文化事务上充分行使公民权利;而且较好地协调了各方利益主体的利益冲突,提升了图书馆的办馆效益。

(二)通过充分发挥理事会平台的作用来实现

以图书馆为例,一是深圳市福田区图书馆首届理事会成立后,积极发挥社会理事的作用。第一,推动社会资源参与设施建设与管理运营。福田区图书馆与深圳文化创意园、深圳市杜马文化发展有限公司合作共建了深圳文化创意园图书馆,开启了社会力量参与公共文化建设新模式。此后区图书馆与深圳建筑科学研究院股份有限公司合作共建深圳绿色低碳主题图书馆;与区司法局、区公共法律服务中心合作共建法治文化图书馆;与深圳歌乐山会管理咨询有限公司合作共建歌悦书吧,有效弥补了社区公共文化服务设施的不足。第二,引入社会力量参与公共图书馆服务。通过理事会的牵线搭桥,福田区公共图书馆举办的阅读推广活动,均得到了社会力量的参与和支持;理事会积极引入民间公益阅读组织,与三叶草阅读文化发展中心、南都读书会等社会公益机构合作,选定 10 家街道社区图书馆作为社区图书馆激活计划试点,深入街道、社区图书馆举办志愿者培训、读书会等阅读推广活动。理事会推动组建了一支近 500 人规模的文化志愿服务队伍,全年参与阅读推广、书架整理、文献采选等服务。[③] 二是温州市图书馆理事会自 2014 年成立以来,积极参与组织实施"三城一网"建设,并积极筹建温州市图书馆事业发展基金会,推出理事招待日活动,使理事会为温州市阅读活动持续开展贡献力量。同时,温州市图书馆理事会的筹建得到了社会各界的积极响应,来自金融、公安、文教体卫系统的人员纷纷申请成为理事。

---

① 深圳市福田区公共文化体育发展中心:《福田区图书馆"公共文化机构法人治理结构"改革试点》,载《公共文化》,2016(8)。

② 广州图书馆:《广州图书馆章程》,http://www.gzlib.gov.cn/ztOrg/89796.jhtml,2016-11-30。

③ 温州市图书馆:《温州市图书馆以法人治理改革推进文化体制创新》,载《公共文化》,2015(12)。

三、在事业单位法人治理结构中保证了党和政府对图书馆的有效领导

以图书馆为例，温州市图书馆理事会设有特别理事一名，由市文化局的普通干事担任，作为出资方（政府）代表，除了拥有普通理事的一般性权利以外，依照理事会章程，在理事会决议不符合国家法律法规、不符合国有资产管理规定、不符合干部选拔任用条例和人事政策的情形下有权行使一票否决权。这种制度设计确保了图书馆始终处于党和政府的有效监管之下，确保了图书馆发展方向的正确和公益性目标的实现。

第四部分　结语

建立法人治理结构是深化文化事业单位改革的必然要求，而建立情况是衡量文化事业单位改革成效的重要标志之一。面向社会提供公益服务的事业单位要探索建立和完善法人治理结构；不宜建立法人治理结构的事业单位，要继续完善现行管理模式，而文化馆、图书馆、博物馆、美术馆等公益性文化事业单位是适合构建法人治理结构的。公益性文化事业单位因其领域、层级、规模等不同，应有不同的治理形式，要结合本单位实际，积极探索实践，采取决策监督型理事会或决策型理事会与监事会分开等多种模式，确保改革取得实效。

建立法人治理结构目前面临着巨大困难，要在法制轨道上推进改革，要明确政府部门不直接管理事业单位的职能，由理事会向政府主管部门负责；除规定理事会享有审议财务预决算、提名（或任免）管理层等职责外，还应就履行现行的财务、干部、人事管理制度进行顶层设计，真正将人、财、物等具体管理职责交给理事会和管理层，与此同时，完善治理架构，增强理事会独立运作能力。建立健全政府对公益机构的监管标准体系，确保实现文化事业单位的公益目标。

思考题

1. 事业单位为什么要开展法人治理结构建设工作？

2. 简述建立事业单位法人治理结构的总体要求。

3. 简述事业单位法人治理结构的基本架构及内容。

4. 简述建立和实行法人治理结构的事业单位与行政主管部门之间的关系。

5. 结合实际，谈谈你对开展事业单位法人治理结构工作的看法。

案例 2　公共文化管理体制和运行机制

第一部分　背景透视

一、公共文化管理体制的概念及特征

公共文化管理体制是指以国家公共文化行政管理为核心的国家公共文化的组织形态及其运作机制。一般来讲，有文化部制、国家艺术理事会制和双重组合制三种公共文化管理模式。文化部制和国家艺术理事会制是当代国家两大基本的公共文化管理模式。[①]

文化部制，是当代国家文化管理体制的第一种模式。它的正式创立是以 1953 年苏联设立文化部、1959 年法国设立文化部为代表。20 世纪的最后 10 年里，文化部制已经成为西方国家普遍采用的国家管理文化模式之一。文化部制，是指中央政府实施文化行政的体制。它的特点：第一，在性质上，通过国家行政首脑组阁设立或由法律授权成立，以文化部等名称命名的中央政府行政机构，对中央政府负责。第二，在职能上，中央政府的文化行政主管部门承担着制定国家文化政策、文化行政法规，以及实施文化行政许可、文化行政稽查等职能。第三，在组织上，根据国家行政组织序列，在省、市等地方政府层面通常设置以行政隶属关系为纽带的文化行政组织网络。在联邦制的国家，地方政府具有较大的自治权，文化部与地方政府通常在国家宪法的框架内构建起部门协调的关系；而在单一制的国家，文化部与地方各级政府之间大多建立起行政隶属或行政指导的关系。第四，在机构成员上，文化部工作人员是中央政府官员和国家公务员。目前，世界上采用文化部制的国家较多，俄罗斯、法国、意大利、瑞典、日本和中国都采用文化部制。

国家艺术理事会制，是当代国家公共文化管理体制的第二种模式。它以 1946 年英国首创的大不列颠艺术理事会制度为代表。国家艺术理事会制，是指国家实施文化基金管理的体制。它的特点：第一，在性质上，通过国家授权或通过国会颁布特别法令，以国家艺术理事会等名称命名的独立建制的国家公共文化行政组织，该组织的理事由国家元首或文化部部长任命，国会批准。第二，在职能上，作为国家文化基金的专门管理机构，其基本职能是将财政部设立的国家文化基金(也包括公共文化捐赠)，按照一定申请评估程序，以基金资助、协议信托等方式拨款给本国非营利的文化基金申请

[①]　王晓辉、梁欣：《公共图书馆治理结构现状分析——以当代西方国家公共文化管理体制转型为背景》，载《图书馆学研究(理论版)》，2011(3)。

者、公共文化部门或国家扶持的文化机构。第三，在组织上，是在中央政府行政序列之外设立的国家文化系统，通常在全国主要省、市建立一些紧密型的分支机构或松散形的代理机构，以合作的方式从事国家艺术文化基金的具体分配工作。国家艺术理事会制作为国家的文化系统，既是一种中央文化准行政机构，又是政府系统外的文化管理组织，还是中央政府文化政策的执行者和国家文化基金的具体分配者，并对国会负责，承担着国家文化管理的职能。第四，在机构成员上，通常由10人左右的理事与100人左右的雇员组成，多数机构的成员都是文化领域的专家和学者，部分机构的雇员是公务员。目前，世界上采用国家艺术理事会制的国家不多，美国就是其中之一。美国的国家艺术基金会和国家人文基金会是国家的准文化行政机构，它是根据美国国会1965年出台的《国家艺术及人文基金会法》而成立的，美国联邦政府没有设立文化部。美国是联邦制国家，文化行政主要由各州和地方政府负责，鼓励各州和地方发挥对文化管理最大的自治作用。

双重组合制，是兼有文化部制和国家艺术理事会制两种功能的体制，是当代世界国家公共文化管理体制的第三种模式。随着经济社会和文化本身的发展，一些国家的文化管理模式由单一制转向双重组合制。它的特点：第一，在建制上，国家在设置文化部等中央政府文化主管机构的同时，又设立中央文化准行政的国家艺术理事会，作为国家文化基金专门组织，从而使国家行政管理形成双重组合体制。第二，在水平组织关系上，文化部与国家艺术理事会是各自独立而又相互联系的国家文化管理组织，都有各自的组织系统和管理权限，但保持着密切联系。一方面，国家艺术理事会作为文化部的咨询机构，在文化部的授权下，为制定各项国家文化政策提供调研和建议；另一方面，国家艺术理事会在国会和文化部部长的领导和监督下，执行文化部的文化政策，或接受文化部的文化基金拨款。第三，在垂直组织关系上，文化部主要承担国家的公共文化行政职能，而国家艺术理事会通过各地非营利文化代理机构，具体管理国家文化基金的申请和审批事务，从而在两大系统的独立运作和协调互补中，使国家公共文化行政通过两种渠道协调中央与地方的文化行政关系。目前，世界上采用双重组合制的国家也较多，英国、加拿大、澳大利亚、挪威、新加坡、韩国等都是采用双重组合制。

总之，文化部制的核心要义，是国家对文化建设的全面主导，实行中央集权的管理；国家艺术理事会制的核心要义，是中央对文化采取不干预，而采取引导发展的管理。双重组合制的核心要义，是"国家对文化建设的全面主导"与"中央对文化采取不干预管理"的双向交流和同构互补。

二、公共文化运行机制的概念及特征

公共文化运行机制，是指保证公共文化服务有效开展和有序运行的制度安排。构建公共文化服务运行机制，是建立完善公共文化服务体系的基础，对于提高公共文化服务效能，具有十分重要的意义。

公共文化运行机制的基本特征：第一，它包括公共文化服务投入、生产、供给以及绩效评估在内的运作过程。第二，就我国而言，公共文化运行一般涉及政府、文化事业单位、文化企业、社会组织、人民群众等五类主体，各类主体在公共文化服务运行中扮演着不同的角色。政府在公共文化服务运行中处于核心地位，起着主导作用，承担着组织者、管理者、监督者的角色。文化事业单位是国家公共文化运行的主要实施者，是接受政府管理和财政拨款，直接生产、提供公共文化产品和服务的微观主体，起着骨干作用。文化企业是营利性的文化机构，是文化产业的主体，也是公共文化服务的提供者之一，是公共文化服务运行的组成部分。社会组织介于政府和市场之间，因其公益性、专业性和自愿性，在解决公共文化产品与服务供给矛盾方面，具有很大优势，通常有更高的质量和效率，是公共文化服务运行的重要力量。人民群众在公共文化服务运行中起着享受者、参与者和监督者三重角色的作用。[①]

三、公共文化管理体制和运行机制的现状

(一)我国文化事业管理体制和运行机制

长期以来，我国实行文化事业管理体制和运行机制。2000年12月，国务院下发了《关于支持文化事业发展若干经济政策的通知》。客观上说，这种文化事业管理体制和运行机制，对于保障广大人民群众的文化权益发挥了一定的积极作用。但是，它也带来了许多不容忽视的问题。尤其在计划经济时代，政府既是文化事业的所有者和管理者，又是文化事业的举办者和经营者。文化事业单位附属于政府，由政府统管和控制。文化事业单位的目标任务、岗位设置、人员编制、人事制度、财务制度、福利制度等，都是按照行政单位来设置的。政府主管部门采取命令、指示、规定、计划等行政手段，通过行政执法、资源分配、财政拨款、人事掌控等方式，对文化事业单位进行直接的调控和管理。显然，这种计划经济时代的文化管理方式，导致政府机构和文化事业单位之间责、权、利混乱，"政事不分"和"管办不分"，既限制和弱化了政府的宏观调控职能，也限制和弱化了社会兴办文化的积极性。靠行政力量管理文化事业，结果造成了低效率、不规范、无活力、不健全等后果。随着社会主义市场经济的逐步建立，我国传统的文化事业管理体制和运行机制改革势在必行。

(二)我国公共文化管理体制和运行机制

我国公共文化管理体制和运行机制是基于计划经济的文化事业管理体制和运行机制转型建立起来的。2006年10月，《中共中央关于构建社会主义和谐社会若干重大问题的决定》指出："坚持把社会效益放在首位，坚持把发展公益性文化事业作为保障人

---

① 王春林：《公共文化服务运行机制构建探析》，载《广西社会科学》，2013(5)。

民文化权益的主要途径，推动文化事业和文化产业共同发展。推进文化体制改革，形成富有活力的文化管理体制和文化产品生产经营机制。加强公益性文化设施建设，鼓励社会力量捐助和兴办公益性文化事业，加快建立覆盖全社会的公共文化服务体系。"2007 年 8 月，《中共中央办公厅、国务院办公厅关于加强公共文化服务体系建设的若干意见》强调：要通过推进公益性文化事业单位改革，创新公共文化服务方式，提高公共文化服务技术水平，创新公共文化服务运行机制。同时，提出切实转变政府职能。这在我国是第一次提出要改革政府公共文化管理体制和创新公共文化服务运行机制。

2013 年 11 月，《中共中央关于全面深化改革若干重大问题的决定》强调"完善文化管理体制"，并针对公共文化管理体制和运行机制深化改革提出，"建立公共文化服务体系建设协调机制，建立群众评价和反馈机制，建设综合性文化服务中心；明确不同文化事业单位功能定位，建立法人治理结构，完善绩效考核机制；引入竞争机制，推动公共文化服务社会化发展。鼓励社会力量、社会资本参与公共文化服务体系建设，培育文化非营利组织"。2015 年 1 月，《中共中央办公厅、国务院办公厅关于加快构建现代公共文化服务体系的意见》明确提出，要通过建立公共文化服务体系建设协调机制，加大公益性文化事业单位改革力度，创新基层公共文化管理机制，完善公共文化服务评价工作机制，以此创新公共文化管理体制和运行机制。

随着我国行政管理尤其是文化体制和运行机制的改革，公共文化管理体制和运行机制改革，总体上讲，由于受传统的管理思维的影响，改革的举措不大，成效不明显。

当前我国公共文化管理体制的现实困境主要表现为：

第一，公共文化服务管理部门协调性不够，各自为政，资源难以整合利用。一是同一层级的不同管理部门各搞一套，自成一体，资源浪费现象严重。以数字公共文化服务建设为例，文化信息资源共享工程、党员教育网、远程教育网、数字农家书屋等就因隶属不同的管理部门而各自为政，条块分割，造成重复建设。二是不同层级的公共文化服务机构分级管理，封闭式运行。不同层级的公共文化服务机构只对本级政府负责，很少考虑整合公共文化服务资源。以公共图书馆为例，目前，绝大多数公共图书馆仍然遵循每级政府建设与管理一个图书馆的分级建设与管理体制，这形成了公共图书馆多级建设主体和多级管理主体的状况，严重影响图书馆之间共享资源，以及跨行政层级、跨区域组织体系的形成。①

第二，公共文化行政管理部门与隶属于其的文化事业单位"政事不分"和"管办不分"。一是公共文化行政管理部门还没有完全从管微观转向管宏观，从管脚下转向管天下。二是部分公共文化行政管理部门大包大揽隶属于其的文化事业单位的具体事项，剥夺了文化事业单位的法人自主权。现行公共文化服务机构管理行政化现象比较普遍，

---

① 祁述裕、张祎娜：《创新公共文化管理体制和运行机制迫切需要建立公共文化服务体系协调机制》，http://politics.people.com.cn/n/2015/0116/c1026-26398654.html，2016-11-30。

缺乏内在动力和活力。

第三，文化事业单位普遍没有建立法人治理结构，也就没有吸纳有关方面代表、专业人士、各界群众参与管理。有的即使建立了法人治理结构，也是流于形式，没有明确各个利益相关者的权利、义务与责任，无法吸纳社会各界代表和群众广泛参与，没有形成决策、执行、监督三方的有效制衡，更没有形成文化事业单位独立运作、自我发展、自我约束、自我管理的治理格局。

当前我国公共文化运行机制的现实困境主要表现为：

第一，财政投入机制不完善，运行经费保障不科学。总体上看，目前公共文化建设特别是基层公共文化服务方面还存在较大的资金缺口，财政投入总量不足，投入效益不高。一是财政对公共文化投入缺乏刚性，没有形成财政相应分级负担机制，投入总量不足；二是社会参与渠道不畅，尚未形成多元投资格局，经费投入主体单一，仍然依靠政府单一提供；三是经费投入结构不合理，一些地方出现"有钱建、没钱养""可以养人、无法干事"的现象。

第二，供求机制不健全，有效服务供给不足。总体上，公共文化服务供给实行的还是"自上而下"计划式、部门化、科层式行政决策，民众缺乏话语权，导致文化服务供给随意性大，不仅在总量上短缺，而且在品种结构上失衡。例如，在文化场馆建设上，往往盲目贪大求洋，而关系群众生产生活的文化服务供给不足；在国家大力推行"文化下乡"活动时，有关部门过度选择成本较低的旧影片和政治类的书籍，而农业科技、经济法律、教育生活方面的读物偏少，无法真正满足农民的文化需求。

第三，资源配置不合理，区域与城乡公共文化服务不均衡。公共文化建设仍存在"重城市、轻农村"现象，区域与城乡公共文化服务差别较大。一是基层文化基础设施总量不足、质量不高。二是公共文化设施空间布局不合理，缺乏整体规划。一些城市公共文化基础设施分布不均衡，偏离群众日常生活区，空置率高，难以发挥效用。三是基层公共文化机构活力不足，缺乏服务创新能力。

第四，人才管理机制不灵活，文化服务队伍力量不强。文化部门人事制度和收入分配制度改革滞后，缺乏有效的人才吸引、培养、发现、使用机制，文化人才队伍力量不足。一是专业文化人才队伍不稳定。乡镇基层文化专干不"专"，长期"混岗"使用，而且普遍年龄偏大、学历偏低、业务技能不强。二是民间文艺团队薄弱。民间文艺团队普遍存在组织松散化、表演内容单一化、活动空间狭窄化等问题，而且数量少且活力不足。由于人员配备不到位，文化信息资源共享工程、乡镇综合文化站、农家书屋等公共文化服务工程存在"运而不转"的问题，文化服务工作浮于表面、流于形式。

第五，绩效考核评价机制缺失，整体运行效能不高。由于缺乏群众对政府与文化事业单位公共文化服务绩效考核的制度安排，一些地方的领导干部仍然缺乏应有的"文化自觉"，片面强调"GDP指标"，重经济建设、轻文化建设，缺乏推动公共文化发展的内在动力。在公共文化服务实施过程中，没有认真落实群众的知情权、参与权、监督权，群众基本文化需求难以真正满足，更难以达到公共文化服务供给的最大化和最优化。①

第二部分　案例描述

一、广东省深圳市文体旅游局②

根据《中共深圳市委深圳市人民政府关于印发〈深圳市人民政府机构改革方案〉的通知》，设立深圳市文体旅游局，为市政府工作部门。

内设公共文化处，其主要职能：拟定全市公共文化服务政策措施和发展规划，推进全市公共文化服务体系建设，协调全市公共文化服务工作；推动全市群众文化品牌活动建设；指导全市公共图书馆、文化馆（站）事业建设与行业管理。

内设群众体育处，其主要职能：推行全民健身计划，健全完善全民健身服务体系；组织指导国民体质测定，实施社会体育指导员制度；监管健身气功活动；组织非奥运项目训练、赛事和活动。承担体育总会日常工作。

创新点：党的十八届三中全会决定提出，"积极稳妥实施大部门制"。深圳市是我国改革开放的前沿阵地和试验田。其在文化体制管理上的创新做法：一是 2009 年机构改革时，深圳市文化局与体育局、旅游局和政府文化产业发展办公室整合，组建深圳市文体旅游局。在此之前，深圳市文化局已是文化、广播电影电视、新闻出版、文物"四局"合一的大部门。文体旅游局挂广播电视电影局、新闻出版局、文物局的牌子，改革后不再保留文化局、体育局、旅游局、政府文化产业发展办公室 4 个部门。二是这次机构改革只"简政"不"减编"。这有利于行政资源的互相融合、互相促进，整体提升城市软实力和综合竞争力。深圳市文体旅游局实行的是一种真正意义的大部门制，为未来我国建立文化部门大部门制提供了有益借鉴。

二、重庆市文化委员会③

根据《重庆市人民政府职能转变和机构改革方案》及重庆市政府办公厅印发的《重庆市文化委员会主要职责内设机构和人员编制规定》，撤销重庆市文化广播电视局和重庆市新闻出版局，新组建重庆市文化委员会，挂重庆市版权局牌子，为重庆市政府组成

---

①　王春林：《公共文化服务运行机制构建探析》，载《广西社会科学》，2013(5)。

②　《深圳市文体旅游局主要职能》，http://www. sz. gov. cn/wtlyjnew/xxgk/jgzn/jggk/，2016-12-05。《内设机构》，http://www. sz. gov. cn/wtlyjnew/xxgk/jgzn/nsjg/，2016-12-05。

③　《理顺政府机构职责 重庆市政府新组建两部门》，http://leaders. people. com. cn/n/2013/1201/c58278-23705370.html，2016-12-05。《内设机构》，https://www.cqwhw.gov.cn/list-2449-1.html，2016-12-05。

部门。

内设公共文化服务处(全民阅读活动办公室),其主要职能:拟定公共文化服务发展规划和政策,指导图书馆和文化馆(站)事业发展。指导文化信息资源共享工程建设和古籍保护工作,组织实施农家书屋工程,指导管理社会文化事业,指导基层文化设施建设。组织协调全市全民阅读活动。

重庆市各个区县全部建立了集文化、文物、广播电视、新闻出版职能为一体的文化委员会,有的区县还将体育或旅游行政职能合并在文化委员会。

创新点:建立大部门制,或者大部制,就是在政府的部门设置中,将那些职能相近、业务范围雷同的事项,相对集中,由一个部门统一进行管理。最大限度地避免政府职能交叉、政出多门、多头管理,从而达到提高行政效率,降低行政成本的目标。[①]2013年12月重庆市文化委员会已正式挂牌组建。其创新做法:一是新成立的市文化委员会,整合了原市文化广电局和原市新闻出版局的职责,有利于推进政府职能转变,进一步简政放权,更有效地优化文化资源配置,加强业态整合,推进文化艺术、新闻出版、广播影视、文物博物馆领域公共服务工作,为满足人民群众日益增长的文化需求,提供更优质更有效的服务。二是市里明确要求从市级到区县,都统一称"文化委员会",做到上下名称统一、名副其实。重庆市文化委员会的组建是在全市全面完成文化、文物、新闻出版、广电职能整合的基础上,顺势而为的一种尝试。

三、浙江省余姚市公共文化服务中心[②]

为全面贯彻党的十七大关于推动文化大发展大繁荣的战略部署,加快建立覆盖全面、运行高效、均等普惠的公共文化服务体系,促进文化事业与文化产业协调发展、共同繁荣,结合实际,组建了余姚市公共文化服务中心。

(一)指导思想

以党的十七大精神为指导,以提升区域文化软实力为目标,全面贯彻落实科学发展观,注重统筹整合,注重改革创新,注重文化惠民,整合盘活全市公益性和经营性文化服务资源,组建市公共文化服务中心,搭建公共文化服务数字平台,构建公共文化配送服务网络,培育文化服务市场主体,创新公共文化服务机制,打造"阳光文化系列"品牌,推动公共文化服务社会化、市场化运作,切实把承担传播意识形态主阵地功能的文化演艺娱乐业、流通服务业、宣教培训产业整合好、掌控好、发展好,实现文化事业与产业协调发展、社会效益与经济效益双丰收。

---

① 郭媛丹:《我国已经历八次行政机构改革 大部制方案今公布》,http://news.sohu.com/20080311/n255646837.shtml,2016-12-05。

② 《中共余姚市委办公室余姚市人民政府办公室印发〈关于组建余姚市公共文化服务中心的实施方案〉的通知》,http://www.yy.gov.cn/art/2010/12/22/art_21491_879284.html,2016-12-05。

（二）基本职能

余姚市公共文化服务中心是市委、市政府领导，市委宣传部牵头，市文化广电新闻出版局、市广播电视台、余姚日报社、市文联共同参与，乡镇、街道联动，面向全市各级党政组织及基层单位、城乡群众的社会化文化服务指导协调机构，于2010年11月成立运营，办公地点设在市全民健身中心。具体承担以下工作职能。

1. 文化采购配送

收集基层文化需求信息，采集、整合全市公共文化阵地设施、人才队伍和市内外优质文化演艺、影视等产品，策划、制作"阳光文化资源库"，制订配送计划，向全市"阳光文化资源配送服务点"组织配送文体资源；收集各类反馈信息，完善各服务点配送工作。

2. 活动策划承办

提供各种重要庆典、文艺演出、知识竞赛、体育赛事等活动的策划、编导、主持、剧务、裁判、场地，以及题库、节目库等支撑服务。

3. 文化宣教培训

提供社科理论、文化艺术、体育健身、文明礼仪等知识的宣讲、培训服务，并代约报告人；采集发放政治理论、形势政策、文化艺术、健康生活方式等各类书籍和宣传资料。

4. 文化中介服务

采集公益性和经营性文化服务信息，发展文化服务加盟单位，建立市公共文化服务中心网站，开设文化服务热线，提供网上文化需求申请服务和在线咨询服务，提供各种高雅艺术、经典文艺演出、展览、影视、健身、KTV等观摩机会，以及票务、订座服务。

5. 文化展演交流

组织开展对外文化交流活动，积极选送优秀民间民俗文化、非物质文化遗产，以及地域文化品牌、文艺精品，开展对外交流传播活动。

6. 组织网络建设

联系各乡镇、街道和市直相关部门，落实"阳光文化资源配送服务点"的建设与管理，建设"阳光文化之友联谊会"，发展会员单位，培育"阳光文化辅导员"队伍。

7. 其他文化服务

提供基层单位和群众所需的其他文化服务。

（三）活动载体

余姚市公共文化服务中心以均等化、普惠化为目标，采取政府主导、社会参与、市场运作的方式，实施"阳光文化"系列惠民行动，切实保障人民群众基本文化权益，满足城乡群众日益增长的多样化文化需求。

1. 推行阳光文化绿卡

面向低保户和外来务工人员推行"阳光文化爱心卡""阳光文化共享卡",进一步优化"绿卡"功能,丰富服务内容,改进运行机制,提高服务效率,并通过派送"阳光文化大礼包"等形式,切实满足特殊群体的文化需求。

2. 建设阳光文化直通车

计划每年采购400场左右的文艺演出,集合成"阳光文化直通车",按照全年配送计划,定时定量配送到城乡"阳光文化资源配送服务点",实现"全市天天有演出、全年村村有戏看"目标,让公共文化的阳光普照城乡群众。

3. 实施阳光文化村村乐

以优秀群众业余文体团队为基础,组建阳光文化业余演艺团,通过自我申报、组织推荐、专家评审等途径,适时选拔吸收优秀团队和自创节目加入,编导综合文艺专场,依托"阳光文化直通车"和"阳光星期六",赴各地进行巡回演出,弘扬民俗文化,发展民间文艺,促进文化交流,繁荣群众文化。

4. 打造阳光星期六

拓展延伸"周末文化系列"活动,利用乡镇、街道综合文体中心,村(社区)文化宫和学校文体场所,创办"阳光文化社区剧场""阳光文化乡村舞台""阳光文化课堂",以市级以及当地的专业和业余文艺骨干、科普工作者、教师队伍等为师资,以政府补贴、社会支持或"一元剧场"等形式,每周为城乡群众和未成年人定时定点配送小型文艺演出、休闲时尚类讲座、体育健身和文化艺术辅导等。

5. 建立阳光文化之友联谊会

制定"阳光文化之友联谊会"章程和入会制度,组织引导乡镇、街道和市直有关部门以及行政村、社区、学校、企业等基层单位、社会团体加入联谊会,发展"阳光文化资源配送服务点",共享先进文化资源;引导各阶层群众特别是文体骨干人才加入"阳光文化之友联谊会",以文会友、以艺会友、以乐会友,更好地享受先进文化,获得优质文化艺术服务。同时,充分发挥会员单位资源优势和文艺特长,积极支持参与公共文化服务体系建设。发展培育"阳光文化辅导员",负责"阳光文化资源配送服务点"的具体工作。

6. 设立阳光文化基金会

制定"阳光文化基金"章程,引导民营企业和热心人士在市公共文化服务中心设立冠名"阳光文化基金",支持参与公共文化服务体系建设。利用"阳光文化系列"公益活动等平台,对冠名基金单位提供广告发布、优惠配送等服务。

(四)运行模式

余姚市公共文化服务中心实行政府配送、基金赞助、公益行动、市场运作、有偿服务等模式,推进"阳光文化系列"行动和多元文化服务。

1. 政府配送

对政府配送的公共文化产品和服务，原则上实行市和乡镇、街道两级财政分担制，一类乡镇、街道承担50％，二类乡镇、街道承担30％，其余经费由市财政负担；三类乡镇、街道的配送经费全额由市财政负担。同时，发放一定的文化消费券，引导促进市民文化消费。中心每年制订公共文化服务配送计划和经费预算，市财政每年划拨300万元专项资金用于公共文化配送。

2. 基金赞助

余姚市公共文化服务中心根据阳光文化基金会章程，每年从基金中拨出一定经费用于采购"阳光文化大礼包"派送给特殊群体、冠名赞助"阳光文化村村乐"巡演、引导高品质文化消费等，同时，政府给予适当补贴。

3. 公益行动

余姚市公共文化服务中心利用节假日等契机，组织"阳光文化之友联谊会"会员开展公益义演、义卖等文化志愿服务活动，政府和阳光文化基金给予适当补贴。

4. 市场运作

中心根据服务内容和供需双方实际，运用票务发售、广告赞助、服务买卖等市场手段筹集活动经费。

5. 有偿服务

对政府配送计划以外的文化需求和经营性文化服务，经费由申请单位和个人全额承担。

(五)运行机制

1. 集中采购机制

余姚市公共文化服务中心成立由市委宣传部、市文化广电新闻出版局相关负责人、职能科室人员、有关专家，乡镇、街道文化站站长，群众代表以及配送实施单位负责人参加的市公共文化服务中心配送资源采购领导小组，制定《公共文化产品采购评价体系》，收集供需双方信息，编制配送采购计划和经费预算，负责配送文体资源的集中统一采购工作，把好质量关和价格关。

2. 市场运作机制

余姚市公共文化服务中心根据全年配送项目以及基层的其他文化需求，按照市场规则和供求关系，采取协议委托、公开招标等形式，明确市公共文化服务有限公司以及其他具备服务资质的加盟企业作为服务供给单位，具体承担中心统筹的文体资源配送和相关活动的策划承办等工作。

3. 服务加盟机制

制定余姚市公共文化服务中心企业加盟制度和服务承诺章程，引导经营性文化单位加盟中心，依托中心平台开展文化服务；同时，中心对加盟单位在业务培训、政策支持、市场拓展等方面给予支持和帮助，促进文化企业不断发展壮大和文化市场健康繁荣。

4. 社会参与机制

引导、鼓励企事业单位和个人通过冠名赞助、友情支持、设立基金等方式，支持"阳光文化系列"惠民行动；发动"阳光文化之友联谊会"会员以场地支持、技术支撑、志愿服务等形式参与"阳光文化系列"行动。

（六）创新点

余姚市公共文化服务中心的组建，旨在加快建立覆盖全面、运行高效、均等普惠的公共文化服务体系，整合盘活公共文化和经营性文化服务资源，搭建公共文化服务数字平台，构建公共文化服务配送网络，创新体制机制和运行模式，丰富活动载体和服务内容，着力推动公共文化服务社会化、均等化。余姚市公共文化服务中心是一个社会化文化服务指导协调机构。其创新做法：一是采取政府主导、社会参与、市场运作的方式，实施"阳光文化"系列惠民行动，切实保障人民群众基本文化权益，满足城乡群众日益增长的多样化文化需求。二是中心实行政府配送、基金赞助、公益行动、市场运作、有偿服务等模式，推进"阳光文化系列"行动和多元文化服务。三是专门组建余姚市公共文化服务有限公司作为其实体，对整个配送工作进行企业化营运。余姚市公共文化服务中心为我们提供了整合区域内公共文化资源配送的管理体制和运行机制范式。

四、广东省佛山市顺德区文化艺术发展中心①

2012 年 9 月佛山市顺德区整合区文化馆、区文联、区演艺中心三个单位的职能，以及其他政府部门转移的其他社会文化职能，成立顺德区文化艺术发展中心。顺德区人大常委会颁布了《顺德区文化艺术发展中心管理规定》，奠定了顺德区文化艺术发展中心法定机构的地位。

（一）目标使命

第一，策划、推广及支持本地文化艺术发展，打造文艺精品；

第二，培养文艺人才，倡导文艺教育，提升市民的生活素质和艺术欣赏能力。

（二）机构职责

第一，组织开展群众文化活动，丰富群众精神文化生活；

第二，培训和辅导基层文艺骨干和文艺队伍；

第三，排练创作文艺节目，为各级文化活动服务；

第四，整理编辑民间文艺作品，建立健全群众艺术档案；

第五，承担区文化艺术界联合会的机关工作；

---

① 《佛山市顺德区文化艺术发展中心 2012 年年报》，http://www.sdwyzx.com/view/image_text_template.php?id=8549-7430017，2016-12-05。

第六，资助和扶持公益性文艺团队和文艺工作者；

第七，资助和扶持创新性文艺项目；

第八，组织开展区内外文艺交流，提升文艺界专业水平；

第九，组织开展全区文艺评比和表彰；

第十，为政府制定有关政策提供支持；

第十一，负责顺德演艺中心及其配套服务设施的经营和管理；

第十二，承接区文体旅游局委托的其他涉及文化艺术发展的业务。

(三)组织架构及部门职能

顺德区文化艺术发展中心，经顺德区文化艺术发展中心第一届理事会第一次会议审议通过，设立行政事务部、创作研究部、群艺事业部、组织联络部、业务拓展部、演艺场馆部、监察审计部7个内部机构。各部门职能如下。

1. 行政事务部

负责文化艺术发展中心日常行政事务、人力资源管理、档案管理、财务资源管理、财务监察审计管理、检查内部制度和工作纪律落实情况、受理检举投诉和来信来访工作；负责制定艺术中心发展规划；负责网络建设、固定资产管理、后勤管理；负责信息采集、宣传教育、调研；负责草拟综合性材料、制定各项管理制度；负责中心涉及的法律、政策事务。

2. 创作研究部

指导全区开展文艺领域的理论研究工作及文艺创作，培养文艺领域精英人才；制定文艺精品创作奖励办法、文艺团体扶持实施办法；研究本土民间民俗文化的传承和发展；出版文化艺术刊物；负责涉及经费扶持奖励文艺创作项目的合理性分析、评估、审定工作；组织专家进行项目资助的评审，根据相关制度，规范文艺活动；开展文艺研究；其他有利于促进文艺事业的辅助性工作。

3. 群艺事业部

负责策划组织各类公益性群众文化活动；组织文艺辅导、培训活动，发掘与培养文艺人才；组织开展群众性文艺创作活动，组织参加上级的各项文艺创作比赛；贯彻执行实施上级部门布置的各项公益性文化活动。

4. 组织联络部

负责区文联日常工作；联络社会文艺团队、文艺协会等业余文艺机构，培养、发展并壮大各团队力量，开发人才资源；负责发展与管理文化志愿者队伍，建设并管理文艺人才库；加强各类民间文化艺术机构联系和合作。加强国内外的文化艺术交流活动。

5. 业务拓展部

策划、推广各类文化活动项目；探索公益文化与市场运作相结合的方式，鼓励和整合社会资源办文化活动；拓展可经营文化项目；联系本地、国内外演艺活动，引进高水平的文艺精品演出项目，同时为本地文艺工作者、文艺团队走出去提供展示平台。

6. 演艺场馆部

负责经营盘活中心物业资源以及顺德演艺中心的日常管理；推进演艺场馆实施政府扶持和市场运作相结合的方式运营；面向市民，开展多种形式的艺术普及和推广，集中展示顺德本土及国内外的艺术精品，促进和提升顺德区舞台艺术的发展；开发演出经营、场馆出租、演艺培训、配套服务经营等业务。

7. 监察审计部

独立开展具体工作，并对理事会负责。制订年度审计工作计划，开展对内部及所属单位的各项审计监督工作；开展问责工作，负责调查、收集、汇总被问责人的有关资料，提出相关处理方案，报监察审计委员会；受理检举投诉和来信来访工作；理事会赋予的其他职责。

(四)创新点

佛山市顺德区整合区文化馆、区文联、区演艺中心三个单位的职能，以及其他政府部门转移的其他社会文化职能，组建了顺德区文化艺术发展中心。文化艺术发展中心的成立突破了我国县级目前普遍存在的文化艺术资源分散管理问题和难以整合利用的"瓶颈"，为我们探索了一条路径。其创新做法：一是顺德区人大常委会通过颁布《顺德区文化艺术发展中心管理规定》，确定了顺德区文化艺术发展中心的法定机构地位。二是顺德区文化艺术发展中心直接隶属于区政府，区文体旅游局和相关部门对其进行指导和监督。三是坚持"文艺中心"的事业单位性质不变，仍然需要履行原区文化馆、原区文联相关职能。四是实行理事会制。理事会是"文艺中心"的决策和监督机构，负责审议该中心的发展规划、重大业务开展计划，可以审议决定本机构的内设机构设置、用人计划、薪酬分配，并可以根据需要，提出机构变更和职能调整的建议。目前理事中仅少数为政府部门代表，大多数来自区内文化企事业单位、社会组织，"小政府、大社会"的趋向十分明显。顺德区文化艺术发展中心为做大做强文化馆和文联业务空间、促进互动共赢提供了新的思考。

第三部分　案例分析

一、公共文化管理大部制的探索，有利于提高公共文化行政效率

大部制改革是我国行政管理体制建设的重点内容，它注重机构整合、职能转变、权力制约协调、决策民主、管理科学等多方面，是建设服务型政府的重要途径。实践证明，大部制是实现职能与职权、事权与财权、职能与效能、职责与问责相统一的公共文化管理的较好体制。深圳市文体旅游局和重庆市文化委员会大部制的组建，或许为我们创新公共文化管理体制和运行机制提供了新的样板。深圳市文体旅游局的职能

更多强调对公共文化服务体系的行业管理、协调指导、监管责任；重庆市文化委员会的职能则强调对公共文化服务体系的规划引导、指导管理。这有利于推动公共文化行政管理部门从管微观转向管宏观，从管脚下转向管天下，进一步转变政府职能，推进"政事分开"和"管办分开"，降低行政成本；有利于行政资源的互相融合、互相促进，不断提高公共文化行政效率，整体提升城市软实力和综合竞争力。

二、公共文化管理体制和运行机制的创新，有利于整合全社会公共文化资源共建共享

长期以来，由于分业管理格局的存在，我国公共文化设施长期存在着多头建设、资源分散、缺乏统筹的问题。我国的公共文化服务体系建设实际上只是文化系统的公共文化服务体系建设，其他部门如新闻出版、体育、工会、共青团、妇联、科协、教育、残联系统等部门所拥有的众多公共文化设施，因不受文化系统管辖，也就没有纳入公共文化服务体系建设之中。这些非文化部门所拥有的公共文化设施数量众多，规模较大。据统计，至2015年1月，全国文化系统县以上公共图书馆、文化（群艺）馆共6377所。而工会系统的工人文化宫，共青团系统的青少年宫，妇联系统的妇女儿童活动中心，科协系统的科技馆，教育系统的中小学课外活动基地，共有6681所，超过文化系统图书馆、文化馆的数量。[①] 一方面，文化系统一直在呼吁加大硬件设施建设；另一方面，工会、共青团、妇联、科协、教育、残联等系统的公共文化设施只为本部门服务，公共文化服务职能履行不到位，设施闲置情况严重。余姚市公共文化服务中心是市委、市政府领导的社会化文化服务指导协调机构，由市委宣传部牵头，市文化广电新闻出版局、市广播电视台、余姚日报社、市文联共同参与，乡镇、街道联动开展公共文化服务。顺德区文化艺术发展中心有效整合了全区文化艺术资源，建立理事会制，参照企业运作模式进行运作。据不完全统计，2014年，文化艺术发展中心共参与举办各类活动、培训3800多场，其中，文艺活动550场、文艺培训3260场，直接参与群众约86万人次，吸引企业、商会、社会组织等多方资金数百万元投入活动。[②]

三、公共文化管理体制和运行机制的创新，有利于开拓公共文化服务新的方式

余姚市公共文化服务中心充分利用阳光文化绿卡、阳光文化直通车、阳光文化村村乐、阳光星期六、阳光文化之友联谊会、阳光文化基金会"阳光文化"系列六大载体，

---

① 祁述裕、张祎娜：《创新公共文化管理体制和运行机制迫切需要建立公共文化服务体系协调机制》，http://politics.people.com.cn/n/2015/0116/c1026-26398654.html，2016-11-30。
② 郑奕纯、姜旭、程碧云：《顺德启动广佛区域文化交流合作》，http://www.fscea.com/whfs/04/201505/t20150520_5665045.html，2016-11-30。

创新了公共文化服务方式，特别是积极探索配送新模式，实现了全市全覆盖、多层次的均衡普惠文化配送，实现了从"每个中心村有戏看"到"每个自然村有戏看"的转变，实现了从"我演你看"到"你点我演"的转变，实现了从"送文化"到"种文化"的转变，基本达到了"全市日日有演出，全年村村有戏看"的目标。

第四部分　结语

　　管理体制不顺和运行机制不畅是公共文化服务体系建设的重要制度障碍。创新公共文化管理体制要立足当前公共文化服务体系建设实际，完善党委领导、政府管理、部门协同、权责明确、统筹推进的公共文化服务体系建设管理制度；不论是建立大部制，还是建立协调机制、调整职能，本质上是对现有公共文化管理体制的改革，重点是解决相关部门职能交叉、多头管理、重复建设、资源利用率和服务效能不高的问题；通过加强统筹管理，建立协同机制，明确责任，优化配置各方资源，做到物尽其用、人尽其才。构建公共文化服务运行机制，核心是整合政府、文化事业单位、文化企业、社会组织、人民群众的主体力量，形成以群众公共文化需求为导向的资源配置和公共文化服务供给保障与绩效评估体系。创新公共文化管理体制和运行机制，其目标是形成公共文化服务的全社会共建共享，加快构建覆盖城乡、便捷高效、保基本、促公平的现代公共文化服务体系，切实保障广大人民群众的基本文化权益。

　　创新公共文化管理体制和运行机制要紧密结合本地本部门实际，采取多种治理方式，不能一蹴而就，也不能"一刀切"，尤其是公共文化机制创新显得更为重要，要建立以财政为支撑的投入机制，强化可持续的经费保障；要构建开放多元的公共文化服务供给机制，形成有活力全覆盖的服务体系；要建立群众参与机制，增强公共文化服务运行的内生动力；要创新文化人才管理机制，提高公共文化服务人才保障水平；要建立科学合理的绩效评估机制，提高公共文化服务质量与民众满意度。

思考题

1. 简述公共文化管理体制的模式及特点。

2. 简述公共文化运行机制的特点。

3. 简述当前我国公共文化管理体制和运行机制的现实困境。

4. 结合实际，谈谈你对创新公共文化管理体制和运行机制的思考。

案例 3　公共文化服务评价机制

第一部分　背景透视

一、公共文化服务评价的概念及特征

《中华人民共和国公共文化服务保障法》第2条规定："本法所称公共文化服务，是指由政府主导、社会力量参与，以满足公民基本文化需求为主要目的而提供的公共文化设施、文化产品、文化活动以及其他相关服务。"公共文化服务评价是指根据科学的绩效评估指标体系，运用合理的绩效评估方法和模型，对公共文化服务效能等进行客观、公正的综合评价。

公共文化服务与政府公共服务职能及国家文化事业建设紧密相关，不仅具有公共服务的属性，更具有公共文化的特性。

从公共文化来看，公共文化服务兼具物质和精神两个层面，其范围和方式较难明确界定，因此公共文化服务评价指标的设计并非易事，需经过长期的评估实践不断修正和调整。从公共服务来看，公共文化服务具有公益性、公平性的特点。公益性突出公共文化服务的非营利性质，是公民享有的基本权益之一；评价要注重测度服务提供的广泛程度和服务获取的便利性。公平性突出公民享有公平地获得公共文化产品、参与公共文化活动的机会，获取同等质量的公共服务资源的权利；评价要注重测度服务提供的无差异性。

二、公共文化服务评价的模式及类型

公共文化服务评价的模式主要有两种：一种是内部自评模式，即由各级政府自行评价公共文化服务的水平，这种评估方法具有一定的不公开性，但由于政府是公共文化服务的提供者，其自身对评价目的最为了解，因此评价能快速开展；另一种则是第三方评价模式，是由不属于被评政府的组织机构实施的公共文化服务评价，这种方式避免了政府既提供服务又评价服务的缺陷，但是第三方评价也存在对评价目的了解不足的问题，可能存在评价误区。

当前，我国的公共文化服务评价存在两种不同的形式：一是从整体和部分划分的角度进行分类；二是从地区和城乡差别上进行划分。

第一，公共文化服务评价从整体和部分划分的角度进行界定时，可以分为单类型评估、整体评价，以及单类型评估和整体评价并存。单类型评估，如公共图书馆、博物馆等公共文化服务机构作为独立的单元，建立自身的评价指标开展评估，易于操作；

整体评价需为各类型公共文化服务建立统一综合评价指标体系，由于各类型公共文化服务的差异较大，很难用一套指标全面覆盖各类公共文化服务，操作难度较大。现行的各省市出台的公共文化服务评价指标体系主要是采用"单类型评估＋整体评价"的方式开展的，即整体评价指标体系由各个独立的单类型评估指标组成，在进行评估时，先开展单类型评估，再进行综合整体评价。

第二，根据我国国情，考虑评估对象的地区和城乡差别，公共文化服务评价可以分为城市公共文化服务评价和农村公共文化服务评价。我国农村人口在总人口中的比重相当大，但由于经济落后以及农民的文化权利意识较薄弱，且东部沿海和中西部地区的农村公共文化差异巨大，农村公共文化服务实施及其评价仍然是我国当前特有的且不可或缺的公共文化服务系统组成部分。

三、公共文化服务评价的原则及意义

我国在实行公共文化服务评价过程中，主要遵循三个原则：第一，客观与适用性兼顾。任何评价除了尽量保证评价过程客观公正、指标体系客观系统外，还要确保指标值的可获取性、确保评价方法的可操作性，同时考虑评价结果能否适用于实践。第二，评价与发展兼顾。公共文化服务绩效评价的首要目标是评价，可以根据评价结果进行一定的奖惩；而绩效评估的目标，更多在于查漏补缺，为改善公共文化服务提供指导意见，因此需要兼顾评价与发展，以评促改，以评促建。第三，公平与效率兼顾。公共文化服务具有公共性、公益性等属性，对其进行评价必须坚持公平性，同时也不能仅仅追求公平，以致因过分追求公平而浪费时间精力，失去评估的初衷，而应根据成本效益使公平与效率兼顾。

公共文化服务评价在整个公共文化服务的过程中起着非常重要的作用，通过开展公共文化服务评价，政府才能把握公共文化服务实施的效果，才能确定是否有效保障了公民的基本文化权利，才能了解公众是否都能够公平均等地享受到公共文化服务，才能明确地了解是否符合公众的需求，才能准确地知道是否令公众满意等。开展公共文化服务评价，还能深入地与民众沟通，了解公共文化对他们的价值和意义，了解民众的公共文化需求，从而进一步调整或改进公共文化服务的内容或方式，并制定相应的政策确保公共文化服务满足民众的需求。除此之外，政府还可以知晓本阶段公共文化服务开展的成败，深入分析原因，为今后公共文化服务政策制定和实行提供参考。最后，公共文化服务评价还有助于改善服务部门的服务质量，提高公共文化服务水平，优化公共文化资金的合理利用。

四、公共文化服务评价的发展历程

20 世纪 80 年代，我国在学习和借鉴西方国家及地区经验的基础上，逐步引入政府绩效评估管理。由于我国公共文化服务全面开展的时间晚于其他政府公共服务，对公

共文化服务评价的研究和实践的时间也晚于其他政府公共服务评价,直至20世纪末对整个公共文化服务的评估以及指标体系的构建还鲜有涉及。不过,在此期间虽然未从整体上对公共文化服务进行绩效评估,但部分类型的公共文化服务开展了自己独立的绩效评估,如自1994年开始由文化部组织的全国县级以上图书馆评估定级工作等。进入21世纪以来,公共文化建设受到前所未有的重视,构建科学有效的公共文化服务体系成为政府的重要职责。2005年11月,《中共中央办公厅国务院办公厅关于进一步加强农村文化建设的意见》提出:"建立健全基层文化单位的评价机制,将服务农村、服务农民情况作为文化单位工作的重要考核内容。"2006年9月,《国家"十一五"时期文化发展规划纲要》指出:"农村公共文化建设要纳入各级政府重要议事日程和政府目标管理责任制,纳入创建文化先进县(市)、文化先进乡镇和创建文明村镇等相关评价体系","建立健全基层文化单位的评价体系,将服务农村、服务农民作为基层文化单位工作的重要考核内容"。2007年8月,《中共中央办公厅、国务院办公厅关于加强公共文化服务体系建设的若干意见》指出:"要根据图书馆、博物馆、文化馆、乡镇综合文化站、电台、电视台和广播电视发射转播台等公共文化服务机构的特点,分类制定建设标准和服务标准,加强绩效评估。"2011年,党的十七届六中全会通过的《中共中央关于深化文化体制改革推动社会主义文化大发展大繁荣若干重大问题的决定》明确提出:"制定公共文化服务指标体系和绩效考核办法。"2012年2月,《国家"十二五"时期文化改革发展规划纲要》指出:"制定公共文化服务指标体系和绩效考核办法,明确服务标准和服务规范,加强评估考核。"2013年1月,《文化部"十二五"时期公共文化服务体系建设实施纲要》提出:"探索建立公共文化服务绩效评价和监督机制。"2013年11月,党的十八届三中全会通过的《中共中央关于全面深化改革若干重大问题的决定》指出:"建立群众评价和反馈机制,推动文化惠民项目与群众文化需求有效对接。"2015年1月,《中共中央办公厅、国务院办公厅关于加快构建现代公共文化服务体系的意见》,明确指出:"完善公共文化服务评价工作机制。以效能为导向,制定政府公共文化服务考核指标,作为考核评价领导班子和领导干部政绩的重要内容,纳入科学发展考核体系。建立公共文化机构绩效考评制度,考评结果作为确定预算、收入分配与负责人奖惩的重要依据。加强对重大文化项目资金使用、实施效果、服务效能等方面的监督和评估。完善服务质量监测体系,研究制定公众满意度指标,建立群众评价和反馈机制。探索建立公共文化服务第三方评价机制,增强公共文化服务评价的客观性和科学性。"《中华人民共和国公共文化服务保障法》第56条规定:"各级人民政府应当加强对公共文化服务工作的监督检查,建立反映公众文化需求的征询反馈制度和有公众参与的公共文化服务考核评价制度,并将考核评价结果作为确定补贴或者奖励的依据。"

公益性文化机构作为基层组织和主要阵地,在公共文化服务中起到了重要作用,且作为物理实体存在的文化机构便于开展评估,因此对公共文化服务机构的绩效考核开展较早。2007年上海市率先制定了《上海社区文化活动中心绩效评估指标体系》,包括性质指标、运营指标、效率指标、可持续发展指标等4个一级指标;2012年湖北省实施了《湖北省公共图书馆、文化馆(站)免费开放工作绩效考评暂行方法》;2013年重庆市开展了区县"三馆一站"免费开放绩效评价,这些都对基层公共文化机构的考核作出了具体的要求。

2010年浙江省制定了《浙江省农村公共文化服务评估指标体系》,这套指标体系涵盖了政府投入、设施建设、队伍规模、公共服务、社会参与和文化惠民创新等7个方面,共设立了23项指标。体系既坚持政府主导,也鼓励社会参与,除了考核政府送文化下乡情况,还关注基层自发的"种文化"现象。同时,它坚持投入与产出并重,不但看政府对公共文化的投入,还考察最终产出的公共文化产品和服务的数量和质量。23项指标根据其体现政府承担公共文化服务职能的相关性程度,其权重又有不同,总分为100分。① 北京市朝阳区在创建第一批国家公共文化服务体系示范区中,创建了"2+5"公共文化服务评价指标体系,2个评价指标体系是指《朝阳区公共文化服务评价指标体系》和《朝阳区街乡公共文化服务评价指标体系》,5个绩效考核指标体系是指《朝阳区文化馆绩效考核指标体系》、《朝阳区图书馆绩效考核指标体系》、《朝阳区博物馆绩效考核指标体系》、《朝阳区街乡文化中心绩效考核指标体系》和《朝阳区社区(村)文化活动室绩效考核指标体系》。"2+5"公共文化服务评价指标体系,从设施、供给、享受、管理、保障等五个方面系统、科学地评价全区公共文化服务建设情况。朝阳区建立区公共文化服务评价平台,涵盖文图博、街乡、社区(村)材料提交管理,实地考察地点管理,问卷调查管理,网络测评管理,测评结果统计等主要功能,实现了对公共文化服务工作的实时监督和动态管理。同时,朝阳区制定《公共文化服务评价考核实施办法》和《公共文化重大项目管理考核办法》,把一年一次的公共文化服务评估结果纳入处级领导班子综合考核指标体系,形成了文化服务绩效考核常态机制。② 这些评价活动以及相应文件的出台都极大地促进了公共文化服务质量的有效提升。

总体上讲,目前我国公共文化服务评价机制尚处在初步建立阶段,涉及公共文化服务绩效评价的范围、指标体系、主体和客体、评价过程与方法等方面的内容。

---

① 冯源:《浙江建立全国首个农村公共文化服务评估指标体系》,http://zjnews.zjol.com.cn/05zjnews/system/2010/07/07/016742851.shtml,2016-12-05。

② 北京市文化局:《北京市朝阳区创建国家公共文化服务体系示范区成效显著》,http://www.mcprc.gov.cn/whzx/qgwhxxlb/beijing/201311/t20131119_423845.html,2016-12-05。

第二部分 案例描述

一、重庆市区县"三馆一站"免费开放绩效评价[①]

为切实发挥重庆市美术馆、公共图书馆、文化馆、乡镇（街道）综合文化站（简称"三馆一站"）免费开放专项资金的使用效率，提高公共文化服务效能，根据文化部、财政部的统一部署，重庆市从 2013 年开始，根据原重庆市文化广播电视局（2013 年 12 月机构改革，改为重庆市文化委员会）、重庆市财政局下发的《关于印发〈2013 年重庆市区县"三馆一站"免费开放绩效评价工作方案〉的通知》，对全市美术馆、公共图书馆、文化馆、乡镇（街道）综合文化站进行免费开放绩效评价。从 2015 年开始，"三馆一站"免费开放绩效评价工作主要转向以效能为导向。本着"大稳定、小调整"的原则，重庆市文化委员会、重庆市财政局重新制定规范，下发了《2015 年重庆市区县"三馆一站"免费开放绩效评价工作方案》。

（一）主要做法

1. 制定评价内容

制定的评价内容包括如下三个方面。

（1）业务工作指标。

具体包括：重庆市区县美术馆绩效评价业务指标、重庆市区县公共图书馆（少儿馆）绩效评价业务指标、重庆市区县文化馆绩效评价业务指标、重庆市区县乡镇综合文化站绩效评价业务指标、重庆图书馆绩效评价业务指标、重庆市少年儿童图书馆绩效评价业务指标、重庆市群众艺术馆免费开放绩效评价业务指标、重庆市美术馆绩效评价业务指标。

（2）一票否决指标。

具体包括：当年免费开放中出现了重大安全责任事故的；当年免费开放中不按照重庆市财政局有关文件落实和使用资金，或严重违反财经纪律的；当年区县"三馆"免费开放面积没有达到重庆市有关规定面积的；当年乡镇（街道）综合文化站凡出现拍卖、租赁、占用、闲置等各种形式，使其挪作他用的。凡违反上述任一条规定的，均实行一票否决。

（3）扣分指标。

实行每季度上报免费开放绩效评价业务指标中基本服务项目实绩完成情况。如不

[①] 重庆市文化广播电视局、重庆市财政局：《关于印发 2013 年〈重庆市区县（自治县）"三馆一站"免费开放绩效评价工作方案〉的通知》，2013-10-09。重庆市文化委员会、重庆市财政局：《关于印发〈2015 年重庆市区县（自治县）"三馆一站"免费开放绩效评价工作方案〉的通知》，2015-07-09。

按照有关要求，按时准确上报有关情况，以及统计数据的，年度评价时实行酌情扣分。

2. 组织实施评价

(1)单位自评。

由重庆市各区县美术馆、公共图书馆、文化馆、乡镇(街道)综合文化站分别于当年年底对免费开放情况，分类对照绩效评价的指标，进行认真自查，并撰写免费开放自查报告及评出自评分数。

(2)申请评价。

各单位自查及评分完成后，按照有关权限，于次年年初分别向有关部门提出申请验收。一是区县美术馆、公共图书馆、文化馆向当地文化委、财政局提交免费开放自查报告和自评分数，各区县文化委、财政局联合审核后，向重庆市文化委员会、重庆市财政局提交免费开放绩效评价申请，并附上当地美术馆、公共图书馆、文化馆免费开放自查报告及自评分数。二是各乡镇(街道)综合文化站、财政所联合向当地人民政府或办事处提交免费开放自查报告和自评分数，由各乡镇(街道)人民政府或办事处审核后，向当地区县文化委员会、财政局提交免费开放绩效评价申请，并附上各乡镇(街道)综合文化站免费开放自查报告及自评分数。

(3)实地评价。

承担实地评价的市和区县文化、财政行政主管部门在接到免费开放绩效评价申请后，分别组建实地评价组，各负其责，于春节前完成实地评价。一是重庆市文化委员会、重庆市财政局委托各区县文化委员会、财政局对所属乡镇(街道)综合文化站进行实地评价并评出分数，分数保留小数点后一位，实行"四舍五入"(下同)；同时，由其将所属乡镇(街道)综合文化站实地评出分数上报重庆市文化委员会、重庆市财政局，此项工作区县须在次年1月20日前完成。二是重庆市文化委员会、重庆市财政局联合组成实地评价组，适时对区县美术馆、公共图书馆、文化馆进行实地评价并评出分数。同时，将按照区域内所属综合文化站10％的比例进行随机抽评(农家书屋实地评价由考评组到达乡镇后抽取一个进行检查)，如出现抽评分数与区县实地评出分数有不相同的情况，市里将根据偏差系数，统一重新核定所在区县乡镇(街道)综合文化站最后得分。

(4)社会评价。

社会评价主要体现在满意度方面。对美术馆、公共图书馆、文化馆免费开放的群众满意度测评由重庆市文化委员会、重庆市财政局委托第三方独立实施，区县可不开展群众满意度测评；对乡镇(街道)综合文化站免费开放的群众满意度测评，委托区县开展，重庆市文化委员会、重庆市财政局委托第三方独立实施抽评。

(5)汇总评价结果。

首先，重庆市文化委员会、重庆市财政局将根据文化部、财政部对免费开放绩效评价的有关要求，以及重庆市评价方案的规定，结合实地评价分数和社会评价分数，按照"三馆一站"每个单位的分数高低，对照评价标准，分主城、渝西、渝东北和渝东南三个片区，分别提出一、二、三等次的入围名单(美术馆纳入文化馆总数中确定等次)。其次，对入围建议名单公示7天，主动接受社会监督。公示无异议后，正式确定一、二、三等次名单，并视情况向社会公布。最后，区县如对考评结果有异议，市文化委员会将另行组织复查组进行核查。

3. 结果运用

重庆市文化委员会与市财政局共同研究，最终评出一、二、三等馆(站)。对获得二等馆(站)的，给予一定的免费开放奖励资金。同时，将此评价结果直接运用于市委、市政府考核区县科学发展观实绩中的公共文化服务指标。

自2013年开始实施的免费绩效评价，为切实提高重庆市区县"三馆一站"免费开放专项资金的使用效率和公共文化服务效能发挥了较大的促进作用，使全市形成了比学赶超的服务氛围。

(二)创新点

2013年6月，财政部、文化部印发《中央补助地方美术馆、公共图书馆、文化馆(站)免费开放专项资金管理暂行办法》，提出："财政部会同文化部适时组织或委托有关机构对专项资金管理使用情况进行监督检查或绩效评价。检查和评价结果作为以后年度分配专项资金的重要参考依据。"按照通知精神，原重庆市文化广电局和重庆市财政局联合开展了重庆市"三馆一站"免费开放绩效评价工作，持续开展的评价工作不断推动了"三馆一站"服务效能的提升，在全市形成了"三馆一站"免费开放比、学、赶、帮、超的局面。其创新做法：一是结合实际，科学制订了重庆市区县"三馆一站"免费开放绩效评价工作方案，为开展绩效评价工作提供了政策支撑。二是建立"单位自评、专家评价、社会评价"相结合的评价机制，使评价更加符合实际、更加接近真实。三是注重结果运用，其评价结果不仅与免费开放专项奖励资金挂钩，而且将直接运用于市委、市政府考核区县科学发展观实绩中的公共文化服务指标分值，层层传导压力，达到"以评促建、以评促改"的目的。

二、广东省东莞市公共文化服务体系绩效评估[①]

为认真贯彻落实党的十八届三中全会提出的"构建现代公共文化服务体系"的目标任务和"建立群众评价和反馈机制"等工作要求，进一步明确各级政府的公共文化服务主体责任，规范各类公共文化服务设施、机构的管理运行，切实提高公共文化服务效能，更好地保障人民群众基本文化权益、满足人民群众基本文化需求，全面提升东莞市现代公共文化服务体系建设水平，依据《东莞市建设全国公共文化服务名城实施意见(2011—2020年)》等文件要求，制定《东莞市公共文化服务体系绩效评估办法》，开展公

---

① 东莞市人民政府办公室：《关于印发〈东莞市公共文化服务体系绩效评估办法〉的通知》，ht-tp://zwgk. gd. gov. cn/007330010/201409/t20140926_548671. html，2016-12-05。

共文化服务体系绩效评估。

(一)主要做法

1. 确定评估内容

东莞市将公共文化服务分为四类，每一类设置三个或四个方面评估的具体内容。

(1)市直属公共文化服务单位(如文化馆、图书馆、博物馆、展览馆等)公共文化服务情况。

第一，基本服务。包括：场地设施免费开放情况、基本公共文化服务项目提供情况、文化服务活动开展情况、流动服务情况、地方文献整理收藏及地方特色文化保护传承情况。

第二，服务效能。包括：辖区居民对馆内基本服务项目知晓率、辖区居民参与馆内基本文化服务项目人次及比率、辖区居民人均到馆次数、服务创新和服务品牌建设情况、不同群体对服务的满意度。

第三，管理运行。包括：服务规范、管理制度制定和执行情况。

(2)各镇人民政府(街道办事处)公共文化服务情况。评估内容包括文化服务设施、文化惠民项目、重大文化活动等。

第一，基本服务。包括：场地设施免费开放情况、基本公共文化服务项目提供情况、辖区内流动服务点建设情况、群众文化活动开展和群众文化团队建设情况、群众文艺骨干培训情况、地方特色文化保护传承情况。

第二，服务效能。镇街及下辖村(社区)图书馆(室)、公共电子阅览室、文化广场、综合活动室等文化设施服务情况，辖区居民对镇街基本文化服务项目知晓率，辖区居民参与基本文化服务项目人次及比率，辖区居民参与各类文化艺术活动人次及比率，辖区内群众文化艺术团队数及覆盖率，服务创新和服务品牌建设情况，不同群体对服务的满意度。

第三，管理运行。包括：服务规范、管理制度制定和执行情况。

(3)社会力量兴办的公益性文化机构公共文化服务情况。将享受政府土地划拨或部分减免土地出让金、获得税收优惠和资金补助的社会力量兴办的非营利性文化设施、机构，纳入公共文化服务绩效评估范围。主要评估内容如下。

第一，公益服务。包括：场地设施免费或低价开放情况、公益文化服务项目提供情况。

第二，服务效能。相关群体对设施及公益服务项目的知晓率、年参观人次及增长率、年举办特色文化艺术活动次数及增长率、业内影响力、文化服务特色和品牌建设情况、群众意见。

第三，管理运行。包括：服务规范、管理制度制定和执行情况。

(4)市级重大公益性文化项目、活动。将市政府及市政府有关部门举办、承办、协办的重大公益性文化活动或重大文化项目，纳入公共文化服务绩效评估范围。主要评估内容如下。

第一，组织准备。包括：组织实施主体的资质、经济实力、专业水准、业内影响力以及市场拓展能力，组织实施者对所承接项目了解的深度及前期论证情况，组织实施者制订并提供的项目实施方案及执行情况。

第二，项目实施。包括：项目时间、地点选择的合理性，项目各子项安排顺序、间隔的合理性，项目设施设备的预订、安装和使用情况，项目进程中预热发动、氛围营造、过程宣传、成果传播、经验提炼等安排及执行情况，对参与群体及规模的预测、实际引导和妥善安排情况，项目安全、消防、环保、应急等措施协调配套及落实情况。

第三，资金使用。包括：项目资金预算的合理性、项目资金管理制度及执行情况、项目资金使用决算的及时性和合理性、项目资金透支或结余情况的处理、预算外资金管理使用情况。

第四，服务效果。包括：活动项目参与总人数及增长情况，不同群体对活动项目组织、内容、效果的满意度测评，活动的连续性和品牌建设的影响，活动项目引起重要媒体关注报道的情况。

2. 明确实施方法

(1)确定年度评估方案和评估对象。

每年 4 月，市文广新局制订年度评估方案，确定评估对象。

(2)确定第三方评估机构。

每年 5 月，市文广新局按市政府相关规定，以公平、公正、公开的方式确定具体承担评估工作的第三方专业评估机构。

(3)公布年度评估指标和评分细则。

每年 6—7 月，第三方专业评估机构按政府主导的原则，根据当年公共文化服务的工作重点和实际情况，制定年度评估指标和评分细则。

(4)组织实施评估。

每年 8—9 月，第三方评估机构对评估对象进行评估，方法如下。

第一，现场检查。

对评估对象的服务或活动场所进行检查，对设施管理、使用和维护情况，服务规范及管理制度制定及执行情况，服务人员精神面貌，现场服务状况等进行检查。

第二，现场访谈。

以座谈、随机访谈、暗访等方式，对现场或周边群众进行访谈，了解评估对象的服务情况。

第三，问卷调查。

以问卷调查方式对现场或服务区域的群众，进行知晓度、满意度测评。

(5)完成评估并形成评估报告。

每年 10 月，第三方评估机构根据现场检查、现场访谈、问卷调查、评估对象日常服务统计数据等各方面情况，形成评估意见和分值。

3. 评估结果运用

绩效评估评分为百分制。绩效评估结果分为优（90分以上）、良（80～89分）、中（70～79分）、低（60～69分）、差（60分以下）等五个等次。评估结果在全市进行通报，对评估成绩优秀的镇街、单位、机构或活动项目向社会进行通报，对评估成绩不合格的要求限期整改，对效益不理想的活动项目进行调整。评估等次连续两年为"低"或"差"的镇街、单位、机构或活动项目负责单位，要对重点问题进行专项分析，并制订整改方案及措施报市文广新局。经核实在评估中有弄虚作假行为的，在全市通报批评。根据评估结果，总结推广先进经验，整改存在的问题，调整评估指标体系，完善和规范日常管理，提高服务质量和效率。

（二）创新点

《中华人民共和国公共文化服务保障法》第23条规定："各级人民政府应当建立有公众参与的公共文化设施使用效能考核评价制度，公共文化设施管理单位应当根据评价结果改进工作，提高服务质量。"《中共中央办公厅、国务院办公厅关于加快构建现代公共文化服务体系的意见》强调：加强对重大文化项目资金使用、实施效果、服务效能等方面的监督和评估。东莞市是第一批国家公共文化服务体系示范区，是文化部确定的国家基本公共文化服务标准化试点地区。东莞市公共文化服务体系绩效评估为全面评估公共文化服务设施、项目、活动等效能作出了有意义的探索。其创新做法：一是确定评价内容，将东莞市公共文化服务分为"市直属公共文化服务单位公共文化服务情况，各镇人民政府（街道办事处）公共文化服务情况，社会力量兴办的公益性文化机构公共文化服务情况，市级重大公益性文化项目、活动"四类，设置不同评估指标，使评估更具针对性和实效性。二是把社会力量兴办的公益性文化机构公共文化服务情况纳入评估，推动政府力量参与公共文化服务。三是建立公共文化服务第三方评价机制，增强公共文化服务评价的客观性和科学性。四是强化评估结果的应用，对评估成绩优秀的进行通报表扬，对评估成绩不合格的要求限期整改，对效益不理想的活动、项目进行调整。评估等次连续两年为"低"或"差"的负责单位，要求其对重点问题进行专项分析，制订专项整改方案并抓好落实。

三、山西省公共文化服务绩效考核评价[①]

为全面贯彻落实党的十八大和十八届三中全会精神，进一步增强各级政府文化建设的主动性，加快推进文化强省建设，按照《山西省人民政府关于修订山西省县域经济发展考核评价暂行办法的通知》和《山西省统计局关于印发〈山西省县域经济发展考核评

---

① 山西省文化厅：《山西省文化厅关于做好2014年度全省公共文化服务绩效考核评价工作的通知》，http://sxwh.gov.cn/zwgk/tjdy/201612/t20161207_264819.html，2016-12-05。

价综合统计报表制度〉的通知》安排，山西省开展了全省公共文化服务绩效考核评价工作。

(一)主要做法

1. 提高认识，切实加强对考核评价工作的组织领导

开展公共文化服务绩效考核评价工作，是科学考核地方各级政府文化建设，促进全省文化大发展大繁荣的重要举措。各地应提高思想认识，进一步加强组织领导，以高度的责任心，切实把这项工作抓紧抓好。对考核评价工作应指定具体机构、明确专人负责，对工作中遇到的各种困难和问题，及时采取措施，切实加以解决。省、市、县之间，加强沟通、密切配合、通力协作，共同把考核评价工作做好。

2. 明确责任，科学推进考核评价工作的规范化开展

各级政府是开展文化建设的责任主体，各级文化主管部门代表本级政府履行文化建设职能，具体实施本地区公共文化服务体系建设等项工作。结合实际，山西省制定了公共文化服务绩效考核评价指数，并对指标解释及计算公式进行了设定。各地按照分解的任务，认真履行相关职责，按时、高质量完成统计调查以及考核评价任务。在具体工作中，各地根据考核评价工作的总体要求，制定详细、规范的统计调查制度，强化基层基础工作，加大业务培训指导力度，确保考核评价数据及时准确和规范可比，充分发挥文化统计服务地方经济社会发展的作用。

3. 狠抓落实，确保考核评价工作进度

各地应做好对公共文化服务绩效考核评价工作的宣传、落实工作，确保数出有据，真实可信。各地分管考核评价工作的领导，对本部门提供的考核评价数据的质量负总责。切实强化工作措施，加强对考核评价数据的事前、事中、事后质量控制。

4. 明确主要考核指标，对公共文化服务绩效实行指数考核评价

公共文化服务绩效考核评价指数，是指各市、县人民政府在建立健全公共文化设施网络，提高公共文化机构服务能力，切实维护低收入人群及其他特殊群体的基本文化权益，加强农村公共文化建设等公共文化服务方面的建设情况。主要考核指标：一是公共文化基础设施建设情况，包括市级公共图书馆、群众艺术馆、演艺(影剧院)场馆等文化设施建设情况，县(区)级图书馆、文化馆、演艺(影剧院)场馆等设施建设情况，乡镇综合文化站、村文化活动室(包括社区文化中心)等基层文化设施建设情况。二是公共文化服务投入情况，包括市、县文化事业费占财政支出比重，人均文化事业费，公共图书馆、文化馆(站)等公益文化服务机构免费开放经费配套情况，人均购书经费、业务经费投入情况，农村文化建设专项资金设立及投入情况。指数权重：一是公共文化基础设施建设情况权重50分，其中市级公益文化设施建设情况权重30分、市级艺术表演场所建设情况权重10分、县级文化设施建设情况权重5分、基层文化设施建设情况权重5分。二是公共文化服务投入情况权重50分，其中文化事业费占财政支出比重权重15分、人均文化事业费权重15分、公共图书馆经费投入情况权重6分、群众艺术馆经费投入情况权重 6 分、农村文化建设专项经费投入情况权重 8 分。

(二)创新点

我国经过"十五"、"十一五"和"十二五"时期公共文化服务体系的建设,总体上讲,设施建设发生了很大变化,财政投入逐年提高,尤其是随着免费开放政策的实施,提高公共文化服务效能成为当前紧迫的问题。检验公共文化服务效能的高低,重要措施是开展绩效考核评价工作。山西省公共文化服务绩效考核评价工作在全国启动相对较早。其创新做法:一是切实加强对考核评价工作的组织领导,指定具体机构、明确专人负责,对照山西省制定的公共文化服务绩效考核评价指数开展考核评价工作。二是制定详细、规范的统计调查制度,强化基层基础工作,加大业务培训指导力度,确保考核评价数据及时准确和规范可比,明确各地分管考核评价工作的领导对本部门提供的考核评价数据质量负总责,确保以真实的数据考核出大家认同的结果。三是通过评价结果,深入分析查找原因,提出整改落实措施,推进公共文化服务发展。

四、江苏省无锡市公共文化服务评价[①]

由无锡市文化广电新闻出版局、无锡市标准化研究中心共同起草的《无锡市公共文化服务评价》(ZDWJT 0082-2015),由无锡市质量技术监督局于 2015 年 12 月 20 日发布,并于 2016 年 1 月 1 日起执行。标准规定了公共文化服务评价的术语和定义、评价原则、评价程序,以及公共文化服务行政绩效、公共文化服务机构和公共文化服务项目绩效评价。此标准是在《无锡市综合文化站服务规范》(ZDWJT 0072)、《无锡市公共图书馆服务规范》(ZDWJT 0074)、《无锡市文化馆服务规范》(ZDWJT 0076)、《无锡市公共博物馆服务规范》(ZDWJT 0078)、《无锡市公共美术馆服务规范》(ZDWJT 0080)等的基础上进一步深化公共文化服务绩效的有力措施,从而将公共文化服务评价纳入了标准化范畴。

(一)主要做法

1. 确立评价原则
评价原则包括政府主导、效能导向、客观公正、持续改进。

2. 明确实施程序
(1)制订评价方案。

根据评价对象制订绩效评价方案,明确评价的具体内容、方法、时间和结果应用方式等,制定评价标准,并提前公布。抽查评价项目,并明确评价样本。

(2)组织评价人员。

根据评价指标情况,确定具有相关管理、工作经验,责任心强,具有协作精神的

---

① 无锡市质量技术监督局:《〈无锡市公共文化服务评价〉标准(ZDWJT 0082-2015)》,http://www.360doc.com/content/16/0517/15/6393723_559888339.shtml,2016-12-05。

人员成立评价小组；需要组织专家评审的应确定专家组成。评价前可进行必要的培训，使评价人员明确职责和任务，熟悉评价工作要求，统一评价标准。

（3）准备评价材料。

被评价地区、单位应进行自查，提交自评报告和自评分数。评价小组应提前汇总自评情况和自评得分情况，了解分析待评价对象的全面情况；通知被评价对象需准备相关文件、报告、工作进展情况、原始档案、统计报表、有关票据等材料。

（4）实施现场评价。

按照评价方案组织现场评价，依据评价标准，听取汇报、查验资料、查看现场、核实情况。

（5）获取社会评价。

通过问卷调查、抽样调查、数据统计、实地检查等方式获取知晓度、满意度、群众意见处理等得分依据。

（6）完成评价打分。

根据评价情况对各项评价指标进行打分。

（7）确定评价结果。

汇总、分析评价数据，确定评价结果，形成评价报告。

（8）应用评价结果。

公开评价结果，反馈评价情况，总结评价工作，依据相关绩效评价制度落实结果应用。

3. 确定评价内容

无锡市公共文化服务评价细分为公共文化服务行政绩效评价、公共文化服务机构评价、公共文化服务项目绩效评价三类。

（1）公共文化服务行政绩效评价。

第一，评价指标。

公共文化服务行政绩效评价指标用于对各市（县）区政府及其公共文化管理部门的公共文化服务保障情况的综合评价。评价指标以群众满意度为核心，包括基础设施、政府投入、服务供给、人员保障、管理效能和社会评价六个方面。

第二，评价方式。

采取群众满意度测评方式，每年应至少进行一次群众满意度测评。满意度测评一般通过问卷"公共文化服务满意度与需求调查表"调查进行。问卷调查应采取委托第三方机构随机调查、入户走访、电话访谈、网上调查和聘请社会监督员定期调查等方式实施。组织问卷调查时，调查样本应充分考虑不同阶层、不同年龄、不同地段服务对象比例（其中弱势群体比例不低于20%），发放问卷不少于200份，回收有效问卷不低于80%。应每年组织一次年度评价。

第三，评价结果。

公共文化服务行政绩效评价应按指标得分确定绩效等级，等级划分如下：得分90分以上为优秀；得分80～89分为良好；得分60～79分为合格；得分60分以下为不合格。

(2)公共文化服务机构评价。

第一，评价指标。

公共文化服务机构评价指标用于对市和市(县)区两级公共图书馆，市和市(县)区两级文化馆，市和市(县)区两级博物馆，市和市(县)区两级美术馆以及乡镇(街道)综合文化站的公共文化服务开展情况的综合评价。其他公共文化单位的公共文化服务绩效评价应根据评价原则，按照其担负的公共文化服务职能制定评价指标，或纳入该单位整体评价指标体系。评价指标应突出服务功能的发挥和工作实效，包括阵地建设、队伍建设、基础业务建设、公共服务、运行管理和社会监督六个方面。

第二，评价方式。

首先根据公共文化服务机构相应的服务标准采用群众满意度测评。公共图书馆、文化馆、博物馆、美术馆、综合文化站应按照有关标准的要求定期进行群众满意度调查，并根据馆站评估定级规范开展公共文化服务机构评估定级：公共图书馆应按《公共图书馆评估标准和定级必备条件》的要求开展评估定级；文化馆应按《文化馆等级必备条件和评估标准》的要求评估定级；博物馆应按《博物馆评估暂行标准》的要求开展评估定级；美术馆应按《全国重点美术馆评估标准》的要求开展评估定级；综合文化站应按《江苏省乡镇(街道)综合文化站评估定级标准》中苏南地区指标的要求开展综合文化站评估定级。由公共文化管理部门组建社会监督员队伍，定期对公共文化服务机构的服务质量进行暗访评价。各公共文化服务机构应由其主管单位(部门)按相应的评价指标每年组织一次年度评估。

第三，评价结果。

公共文化服务机构年度评价应按指标得分确定绩效等级，等级划分如下：得分90～100分为优秀；得分60～89分为合格；得分60分以下为不合格。评估定级的等级划分由国家相关部门公布。

(3)公共文化服务项目绩效评价。

第一，评价指标。

公共文化服务项目绩效评价指标用于对乡镇(街道)级以上的公共文化基础设施建设项目以及市(县)区级以上文化精品工程项目、大型文艺演出、综合性文化活动、民俗活动、庆典活动等重大公共文化服务项目的评价。评价指标应突出项目的规范运行和社会效益，包括工作机制、资金管理、项目执行、项目效果等四个方面。

第二，评价方式。

公共文化服务项目绩效评价应采取实时考核的方式，在项目实施结束后及时组织评价。

第三，评价结果。

公共文化服务项目绩效评价应按指标得分确定绩效等级，等级划分如下：得分 90～100 分为优秀；得分 60～89 分为合格；得分 60 分以下为不合格。

(二)创新点

加强公共文化服务评价标准化建设，有利于保障人民群众享受基本公共文化服务的均等化，有利于提高行政部门依法行政的能力。无锡市公共文化服务评价为全国将公共文化服务评价纳入标准化建设范畴作出了积极探索。无锡市是第二批国家公共文化服务体系示范区。其创新做法：一是发布了《无锡市公共文化服务评价》，这是推进公共文化服务均衡发展的重要技术规范，是行政部门依法行政的重要依据，推动了公共文化服务标准化建设。二是将公共文化评价细分为公共文化服务行政绩效评价、公共文化服务机构评价、公共文化服务项目绩效评价三类，尤其是将公共文化服务行政绩效评价纳入评价范围，强化了政府主导公共文化服务的意识，推动了公共服务型政府建设。

第三部分　案例分析

一、建立科学的公共文化服务评价机制，是全面衡量公共文化服务情况的客观依据

从本章所列的案例中，不难发现公共文化服务评价的机制主要包括：第一，公共文化服务评价的控制机制。在全面实施公共文化服务的同时，通过评估能对各方面实施情况进行严密的监测，把握实施情况，对可能出现的情况及时采取有效的措施加以管理控制，保障公共文化服务的运行。第二，公共文化服务评价的协调机制。通过公共文化服务评价，可以全面掌握一定地区的实施情况，充分考虑当地的经济、文化、社会实际情况，分析公共文化服务的硬件设施、产品和服务等资源的分配是否合理，并根据分析结果调整资源分配，从而科学配置公共文化服务资源。第三，公共文化服务评价的激励机制。通过对公共文化服务进行全面评价，可以判断公共文化管理的有效性，根据绩效评估结果的优劣或等级进行奖惩。第四，公共文化服务评价的预测机制。通过开展公共文化服务绩效评价可以广泛收集信息，从而预测公共文化服务未来的发展趋势，为今后制定公共文化服务政策提供科学依据，实现辅助决策。通过公共文化服务评价机制的运行，能以公共文化服务的绩效评价结果为依据，改进公共文化服务，提高公共文化管理效果，提升政府公共服务的能力。在开展公共文化服务评价的过程中，用实践的方法去验证所设计的科学评价指标是否适合公共文化服务，是否适合国家文化发展，因此能及时发现评价体系可能存在的问题，修正完善评价体系，促使绩效评价不断制度化、规范化、科学化，从而完善公共文化服务评价机制。

二、建立科学的公共文化服务评价机制,是促进公共文化服务落到实处的有力措施

由于公共文化服务是由政府提供的,因此在评价过程中,必须明确政府在提供服务的过程中是否起到了主导作用,是否积极领导其他各单位完成了文化建设等各项评价指标,对未完成的政府机构实行一定的行政处罚,对完成较好的政府机构和公益性文化单位给予合理的奖励,以此来带动各级各部门的积极性。例如,山西省《关于做好2014年度全省公共文化服务绩效考核评价工作的通知》,就提出了提高认识,切实加强对考核评价工作的组织领导;明确责任,科学推进考核评价工作的规范化开展;狠抓落实,确保考核评价工作进度等三项工作。重庆市在实施公共文化评价的过程中,强调各级部门层层负责制,其评价结果与免费开放专项奖励资金挂钩。同时,将此评价结果直接运用于重庆市委、市政府考核区县科学发展实绩中的公共文化服务指标,达到了"以评促改、以评促建"的效果,提高了公共文化服务效能。

第四部分 结语

随着现代公共文化服务体系的加快构建,公共文化服务评价成为公共文化服务体系的重要组成部分。《中共中央办公厅、国务院办公厅关于加快构建现代公共文化服务体系的意见》明确提出:"完善公共文化服务评价工作机制。"公共文化服务评价除了对各地政府和相关部门提供的公共文化产品数量和质量作出客观评价,并从中帮助公共文化管理和服务部门发现问题和不足、提出对策建议,促其改进工作,明确未来公共文化服务导向外,最根本的目的,是提高公共文化服务效能。公共文化服务的评价机制就是要通过设置科学的评价体系和评价标准,在科学理论的指导下,对各级政府开展公共文化服务进行全面考察,以考量资金、资源的投入是否得到了有效的应用,是否保障了民众获得公共文化的权利,公共文化服务是否真正地做到了广泛的传播,是否令民众满意、得到民众的肯定,从而确保公共文化服务开展的标准化、均等化和科学性。公共文化服务是一个长期性的活动,公共文化服务的评价一定要持续开展;公共文化服务的机制建设也是一个长期性的过程,通过持续跟进,可以不断反馈调整,促进公共文化服务和公共文化服务机制逐渐走向完善。

思考题

1. 简述公共文化服务评价的概念、特征、模式、类型。
2. 如何设计公共文化服务评价指标?
3. 结合当地实际,谈谈如何科学地开展公共文化服务评价。

第五章　公共文化服务保障

内容概要

本章主要介绍了建立健全公共文化服务财政保障机制、基层文化队伍建设的基本情况。通过本章学习，可以对加大公共文化服务保障有一个总体认识和了解。

"案例1　建立健全公共文化服务财政保障机制"，主要介绍了公共文化服务财政保障机制的概念，公共文化财政与公共文化服务的关系，公共文化财政对公共文化服务的作用，公共文化服务的财政保障范围、标准和方式，公共文化服务财政保障机制的现状。在介绍浙江省台州市公共文化设施建设"百分之一公共文化计划"、四川省成都市四级公共文化服务常年经费纳入财政预算、陕西省宝鸡市农村文化建设财政资金管理3个案例的基础上，总结了每个具体案例的创新点，对3个案例进行了综合分析。

"案例2　基层文化队伍建设"，主要介绍了基层文化队伍建设的概念、类型，基层文化队伍建设的重要意义及我国基层文化队伍的现状。在介绍福建省村级文化协管员队伍建设、北京市延庆区村级群众文化组织员建设、江苏省苏州市基层文化从业人员资格认定制度、西南大学举办公共文化管理研究生班4个案例的基础上，总结了每个具体案例的创新点，对4个案例进行了综合分析。

案例1 建立健全公共文化服务财政保障机制

第一部分 背景透视

一、公共文化服务财政保障机制的概念

所谓公共文化财政，是指以市场失效为存在前提，政府以组织投资者的身份出现，以在市场提供失效的范围内，执行国家的社会管理者的职能，为市场提供公共文化服务的需要为目的的一种政府分配行为。

所谓公共文化服务财政保障机制，是指公共文化设施建设运行维护、公共文化产品和服务提供等所需基本资金的财政支撑机制。

二、公共文化财政与公共文化服务的关系

政府满足公民的基本公共文化需求必须以充足的公共资源为后盾。西方公共财政理论认为，公共财政是为弥补市场失灵而提供公共产品的政府分配行为。财政所要解决的是市场不能解决的或者是通过市场解决不能令人满意的问题。公共文化产品和服务具有明显的效益外溢性特征，通过市场途径不能有效地加以解决，因此，政府应当运用必要的财政手段促进公共文化服务和产品的生产。而且，公共财政的基本出发点是满足公共需要。公共财政的产生和发展一直都在围绕满足社会公共需要而进行，这是体现公共财政"公共性"的基本要求。[①]

三、公共文化财政对公共文化服务的作用

财政理论的核心是公共部门如何为民众提供服务的问题。公共文化财政在公共文化服务体系建设中有着举足轻重的作用，具体来说，公共文化财政在公共文化服务体系建设中的作用主要包括以下几个方面。

(一)动力作用

在市场经济条件下，公共文化服务由于具有非竞争性与非排他性等特点，进入市场有难度，会出现动力不足的现象，因此在公共文化财政上政府应当设法使公共文化服务发展的个体利益和社会收益实现某种平衡，以保证公共文化服务发展维持在社会需要的水平上。要实现这一目的，政府需要有效运用公共文化财政手段，激励公共文化建设主体的创新活动。公共文化财政对文化建设主体创新活动的激励作用，就是公

---

① 陈则谦：《公共文化服务网络建设的财政投入保障机制研究》，载《中国市场》，2009(5)。

共文化财政在文化发展中所具有的动力作用。

(二)引导作用

针对公共文化服务体系建设投入的不确定性及回报的滞后性与隐藏性(潜在性)，政府必须主动承担起为公共文化服务体系建设提供资金保障的责任，对公共文化服务加以正确的引导，在尊重群众需求公共文化发展的同时，使公共文化服务体系建设符合社会文化发展需求，符合实现社会主义整体战略目标的追求。公共文化财政应注意引导公共文化服务立足于现阶段国情，满足人民需求，积极创新的发展要求。

(三)培育作用

可以说单纯依靠市场的调节作用来建设公共文化服务体系的效果是非常有限的，政府应当在确立市场在资源配置中的决定性地位的同时，弥补公共文化服务体系建设中的市场失灵。可以运用公共文化财政，培育良好的文化市场机制，为公共文化服务建设提供良好的市场环境，这就是公共文化财政对文化市场的培育作用。公共文化财政可以在市场机制、市场结构、文化组织和文化企业等方面发挥培育作用。[①]

四、公共文化服务的财政保障范围、标准和方式

公共文化服务的财政保障范围，是指公共文化财政对人民群众享受基本文化权益的保障。就当前而言，主要是对人民群众看电视、听广播、读书看报、进行公共文化鉴赏、参加大众文化活动等基本文化权益的保障。这些基本文化权益可以分为读书看报、收听广播、观看电视、观赏电影、看地方戏、设施开放、文体活动等具体项目。

公共文化服务的财政保障标准，可以划分为分类保障标准、倾斜保障标准、"内涵式"保障标准和总体保障标准。分类保障标准主要根据公共文化服务的"设施网络体系，公共文化产品、服务和公益性文化活动供给体系，建设和运行支撑体系"三大保障内容进行标准化财政测算；倾斜保障标准在标准化财政测算的基础上引入差异调整系数，以调节各地区由于经济、地理、社会、文化等因素不同而导致的公共文化服务供给差异，实现公共文化服务向特定地区和特定人群的倾斜；"内涵式"保障标准对纳入文化部门预算编制范围的单位，在保持其财政保障规模及其增长速率不变的前提下引入绩效因子，实现"以钱养人"和"以钱养事"的结合；总体保障标准需要在标准化测算的基础上，根据我国其他公共服务保障标准、国外公共文化服务财政保障标准和其他相关因素进行适当调整。

公共文化服务的财政保障方式，主要包括财政投入方式、财政分摊方式以及筹资方式。

---

① 张弦：《浅析公共文化财政对公共文化服务的投入及改进》，载《华中师范大学研究生学报》，2012(2)。

第一，财政投入方式。

财政投入方式，是指各级政府对公共产品和服务的提供，均通过预算安排，以财政支出的方式进行。目前我国对公共文化服务设施网络的建设一般采取政府专项资金的投入方式，现阶段大部分地区的公共文化产品、服务和公益性文化活动也是中央和地方政府提供专项资金直接进行保障。目前国家财政主要保障的是文化系统内的公益性文化事业单位。

第二，财政分摊方式以及筹资方式。

公共服务可按照其受益范围的大小分为全国性公共服务和地方性公共服务。全国性公共服务因其受益对象为国内所有居民，因而应该由中央政府提供。地方性公共服务，理论上可以由地方政府单独提供或由中央和地方政府共同提供，但由于其受益范围主要为地方政府辖区居民，因而由地方政府提供更有效率。从现阶段公共文化服务体系建设战略的实施内容和保障方式来看，我国基本采用的是中央和地方共担的财政保障方式。这是在我国幅员辽阔、人口众多、公共文化服务历史欠账过多等现实国情下的必然选择，也基本符合财政联邦理论的一般原理要求。在构建公共文化服务体系财政保障机制的过程中，中央财政应重点抓住中西部地区农村文化建设的薄弱环节，贯彻均等化目标，努力实现东中西部地区和城乡基本公共文化服务供给的相对均衡。

财政筹资方式，主要是在坚持政府财政主导的同时，探索适合我国国情的多元化公共文化服务筹资方式。传统文化事业费的资金来源主要是政府税收，但鉴于现阶段公共文化服务体系建设战略实施的庞大资金需求与政府有限财力约束的突出矛盾，考虑到公共文化服务领域对社会资金开放的必要性，迫切需要采取多元建设方式，鼓励个人、企业及非政府组织开展文化捐赠活动，完善社会各界对公共文化服务事业的捐赠激励机制；建立各种形式的公共文化基金，为公共文化提供资助和奖励，支持公共文化事业的稳定发展。[1]

五、公共文化服务财政保障机制的现状

2002 年 1 月，国务院办公厅转发文化部、原国家计委、财政部《关于进一步加强基层文化建设的指导意见》，指出："切实加大对基层文化建设的投入。要确保文化事业经费的增长不低于当年财政收入的增长幅度；文化事业建设费的安排应向基层文化建设项目倾斜"。2005 年 11 月，《中共中央办公厅国务院办公厅关于进一步加强农村文化建设的意见》提出："切实加大政府投入力度。各级财政要统筹规划，加大对农村文化建设的投入，扩大公共财政覆盖农村的范围，不断提高用于乡镇和村的比例。保证一定数量的中央转移支付资金用于乡镇和村的文化建设；中央和省、市三级设立农村文化建设专项资金，确保农村重点文化建设的资金需求。提高财政资金的使用效益。"为

---

[1] 张启春、李淑芳：《文化公共服务的财政保障：范围、标准和方式》，载《江汉论坛》，2014(4)。

进一步促进地方文化体育与传媒事业发展，规范和加强中央补助地方文化体育与传媒事业发展专项资金的管理，提高资金使用的安全性和有效性，2007年6月财政部印发《中央补助地方文化体育与传媒事业发展专项资金管理暂行办法》，对专项资金的使用原则和补助范围、专项资金的申请和审批、专项资金的管理与监督等方面进行了明确。同时，设立了文化体育与传媒事业发展专项资金财政预算科目。2007年8月《中共中央办公厅、国务院办公厅关于加强公共文化服务体系建设的若干意见》强调："完善公共文化服务投入机制。中央和省级财政每年对文化建设的投入增幅不低于同级财政经常性收入的增幅。"要明确中央与地方的事权，改进公共文化服务投入方式，中央财政通过转移支付对中西部地区给予适当支持。"进一步完善支持公共文化服务的相关经济政策"，"形成以政府投入为主、社会力量积极参与的稳定的公共文化服务投入机制"。2008年1月，中央宣传部、财政部、文化部、国家文物局《关于全国博物馆、纪念馆免费开放的通知》明确："各级财政部门应将博物馆、纪念馆免费开放相关经费纳入财政预算，切实予以保障。"

2008年7月，财政部对2007年颁布的专项资金管理暂行办法进行了重新修订，并重新印发了《中央补助地方文化体育与传媒事业发展专项资金管理暂行办法》。2011年1月，文化部、财政部印发《关于推进全国美术馆公共图书馆文化馆（站）免费开放工作的意见》，指出："建立经费保障机制。各级财政部门要进一步明确美术馆、公共图书馆、文化馆（站）公益性文化单位性质，按照'增加投入、转换机制、增强活力、改善服务'的原则，建立免费开放经费保障机制，保证免费开放后正常运转并提供基本公共文化服务。"2011年10月，《中共中央关于深化文化体制改革推动社会主义文化大发展大繁荣若干重大问题的决定》明确："保证公共财政对文化建设投入的增长幅度高于财政经常性收入增长幅度，提高文化支出占财政支出比例。扩大公共财政覆盖范围，完善投入方式，加强资金管理，提高资金使用效益，保障公共文化服务体系建设和运行。"2013年，中央财政设立了农村文化建设专项资金。2013年6月，财政部、文化部印发了《中央补助地方美术馆、公共图书馆、文化馆（站）免费开放专项资金管理暂行办法》，对免费开放专项资金的补助范围、标准与支出内容，申报与审批，管理与使用，监督与检查等方面进行了明确。2015年1月，《中共中央办公厅、国务院办公厅关于加快构建现代公共文化服务体系的意见》强调："加大财税支持力度。"为贯彻落实《中共中央办公厅、国务院办公厅关于加快构建现代公共文化服务体系的意见》精神，加快构建现代公共文化服务体系，促进基本公共文化服务标准化均等化，保障群众基本文化权益，中央财政设立中央补助地方公共文化服务体系建设专项资金。为规范和加强专项资金管理，2015年12月财政部下发《中央补助地方公共文化服务体系建设专项资金管理暂行办法》，该办法对专项资金的设立目的、支出范围、分配办法、申报与审批、管理与使用、资金监管与绩效评价等方面作出明确规定，并规定该办法自2016年1月1日起施行；《财政部关于印发〈中央补助地方文化体育与传媒事业发展专项资金管理暂行办法〉的通知》《财政部广电总局关于印发〈中央广播电视节目无线覆盖专项资金管理办法〉的通知》《财政部关于印发〈中央补助地方农村文化建设专项资金管理暂行办法〉的通知》同时废止。《中华人民共和国公共文化服务保障法》第45条规定："国务院和地方各级人民政府应当根据公共文化服务的事权和支出责任，将公共文化服务经费纳入本级预算，安排公共文化服务所需资金"。第46条规定："国务院和省、自治区、直辖市人民政府应当增加投入，通过转移支付等方式，重点扶助革命老区、民族地区、边疆地区、贫困地区开展公共文化服务。国家鼓励和支持经济发达地区对革命老区、民族地区、边疆地区、贫困地区的公共文化服务提供援助。"第48条规定："国家鼓励社会资本依法投入公共文化服务，拓宽公共文化服务资金来源渠道。"

在党中央、国务院的高度重视下，各级党委、政府对文化的投入力度逐年加大，投入结构不断完善，投入方式有所创新，投入效果比较明显。以"十一五"为例，一是文化投入持续增长。"十一五"以来，随着国民经济的持续快速增长，各级政府不断加大文化投入，全国文化投入呈现持续增长的态势。据统计，"十一五"期间，全国文化事业费(不含基本建设投资，不含文化管理部门行政运行经费)总计达1220.41亿元，是"十五"时期的2.46倍；全国文化事业费年均增长19.3%，是改革开放以来增长速度最快的一个时期。另据财政部统计，2010年，我国文化经费525亿元，比2009年增长10.3个百分点，增长比例连续多年高于10.0%。文化经费占财政总支出的0.59%。扣除文联、作协等部门的经费，文化部门的经费约500亿元，占财政总支出的0.56%。二是重点文化项目稳步推进。"十一五"以来，中央财政继续通过转移支付方式，大力推进重大文化工程项目，支持各地文化建设。5年间，中央投入的资金不断增多，其中2010年投入36.55亿元，比2009年增长19.5个百分点。"十一五"期间，共投入资金100.24亿元，是"十五"期间的12.4倍。三是文化投入结构有所改善。文化事业费进一步向西部地区倾斜，2010年，西部地区文化事业费85.78亿元，占全国的26.6%，比2005年增长5.6个百分点。同时，文化事业费进一步向基层倾斜，2010年，县及县以下文化机构文化事业费116.41亿元，占36.0%，比2005年增长9.3个百分点。四是文化投入方式不断创新。明确中央与地方的支出责任，建立了公共文化服务经费保障分级投入新机制。这种思路在2011年初实施的公共图书馆、文化馆(站)、美术馆免费开放工作中率先进行了尝试。同时，探索引入基金运行模式，设立"国家艺术基金"。改变传统直接投入方式，全国多数地区对艺术表演团体实行了财政补助与演出场次挂钩的动态投入机制，通过政府购买的方式，促进了院团内部机制和服务机制创新。五是文化投入效果比较明显。覆盖城乡的公共文化服务体系初步建立，人民群众的基本文化权益得到有效保障。[①]

---

① 文化部财务司：《近几年我国文化投入情况及对策建议》，http://www.mcprc.gov.cn/whzx/bnsjdt/cws/201111/t20111128_390496.html，2016-12-05。

但总体来看，文化投入的整体水平还很低，文化投入的保障机制还不健全，文化投入存在一些主要问题。一是文化投入总量明显不足。第一，比重小。文化事业费占国家财政总支出的比重，近年来一直在0.4%以下且不断回落。2010年，文化事业费占财政支出的0.36%，是改革开放以来的新低。另据财政部的统计，2010年我国文化经费525亿元，也只占全国财政支出的0.59%，比重比2009年回落0.03个百分点，比2007年回落0.07个百分点，是近几年最低。第二，速度低。"十一五"以来，文化事业费年均增长速度低于同期财政支出的增长速度，更明显落后于其他社会事业费，文化与其他社会事业的差距被迅速拉大。第三，缺口大。与人民群众日益增长的多样化精神文化需求相比，现有的文化设施普遍落后，文化产品和服务供给水平远远不足。2010年全国图书馆人均藏书量0.46册，远远低于国际图书联合会人均1.5～2.5册的标准；公共文化产品的新形式、新内容不多，服务方式和服务手段还比较单一，普遍缺乏广大群众喜闻乐见、丰富多彩的文化产品。二是文化投入结构仍不平衡。城乡之间、区域之间文化投入不平衡，造成发展水平不均衡，实现公共文化服务均等化的任务非常艰巨。2010年，全国文化事业费323.06亿元，其中农村投入116.41亿元，仅占36.0%；全国人均文化事业费24.11元，其中中部地区15.64元，只相当于全国平均水平的64.9%。尽管西部地区人均文化事业费23.8元，高于中部地区，但仍低于全国平均水平，且西部地区地广人稀，欠账较多，文化设施服务半径较大，面临的发展问题仍很突出。三是体制障碍导致资金整体效益不佳。近年来，中央财政配合各文化部门通过设立专项资金支持地方开展了一大批重点文化建设项目。这种投入方式尽管符合当前国家文化建设的总体目标，但由于文化事业管理体制上还存在多头管理、条块分割的问题，导致公共财政资金投向难以集中，公共文化资源存在地方化、部门化、行政固化的现象，造成资源分散、重复建设，难以有效整合，发挥整体效益。四是文化投入政策的引导作用不强。第一，部分政策落实不到位。例如，"十一五"规划提出的建立公共文化服务专项资金或基金、公益性捐赠的税收优惠等政策，尚未得到普遍落实。第二，部分政策缺失。例如，鼓励社会力量参与公共文化服务建设的政策力度不够、实施细则不完善、税收减免的程序和手续过分繁杂等问题，导致社会力量参与公共文化服务体系建设的积极性不高，参与的程度非常有限，公共文化服务供给主体单一。第三，相关政策法规不完善。例如，缺乏统筹考虑的文化全行业税收优惠政策等。五是文化投入的激励约束机制仍不健全。一些地方政府和部门，特别是一些基层政府和综合部门仍然没有真正树立科学发展意识和正确的政绩观，存在单纯追求GDP增长，对文化建设轻视、忽视、偏视的现象。许多地方没有建立科学发展考核评价体系，没有将文化建设纳入领导干部政绩考核，没有纳入当地经济社会发展规划。①

---

① 文化部财务司：《近几年我国文化投入情况及对策建议》，http://www.mcprc.gov.cn/whzx/bnsjdt/cws/201111/t20111128_390496.html，2016-12-05。

第二部分　案例描述

一、浙江省台州市公共文化设施建设"百分之一公共文化计划"[①]

为全面推进台州市文化大发展大繁荣，加大对城市公共文化事业的投入力度，提升城市文化品位，增强城市的凝聚力和辐射力，根据《中共中央办公厅、国务院办公厅关于加强公共文化服务体系建设的若干意见》精神，台州市委、市政府决定，在 2005 年以来全市实施"百分之一文化计划"示范工程的基础上，加快推进"百分之一公共文化计划"。

(一)主要做法

1. 成立工作机构

(1)建立台州市"百分之一公共文化计划"建设指导委员会(以下简称"指导委")。

指导委由市委、市政府分管领导和市委办公室、市政府办公室、市委宣传部、市发改委、市财政局、市建设规划局、市文广新局、台州经济开发区管委会、市国土资源局等相关部门主要负责人组成，负责决策重大公共文化项目建设，指导协调公共文化交流活动，制定公共文化项目档案管理制度等。指导委下设办公室，办公室由指导委成员单位有关人员组成，负责公共文化项目建设的组织实施、"百分之一公共文化计划"专项资金的监管及具体的协调管理等工作。宣传部门做好综合协调工作，扎实推进工作有序开展；国土部门在土地出让文件中明确"百分之一公共文化计划"的内容要求；建设规划部门按照《中华人民共和国城乡规划法》有关规定，把"百分之一公共文化计划"工作内容严格纳入规划管理，在规划选址(规划条件设置)、建筑方案审批、规划许可、规划竣工认可等规划管埋程序中分别给予落实，确保公共文化设施建设顺利进行；文化行政部门在公共文化设施建筑设计、建设过程和使用管理等方面加强引导。其他相关部门各司其职，密切配合，全力做好此项工作。

(2)建立台州市"百分之一公共文化计划"艺术委员会(以下简称"艺委会")。

艺委会由国内有关艺术家、艺术评论家，以及市内文化、建筑、规划、园林等专业技术人员组成，负责公共文化项目的评估，参与公共文化内容与质量的把关，对重大公共文化项目提供决策咨询等。

2. 确定实施范围和内容

(1)实施范围。

"百分之一公共文化计划"，是指在项目建设投资总额中提取百分之一的资金用于

[①]　文化部政法司：《浙江省台州市关于加快推进"百分之一公共文化计划"的实施意见》，ht-tp://www.mcprc.gov.cn/whzx/bnsjdt/zcfgs/201111/t20111128_341578.html，2016-12-05。台州市建设规划局办公室：《台州市区"百分之一公共文化计划"重点项目管理细则》，http://www.tzsjs.gov.cn/Resource/ContentShow/ItemHtml/2010-03/1503986465/1581615651.html，2016-12-05。

公共文化设施建设。所建设的公共文化设施必须是能使公众享受或者参与的场所或者项目。台州市规划区内下列新建工程,纳入"百分之一公共文化计划"的执行范围:所有政府性建筑工程,城市主干道临街建设项目,城市次干道用地面积在1万平方米以上的临街建设项目,占地5万平方米以上的工业企业项目,用地面积在1万平方米以上的公共建筑(含学校、医院、图书馆、体育馆、博物馆,以及各类办公楼、宾馆、商业建筑等),居住小区(含用地面积在1万平方米以上的单体高层住宅楼),其他总投资2000万元以上的非公共设施项目。

(2)实施内容。

第一,环境艺术设施。包括城市雕塑,室外壁画,文化长廊,具有艺术造型的城市家具(广告牌、座椅、公用电话、标识系统等),环艺小品,市政配套设施的艺术装饰等。

第二,对公众免费开放的公共文化设施。包括艺术馆、图书室、阅览室、艺术创作室、艺术博物馆、文化俱乐部、画廊、室内外文化和体育活动场所、露天表演舞台等。

第三,政府性公共文化艺术推广活动。包括艺术展览、艺术比赛、艺术沙龙、对外艺术交流和文化演出活动等。

第四,以冠名等形式捐助政府性文化活动和以认建、捐建、冠名等形式建设公共文化艺术设施。业主单位开展或建设的项目不属于以上内容的,须经艺委会认定,并报指导委批准后,方可纳入"百分之一公共文化计划"实施内容。

3. 强化资金使用和管理

第一,业主单位要以建设项目的地上建筑面积乘以单方造价作为总投资,提取百分之一比例列入预算,设立"百分之一公共文化计划"专项资金账户。按照专款专用的原则,由业主单位自行管理,并于每年年底向指导委报告专项资金使用情况;指导委委托审计等相关部门进行核查和监管。单方造价由市建设主管部门公布,每年一次。

第二,项目建成后,经指导委审核,投资额不足1%的,业主单位在扣除必需的日常维护费用后,将不足部分资金以冠名等形式捐助政府性文化活动和以认建、捐建、冠名等形式建设公共文化艺术设施。业主单位不得擅自变更公共文化设施的功能、面积、位置或减少投资额。

4. 加强实施的监督管理

第一,需实施"百分之一公共文化计划"的建设项目,应在其项目规划选址和土地出让时予以明确,并纳入规划条件、列入土地出让文件,实施内容必须与项目主体工程同步设计、同步施工、同步验收、同步投入使用。

第二,"百分之一公共文化计划"实施内容作为主体建设工程的附属工程纳入规划管理,由规划主管部门在建设方案审批、建设工程规划许可、规划竣工认可等环节中分别予以把关。规划验收时,应有1%的公共文化工程管理机构参加。

第三，业主单位应委托专业的环境艺术（景观）设计单位进行"百分之一公共文化计划"专题设计，确定实施内容和工作方案。设计方案可单独纳入绿化环艺设计，并报规划主管部门审批。重大项目在报规划主管部门审批前须经艺委会审定。

第四，业主单位应将经批准的设计方案及建设预算情况报指导委办公室备案，指导委办公室对方案实施情况进行必要的检查。

第五，公共文化设施建成后，投资单位拥有产权，并承担维护与管理责任。投资单位根据所建公共文化设施的功能，制定相关的内部管理制度，并落实专人负责该设施的维护和管理等工作。同时充分发挥公共文化设施服务公众、服务社会的作用，保证公共文化产品和设施能使公众享受，不断丰富和充实人民群众的文化生活。

5. 建立激励建设机制

由建设规划部门牵头，文化行政部门配合，在全市范围内开展一次调查摸底工作，认真总结前几年全市实施"百分之一公共文化计划"示范工程的经验，全面掌握符合实施"百分之一公共文化计划"条件单位的基本情况，大力推进"百分之一公共文化计划"的实施。同时，定期组织"百分之一公共文化计划"项目评比活动，对优秀项目的主体工程在同等条件下可优先考虑市、省级其他工程奖项的推荐；未实施"百分之一公共文化计划"的项目，不得参加市、省级其他工程奖项的评选；把在"百分之一公共文化计划"实施过程中作出贡献的单位和个人纳入台州市公共文化贡献奖，给予其精神或物质奖励。

台州市区"百分之一公共文化计划"重点项目管理细则

第一条　为保障"百分之一公共文化计划"的顺利实施，根据《中华人民共和国城乡规划法》、《关于加快推进"百分之一公共文化计划"的实施意见》（台市委办〔2009〕40号），制定本细则。

第二条　台州市区"百分之一公共文化计划"项目实施差异化管理，下列项目列入"百分之一公共文化计划"重点项目（以下简称重点项目）：

（一）建筑面积大于1万平方米的政府性办公用房。

（二）建筑面积大于1万平方米的文化、医疗、教育、体育等公共建筑。

（三）建筑面积大于2万平方米的城市主干道临街项目。

（四）建筑面积大于1万平方米的商品性办公（含商业办公）用房。

（五）用地面积大于1万平方米的广场、绿地和公园。

（六）用地面积大于4万平方米的居住小区。

（七）用地面积大于10万平方米的工业项目。

第三条　"百分之一公共文化计划"实施内容：

（一）环境艺术设施。包括城市雕塑、室外壁画、文化长廊、环艺小品、具有艺术造型的城市家具（广告牌、座椅、公用电话、车止石、标识系统等，下同），市政配套设施(围墙、地下室出入口、通风口、变电箱等，下同)的艺术装饰等。

(二)对公众免费开放的公共文化设施。包括艺术馆、图书室、阅览室、艺术创作室、艺术博物馆、文化俱乐部、画廊、室内外文化和体育活动场所、露天表演舞台等。

(三)政府性公共文化艺术推广活动。包括艺术展览、艺术比赛、艺术沙龙、对外艺术交流和文化演出活动等。

(四)以冠名等形式捐助政府性文化活动和以认建、捐建、冠名等形式建设公共文化艺术设施。

前款中，第(一)项为必须实施内容，第(二)(三)(四)项为选择性实施内容。

业主单位开展或者建设的、不属于本条第一款内容的其他项目，须经市"百分之一公共文化计划"艺术委员会认定，并报市"百分之一公共文化计划"建设指导委员会批准后，方可纳入"百分之一公共文化计划"实施内容。

第四条　重点项目的实施内容纳入规划管理，与主体工程同步设计、同步施工、同步规划验收、同步投入使用。

第五条　重点项目的"百分之一公共文化计划"内容，城乡规划主管部门应当纳入《规划选址通知书》或者规划条件。

第六条　重点项目的建设单位在组织编制建设工程设计方案时，要有"百分之一公共文化计划"专题设计章节，对整个场地公共空间提出整体公共艺术策划方案，主要包括以下内容：

(一)对场地建筑风格、环境特点及周边自然条件和人文环境进行分析，提出公共艺术的文化主题和风格定位。

(二)确定城市雕塑、室外壁画、环艺小品的位置，并进行体量分析。

(三)对场地内需要进行艺术造型或者装饰的城市家具和市政配套设施提出意向和建议。

第七条　规划管理机构在组织重点项目建设工程设计方案评审时，应当通知"百分之一公共文化计划"管理机构(以下简称百分之一管理机构)参加。百分之一管理机构应当当场或者在3个工作日内提出对"百分之一公共文化计划"专题设计章节的审查书面意见交规划管理机构，由规划管理机构统一纳入建设工程设计方案评审意见。

前款的百分之一管理机构，椒江、台州经济开发区片区为市园林绿化管理处，黄岩、路桥片区分别为黄岩、路桥规划管理处。

第八条　重点项目在组织建设工程设计方案报批时，市建设规划局行政审批处或者各行政服务中心建设规划窗口(政务受理中心)应当将"百分之一公共文化计划"专题设计章节送百分之一管理机构进行审查。百分之一管理机构应当根据建设工程设计方案评审意见，在7个工作日内提出书面审查结论和下一步公共艺术设计要求送交规划管理机构，由规划管理机构统一纳入建设工程设计方案审批意见。

第九条　重点项目的建设单位原则上应当将公共艺术设计纳入环艺设计方案一并

设计和报批。需要参照《台州市规划与建筑工程方案设计招标投标管理办法》组织环艺设计招标的，投标人的资格预审和确定由招标人、百分之一管理机构共同完成，重点考察环艺设计团队的公共艺术专业人员构成和相关设计经验。

第十条　公共艺术设计内容包括：场地自然条件和人文环境分析、设计创意说明、总平面布置图、各节点效果图（城市雕塑、室外壁画、文化长廊、城市家具的艺术造型、环艺小品、市政配套设施的艺术装饰等）、投资估算等。

第十一条　环艺设计方案要求在建筑施工图报审时同步上报，由建设单位、百分之一管理机构共同召集相关部门组织评审。评审专家由艺术、规划、建筑、园林等方面专家组成。

建设单位按照评审意见组织设计单位对公共艺术设计方案进行修改后报百分之一管理机构，由百分之一管理机构出具审查意见。

第十二条　城市雕塑、建筑壁画和特殊造型工艺要求的艺术设施需要制作模型并在项目结项前单独报百分之一管理机构审查。设计单位必须负责全程艺术监制，保障艺术品质。

第十三条　建设单位应当组织设计单位根据审批的公共艺术设计方案进行施工设计，并组织制作和实施。

经审批的公共艺术设计方案不得随意修改。设计人在原创的基础上进行修改的，应当报原审批机构备案；突破原创进行修改的，应当按审批程序报原审批机构重新审批。

第十四条　重点项目的"百分之一公共文化计划"内容纳入竣工验收规划认可。具体由规划管理机构牵头，百分之一管理机构参加，按审批的公共艺术设计方案或者模型对公共艺术设施进行验收，并由百分之一管理机构签署意见。

第十五条　本细则自 2009 年 10 月 20 日起施行。

（二）创新点

长期以来公共文化设施建设"短腿"，是制约公共文化服务体系快速发展的主要原因。但究其根源，一方面是政府投入相对较少；另一方面是政府大包大揽，激发和调动社会力量参与设施建设的举措不多。台州市公共文化设施建设"百分之一公共文化计划"为我们提供了范式。2009 年，中宣部和文化部在台州市召开了全国推动公共文化服务体系建设现场经验交流会。台州市是创建第三批国家公共文化服务体系示范区城市。其创新做法：一是明确"百分之一公共文化计划"专项资金的来源。主要由财政专款、企业建设资金、社会捐助等组成，建设资金提取以建设项目的地上建筑面积乘以单方造价作为总投资。业主单位不得擅自变更公共文化设施的功能、面积、位置或减少投资额。二是明确"百分之一公共文化计划"专项资金的使用范围。要求所建设的公共文化设施必须是能使公众免费享受或者参与的项目。具体包括：环境艺术设施、对公众免费开放的公共文化设施、政府性公共文化艺术推广活动，以及以冠名等形式捐助政府性文化活动和以认建、捐建、冠名等形式建设公共文化艺术设施。三是加强实施的监督管理，确保"百分之一公共文化计划"专项资金实施的项目落到实处、取得实效。"百分之一公共文化计划"既是动员社会力量参与城市文化建设的一种机制探索，也是对企业加大文化投入、增强文化内涵、积极回报社会的一种正确引导，同时还是城市建设适应当前宏观环境，花钱少、见效快、群众满意的民生工程的现实选择。台州市从开始实施第一批"百分之一公共文化计划"以来，改变了以往用于向公众开放和其免费欣赏、使用的设施由政府出资建设的单一状况，基本摆脱了公共财政投入不足的窘境，拓宽了公共文化艺术设施建设的融资渠道。

二、四川省成都市四级公共文化服务常年经费纳入财政预算①

成都市在保证市、县公共文化服务常年运行的基础上，着力解决乡镇(街道)、村(社区)公共文化服务常年经费投入问题。

(一)主要做法

1. 分类制定经费投入标准，解决综合文化站常年运行经费问题

为从根本上解决乡镇(街道)文化站(活动中心)设施建成后的运行经费保障问题，2009年始，成都市设立了乡镇(街道)常年公共文化服务经费。自当年起，全市乡镇(街道)文化站(活动中心)常年经费，按照中心城区、近郊区、远郊区常住人口每人每年10元、8元、6元的标准纳入县级财政预算，市财政按照每人每年2元标准转移支付远郊市县。此项经费全市每年合计1.1亿多元。

2. 创新设立村级公共文化服务常年经费，村级公共文化服务纳入市财政预算

成都市在创建第一批国家公共文化服务体系示范区中，专门制定政策，将村级公共文化服务保障纳入市级财政预算。从2012年起，成都市将在已纳入市财政预算的村级社会管理和公共服务专项资金(每村/社区每年30万元)中，每年按照不低于10%的比例落实村(社区)综合文化活动室常年运行经费，每年每个村落实不少于3万元；全市落实村(社区)综合文化活动室常年运行保障资金1亿余元。至此，成都市市、县、乡、村"四级"公共文化服务常年经费全部纳入了各级财政预算，形成了较为完善的公共文化财政分级预算保障机制。

3. 设立公共文化服务专项资金，用于扶持公共文化服务项目发展

从2012年开始，成都市新设立了1亿元的公共文化服务专项资金，用于扶持公共文化服务项目发展。成都市2012年公共文化服务财政性经费总计达到了5.4亿余元。与2011年相比，全市公共财政对文化体育与传媒投入增长67.93%，远高于全市财政

---

① 成都市文化局：《成都市文化局关于报送国家公共文化示范区创建城市群众文化进京展演相关宣传材料的报告》，http://culture.people.com.cn/n/2012/0831/c348496-18889153.html，2016-12-10。

经常性收入增长 17.59% 的比例。

4. 建立政府采购公共文化服务机制，将政府购买公共文化服务资金纳入财政预算

从 2012 年起，市、县两级分别设立政府采购公共文化服务专项经费，市本级从公共文化服务专项资金中安排 1000 万元，各区(市)县专项预算不少于 200 万元，全市每年共计 5000 万元，主要面向社会采购送到基层的文艺演出，市本级主要送到乡镇(街道)，各区(市)县主要送到村(社区)。

(二)创新点

政府履行公共文化的保障义务和责任，最根本的是将公共文化服务经费纳入本级预算，安排公共文化服务所需资金。当前，乡镇(街道)、村(社区)基层公共文化服务资金保障总体来说还存在差距，中西部地区更显严重。成都市四级公共文化服务常年经费纳入财政预算，形成了较为完善的公共文化服务财政分级预算保障机制，在全国是一个典型。成都市是第一批国家公共文化服务体系示范区。其创新做法：一是按照中心城区、近郊区、远郊区常住人口情况，分类制定经费投入标准，解决综合文化站常年运行经费问题。二是设立村级公共文化服务常年经费，在全国率先将村级公共文化服务保障全部纳入财政预算。三是设立公共文化服务专项资金，用于扶持公共文化服务项目发展。同时，建立政府采购公共文化服务机制，将政府购买公共文化服务资金纳入财政预算。

三、陕西省宝鸡市农村文化建设财政资金管理[①]

加强农村文化建设，健全公共文化服务体系，丰富人民群众精神文化生活，保障农村公共文化活动持续发展，对于建设社会主义新农村，促进农村经济社会发展具有十分重要的意义。近年来，宝鸡市在建设"文化宝鸡"的基础上，针对宝鸡民间艺术品类别繁多、特色突出，农村公共文化活动有序开展的实际情况，充分发挥财政职能作用，积极调整财政支出结构，加大财政投入，实施农村文化建设工程。2012 年 1—8月，全市农村文化信息共享工程、农家书屋、电影放映活动、农村体育和文艺演出活动共计支出 1558.5 万元，比上年同期增长 2 倍，取得了初步成效。

(一)主要做法

1. 结合宝鸡实际制定管理办法

根据中央、省财政关于下达农村文化建设专项资金的通知精神，市财政、文化广电部门组织相关人员深入基层开展调研，了解群众对农村文化的实际需求。在调研的基础上，制定了《宝鸡市农村文化建设专项资金管理实施细则》《宝鸡市农村数字电影放映场次补助专项资金管理实施细则》，对专项资金补助标准、使用范围、拨付程序等做

---

① 杨秉臻：《充分发挥财政职能 推动农村文化建设》，载《西部财会》，2012(11)。

出了具体规定。农村文化建设专项资金具体的补助标准是：中央和省补助标准为每个行政村每年1万元，市、县区财政落实配套资金足额列入年度预算。文化信息共享工程村基层服务点中央、省补助标准为每村每年2000元；农家书屋中央、省补助标准为每村每年2000元；农村文艺演出活动中央、省补助标准为每村每年2400元；农村电影放映活动中央、省补助标准为每村每年2400元，按规定每村每年12场，每场市、县各配套补助50元，即1200元；农村体育活动中央、省补助标准为每村每年1200元。

农村文化建设专项资金的分配使用，坚持"项目管理，责任考核，科学评估，择优支持，公开透明，注重实效"的原则，由财政部门、文化主管部门共同管理。专项资金实行"财政预算、国库直拨、报账核算、专款专用"的方式进行管理。

与此同时，为进一步规范公共图书馆、文化馆（站）免费开放专项资金管理，根据上级文件精神，拟定了《宝鸡市公共图书馆、文化馆（站）免费开放补助专项资金管理实施细则》，对乡镇综合文化站免费开放补助专项资金管理作出了具体规定，进一步规范了资金拨付使用程序，确保了专项资金按规定用途和标准拨付使用，提高了资金使用效益。

2. 健全制度，实行科学化精细化管理

各乡镇和县级业务主管部门按上年度上级分配的资金指标，编制本辖区年度文化活动方案，报县区文广局、财政局审定执行。专项补助资金按专项资金拨付审批程序实行县区财政专户管理，国库集中支付、事前预拨、事后报账制度。文化信息共享工程、农家书屋和农村体育活动项目由县区文广局会同业务主管部门（县区文化馆、体育局等），按年度计划考核指标绩效考评后，由项目单位填写补助资金报账单，经审核后，在乡镇财政所按项目资金报账制度报账，报账资金以转账形式直拨项目单位。农村文艺演出活动补助资金，由演出团体（县区剧团等）凭报账票据、演出回执单，按报账程序在乡镇财政所或县区财政专户报账，资金直接拨付演出团体。农村电影放映活动补助资金，按照《关于印发〈宝鸡市农村数字电影放映场次补助专项资金管理实施细则〉的通知》的规定，农村数字电影公益性放映场次补贴资金，中央、省每场补助200元，市、县区每场配套补助各50元，每场共计300元（每个行政村每年按12场编制）。补助资金实行"先放后补"管理模式，中央、省、市补贴每场250元，根据市财政局和市文广局核实的场次由市财政局经市文广局专户拨付给市农村数字电影院线有限公司，院线公司于每年7月、12月将资金下达到县区数字电影服务站。县区配套资金每场50元，根据县区财政局和文广局核实的场次于每年7月、12月直接拨付县区数字电影服务站。

3. 齐抓共管，抓好项目实施

为确保农村文化建设"五项"活动落到实处，县区文化广电、财政、体育，以及各乡镇等单位各司其职，精心组织，周密安排，全力抓好项目实施。一是抓好项目启动。各乡镇、农林场制订年度文化活动方案。剧团演出、文体活动的节目及具体安排都要报县区文化广电部门审核后执行。二是抓好项目实施。严格按照年度方案的安排开展相关活动。乡镇文体活动的开展需经县区文广局、体育局组织人员实地观摩审核，并需当地观看或参与活动的农民群众代表签字留名；对于电影放映，在每套放映设备上加装了 GPS/GPRS 定位回传系统，使"农村电影放映工程"落到实处。三是抓好资料收集。各单位在每月最后一周要将开展的演出、放映的场次和文体活动的次数、参加活动人数、经费使用情况及活动影像记录等相关资料报县区文广局、体育局、财政局备案。

4. 强化监督，确保资金安全

建立健全规章制度，形成监督制衡机制，杜绝挤占挪用资金现象的发生。一是实行资金县区乡镇财政报账制度。农村文化专项资金设立专账，固定专人，实行报账制管理。二是建立资金审批拨付制度。统一填写农村文化活动经费报账凭证。接受演出的行政村、组织文体活动的乡镇文化站和上述三联留存单位负责人都要在单据上签字并加盖公章。除电影放映活动按照管理细则实行市级报账制外，其余四项农村文化建设活动在县区、乡镇财政专户报账。三是健全专项检查制度。文化、财政、审计部门对活动的开展情况、资金的支出进行不定期检查。严禁截留、挪用和挤占专项资金，对违反资金使用规定虚报、冒领、领取回扣等行为，严格追究责任。四是健全社会监督机制。设立举报电话，并将全年演出、放映和组织群众开展的文化活动情况不定期向社会公布，自觉接受社会和群众监督。五是建立信息报告制度。各县区财政局于每半年末 10 日内将编制的农村文化建设专项资金支出使用情况报表报送市财政局科教文科。

(二)创新点

为进一步支持农村文化事业发展，中央财政从 2011 年开始设立了农村文化建设专项资金，后纳入中央补助地方公共文化服务体系建设专项资金范畴。管好用好公共文化服务专项资金，确保有限的资金发挥最大的效益，是我们必须引起高度重视的问题。根据《中华人民共和国公共文化服务保障法》第 59 条的规定，侵占、挪用公共文化服务资金的，相关各方要承担法律责任。宝鸡市是第一批国家公共文化服务体系示范区创建城市。宝鸡市农村文化建设财政资金管理做到规范、及时、有效、安全，保障了资金专款专用。其创新做法：一是结合实际，制定了《宝鸡市农村文化建设专项资金管理实施细则》《宝鸡市农村数字电影放映场次补助专项资金管理实施细则》，做到按制度管人管事。二是农村文化建设专项资金的分配使用，坚持"项目管理，责任考核，科学评估，择优支持，公开透明，注重实效"的原则，由财政部门、文化主管部门共同管理。专项资金按"财政预算、国库直拨、报账核算、专款专用"的方式进行管理。三是农村文化专项资金设立专账，固定专人负责，实行报账制管理。四是健全社会监督机制，设立举报电话，并将全年演出、放映和组织群众开展的文化活动情况不定期向社会公布，自觉接受社会和群众监督。

第三部分　案例分析

一、加大财政直接投入力度，优先保证基本公共文化服务供给，是建立健全公共文化服务财政保障机制的基础

构建公共文化服务体系必须坚持政府主导，以公共财政为支撑，逐步建立健全与财力相匹配、同人民群众文化需求相适应的政府投入保障机制。成都市四级公共文化服务常年经费纳入财政预算，充分发挥公共财政的作用，把主要公共文化产品和服务项目、公益性文化活动纳入公共财政经常性支出预算，为公共文化服务体系建设提供了必要的资金保障。同时，分类制定经费投入标准，解决综合文化站常年运行经费，规定全市乡镇（街道）文化站（活动中心）常年经费，按照中心城区、近郊区、远郊区常住人口每人每年 10 元、8 元、6 元的标准纳入县级财政预算，市财政按照每人每年 2 元标准转移支付远郊市县，这体现了加大公共财政对欠发达地区公共文化服务体系建设的支持力度，彰显了"共享"发展的理念。到 2013 年，成都市已构建起惠及全民的公共文化服务体系，城乡群众基本文化权益得到切实保障；到 2015 年，各级各类公共文化设施完善配套，全市形成了"15 分钟公共文化服务圈"，公共文化服务丰富多彩，城乡群众知晓率和满意度达 85％以上。成都市在第一批创建国家公共文化服务体系示范区终验中取得骄人成绩。

二、创新公共文化服务投入方式，采取多种政策措施吸引社会力量参与公共文化服务，是建立健全公共文化服务财政保障机制的有效途径

构建公共文化服务体系，需要改变长期以来由政府单一投入的方式，采取政府采购、项目补贴、定向资助、贷款贴息、税收减免等政策措施，鼓励各类文化企业和社会单位参与公共文化服务，不断提高财政资金使用效益，增强公共文化服务发展动力。台州市公共文化设施建设"百分之一公共文化计划"，促进了公共文化服务提供主体和提供方式多元化，鼓励各类社会主体参与进来，为群众提供多样化的产品和服务。成都市政府建立面向社会采购公共文化服务项目和产品的供给机制，将政府购买公共文化服务资金纳入财政预算，鼓励社会力量积极参与公共文化服务的提供，极大地调动了社会力量参与公共文化服务的积极性。成都市目前拥有上百所市民文化艺术学校（辅导站），拥有上千人持证上岗的文化艺术专业辅导员队伍，拥有上万人的文化志愿者队伍，每个村（社区）拥有一名享受财政补贴的宣传文化辅导员，这都与社会力量参与公共文化建设密不可分。这支"百千万"基层文化队伍，为成都市公共文化服务体系建设提供了强大的服务网络和人力资源保障，从而提高了公共文化服务的针对性和有效性，充分发挥了各级阵地的作用，切实让老百姓享受到更多更好的公共文化服务。

三、管好用好财政专项资金，提高财政资金的使用效率，是建立健全公共文化服务财政保障机制的关键环节

目前，各级文化行政主管部门和公益性文化单位，也包括财政部门更多把精力放在争取项目资金上，而在管好用好资金上没有形成一套体系化的机制，往往显得"漠不关心"和"力不从心"，使本来有限的公共文化财政资金出现专款不能专用的问题，资金挪用、挤占、闲置、沉淀等现象时有发生，更谈不上向社会公开资金的预算、使用等情况，或引入中介机构对项目资金进行绩效评价，财政资金的使用效益大打折扣。宝鸡市主要通过制定资金管理办法、实行科学化精细化资金管理、齐抓共管项目实施、强化资金监督等办法，对农村文化建设专项财政资金进行管理，这为我们管好用好财政专项资金，提高财政资金的使用效率，探索了可供借鉴的做法。

第四部分　结语

公共文化服务体系建设应坚持政府主导，以公共财政为支撑，大力吸引社会力量参与。建立健全公共文化服务财政保障机制，要合理划分各级政府基本公共文化服务支出责任，按照基本公共文化服务标准，落实提供基本公共文化服务项目所必需的资金，保障公共文化服务体系建设和运行。进一步完善转移支付体制，加大中央财政和省级财政转移支付力度，重点向革命老区、民族地区、边疆地区、贫困地区倾斜，着力支持农村和城市社区基层公共文化服务设施建设，保障基层城乡居民公平享有基本公共文化服务。进一步拓展资金来源渠道，加大政府性基金与一般公共预算的统筹力度。创新公共文化服务投入方式，采取政府购买、项目补贴、定向资助、贷款贴息等政策措施，支持包括文化企业在内的社会各类文化机构参与提供公共文化服务。落实现行鼓励社会组织、机构和个人捐赠公益性文化事业所得税税前扣除政策规定。加强对公共文化服务资金管理使用情况的监督和审计。开展专项资金绩效评价在当前显得尤为重要，要积极探索绩效目标管理方法，构建完善以绩效为目标、以结果为导向、以项目成本为衡量标准、以绩效评价为核心的绩效管理体系。规范财政拨款结余资金管理，激活存量资金，盘活闲置资金，整合专项资金，加大财政资金统筹力度，要建立健全公共文化服务资金使用的监督和统计公告制度，加强绩效评价和结果应用，提高财政资金的使用效益和效率，为加快构建现代公共文化服务体系提供物质保障。

思考题

1. 简述公共文化服务财政保障机制的概念。

2. 简述公共文化财政与公共文化服务的关系。

3. 简述公共文化财政对公共文化服务的作用。

4. 结合实际，谈谈当前公共文化财政保障机制的突出问题是什么。

5. 联系实际，谈谈如何建立健全公共文化服务财政保障机制。

案例 2　基层文化队伍建设

第一部分　背景透视

一、基层文化队伍建设的概念、类型

基层文化队伍建设是指基层文化队伍培养、引进和使用的总和。狭义的基层文化队伍，是指乡镇（街道）综合文化站和村（社区）文化活动室的工作人员，以及文化志愿队伍、业余文化骨干。广义的基层文化队伍，是指省以下各级各类文化机构的工作人员，以及文化志愿队伍、业余文化骨干。

基层文化队伍按照不同的划分标准，有不同的类型，目前没有统一的划分标准。按照工作单位划分，基层文化队伍可以分为文化行政管理队伍、文化市场执法队伍、文化馆工作队伍、图书馆工作队伍、文化站专干、文化志愿队伍、业余文化团队；按照编制划分，基层文化队伍可以分为在编队伍和非在编队伍；按照财政供养划分，基层文化队伍可以分为财政保障队伍、政府购买服务队伍；按照工作内容划分，基层文化队伍可以分为文化创作队伍、文化传播队伍、文化事业服务队伍；按照工作的专业程度划分，基层文化队伍可以分为专业文化队伍、业余文化队伍；按照工作分工划分，基层文化队伍可以分为专职队伍和兼职队伍。

二、基层文化队伍建设的重要意义

基层文化队伍是公共文化改革发展的基础力量。当前，我国加快构建现代公共文化服务体系的薄弱环节在农村基层。加强基层文化队伍建设，是加强基层公共文化服务体系建设的重要内容，是满足人民群众基本文化需求、促进基本公共文化服务均等化的重要保证，是推动公共文化服务向广覆盖、高效能转变的重要途径，也是兴起社会主义文化建设新高潮、推动文化大发展大繁荣的必然要求。

三、我国基层文化队伍的现状

我国历来重视基层文化队伍建设，在改革开放初期，由于多种原因，出现了重视不够、基层文化队伍建设滞后的问题。尤其是在加强公共文化服务体系建设的背景下，基层文化队伍建设迎来了历史上最好的发展时期。基层文化建设与农村文化建设紧密联系。1998年11月，文化部印发《关于进一步加强农村文化建设的意见的通知》，指出：要"稳定和提高农村文化队伍"，"稳定农村文化队伍，充分发挥他们的作用"，"发展农村文化事业，提高农村文化工作水平，关键是要提高农村文化队伍的素质"。2001

年 1 月，《文化部关于贯彻落实"三个代表"重要思想进一步加强农村文化工作的通知》提出："加强文化队伍建设，建立一支专兼结合的农村文化工作基本队伍。"2005 年 11 月，《中共中央办公厅国务院办公厅关于进一步加强农村文化建设的意见》强调："加强农村文化队伍建设。采取有效措施，稳定和发展专兼职结合的农村文化队伍，逐步提高队伍的整体素质。"2007 年 8 月，《中共中央办公厅、国务院办公厅关于加强公共文化服务体系建设的若干意见》指出："加强公共文化服务队伍建设。"2010 年，中央宣传部、中央组织部、中央机构编制委员会办公室、国家发展和改革委员会、财政部、人力资源和社会保障部等六部门印发《关于加强地方县级和城乡基层宣传文化队伍建设的若干意见》。2010 年 9 月，文化部下发《关于开展全国基层文化队伍培训工作的意见》，决定"十二五"期间大力推动全国基层文化队伍培训工作，对全国基层文化队伍培训工作作出了全面的顶层制度设计。该文件首次提出了"基层文化队伍"的概念。2011 年 11 月，文化部确定浙江艺术职业学院、山东大学、湖南艺术职业学院、重庆文化艺术职业学院为首批全国基层文化队伍培训基地，随后确定四川艺术职业学院、上海市文化广播影视管理局人才培训交流中心、辽宁省艺术学校为全国基层文化队伍培训基地；启动了全国基层文化队伍培训教材的编写出版工作，由此我国基层文化队伍的培训工作走上了制度化、规范化、体系化的轨道。《中共中央关于深化文化体制改革推动社会主义文化大发展大繁荣若干重大问题的决定》明确提出："加强基层文化人才队伍建设。"《中共中央办公厅、国务院办公厅关于加快构建现代公共文化服务体系的意见》强调："加强基层文化队伍建设。"《中华人民共和国公共文化服务保障法》第 54 条规定："国家支持公共文化服务理论研究，加强多层次专业人才教育和培训。"

截至 2015 年 12 月底，全国共有公共图书馆 3139 个，从业人员 56422 人，其中具有高级职称的人员 5746 人，占 10.2％；具有中级职称的人员 18475 人，占 32.7％。[1]全国共有群众文化机构 44291 个，其中文化馆（群众艺术馆）3315 个，文化站 40976 个，从业人员 173499 人；文化馆（群众艺术馆）从业人员 55307 人，其中具有高级职称的人员 5893 人、占从业人员的 10.7％，具有中级职称的人员 16898 人、占从业人员的 30.6％；文化站从业人员 118192 人，其中专职人员 70405 人，在编人员 72952 人，专业技术人员 30135 人，专业技术人员占总从业人员的 25.5％。[2] 基层文化队伍建设取得了一定成效，但是也面临着巨大困难。一是总体上编制不足，难以适应免费开放的需要，更不能满足公共文化服务的要求。二是由于公共文化和文化馆（站）没有建立学科，加上没有实行职业资格管理制度，基层文化专业人才和文化经营管理人才严重缺

---

① 中华人民共和国文化部：《中国文化文物统计年鉴 2016》，69 页，北京，国家图书馆出版社，2016。

② 中华人民共和国文化部：《中国文化文物统计年鉴 2016》，126 页，北京，国家图书馆出版社，2016。

乏。一些关键岗位长期缺岗或少岗，影响了公共文化服务的水平和质量。三是专业技术人员比例和结构不合理，中高级专业技术人员老龄化现象严重，人才梯队断层，知识结构相对老化。四是基层尤其是文化站人员不稳定现象相当突出，经常被抽调被借调，"荒了自己的地，种了别人的田"；村（社区）文化队伍建设更是薄弱环节。五是体制机制不活，需要的人进不来，不需要的人出不去，常态化的培养和培训机制没有建立，奖励和激励机制几乎没有，缺乏竞争意识和竞争环境。

第二部分　案例描述

一、福建省村级文化协管员队伍建设①

福建省村级文化协管员队伍，是从 2006 年开始建立的。自此以来，福建省文化厅按照省委、省政府的部署和要求，以培训提高为抓手，全面加强村级文化协管员的队伍建设，取得了明显成效。

（一）主要做法

1. 建立行政村村级文化协管员队伍，确保村级文化建设有人抓

为了加强农村基层文化队伍的建设，把建设社会主义新农村的任务落到实处，从 2006 年开始，福建省委、省政府根据省文化厅调查研究后所提出的建议，决定在全省近 1.5 万个行政村设立村级文化协管员，并将其与之前已经设立的其他服务管理人员一起命名为农村"六大员"（村级农民技术员，村级社会治安综合治理协管员，村级计划生育管理员，村级国土资源和规划建设、环保协管员，乡村医生，村级文化协管员），下发了《关于加强农村"六大员"队伍建设意见的补充通知》，确定由省级财政安排专项经费，对村级文化协管员给予每人每年 600 元（2008 年提高到 1200 元）的服务性津贴（各地还根据当地的实际，配套不同额度的津贴标准）。为此，省级财政每年安排 2000 万元专项经费。此后，又于 2009 年批转了省委农村工作领导小组各成员单位联合制定的《农村"六大员"管理办法》，确定并规范了农村"六大员"由相应的职能管理部门为主，采用县聘、乡管、村用的管理体制。村级文化协管员由县级文化行政部门选聘，任期 3 年，经考核合格者可续聘。截至 2013 年 3 月已完成第二轮选聘工作，全省共聘用村级文化协管员 14771 名（其中党团员约占总数的 60.7％，45 岁以下人员占总数的 68.3％，高中以上学历者占 63.0％，具备一定专业技能者占 39.2％），他们成为农村文化建设的重要力量。

---

① 《福建福州市等：村级文化协管员队伍建设》，http://www.ndcnc.gov.cn/shifanqu/xiangmu/201303/t20130326_605876.htm，2016-12-10。

2. 加强培训，不断提高村级文化协管员的业务能力和综合素质

村级文化协管员的选聘对象，是当地的农民群众。近年来，福建省以业务培训为抓手，以提高村级文化协管员的业务能力和综合素质为目标，做了大量工作。

第一，根据农村文化建设实际，组织人员编写《福建省村级文化协管员工作手册》（简称《工作手册》）。《工作手册》既作为村级文化协管员培训的基本教材，也作为村级文化协管员开展工作的政策性指导。《工作手册》由政策与法规、农村文化工作基本常识六十问两大部分组成，内容上涵盖了农村文化建设的方针政策和实用的法律法规，同时对农村文化工作中需要了解的综合性知识、群众性文化活动、文化信息资源共享、文物保护、非物质文化遗产保护、文化市场管理、电影放映等方面的常识作了介绍，具有较强的实用性，受到了广大村级文化协管员的欢迎。

第二，大力组织好业务培训。从2007年开始，每年都由省、市、县三级文化馆（艺术馆）对村级文化协管员进行轮训，乡镇文化站也利用各种时机，对村级文化协管员进行不间断的培训。具体做法是，省市两级侧重于综合素质方面的提高，县乡两级结合具体的工作任务侧重于业务能力的训练。主要开设了新农村文化建设形势与任务、农村文化建设的现状分析、农村非物质文化遗产的保护、农村文化市场的监管、农村群众文化活动的组织和开展、农村文化信息共享工程建设等课程，采取电脑多媒体教学、实物鉴别、案例分析、图片展示、座谈、到示范村实地参观学习、问卷调查、测试等多种教学方式。至2009年底（首批聘用期间），共组织省级培训班31期，培训4760人；县级以上培训班618期，培训42064人，基本完成村级文化协管员第一轮的培训工作。2013年，第二轮培训工作全面展开。此外，还结合具体工作组织专项培训，如非物质文化遗产普查、文化信息资源共享工程建设等。仅非物质文化遗产普查，就培训村级文化协管员14000多人，使这支队伍成为全省非物质文化遗产普查的主要力量。

3. 着眼使用，发挥村级文化协管员队伍的积极性和创造性

近年来，福建省大力鼓励和发动村级文化协管员投身农村文化建设，大胆使用这支队伍，有效发挥这支队伍的作用，在实践过程中不断提高村级文化协管员的综合素质和业务能力。

例如，在全省非物质文化遗产普查中，紧紧依托这支队伍，在加强培训指导的基础上充分调动他们的积极性和创造性，发挥他们熟悉情况，了解村里历史、人员的优势，让他们充当普查工作的向导并组织他们广泛查找线索、核对资料。普查过程中收集了近20万条线索，对17个门类90303个项目进行了调查，形成了5742万字调查记录、700多幅照片、700小时录音和854小时录像等原始资料，绝大多数是由村级文化协管员协助完成的。此外，在第三次文物普查、农村文化市场管理、农村文化信息资源共享、农村电影放映、农村文化活动尤其是民俗活动等方面，村级文化协管员都发挥了积极的不可替代的作用。

永安市在市文化馆组建了"村级文化协管员之家"，在工作实践中努力找准契合点，不断打造新亮点，通过对接广播电视村村通工程、文化信息资源共享工程、农家书屋建设和农村电影放映工程等，利用现代传播手段将农民急需的时令性技术、文化信息资源通过出板报、印发资料、制作宣传小册子等方式传递给农民。还将分类的技术资料和相关的市场信息刻录成光盘，发放到农民的手中，并依托相关部门开展农业技术培训、农民工培训、再就业培训，努力提高农村信息化水平和基层群众的科学文化素质。莆田市荔城区西天尾镇龙山村村级文化协管员黄国英是一位擅长书画、熟悉音乐的民间艺人，上岗后开展了许多活动，极大地丰富了村民们的文化生活。在黄国英的引导下组建了南少林书画院，建立了民间绘画基地、裕昆堂教育基金会、妈祖书堂等，一些村民还成立了十音八乐队等民间乐队。政和县石屯镇松源村文化协管员黄润明订阅了大量科技文化书刊报纸，建成家庭文化阅览室，同时利用自身从事医生职业的优势向群众讲解、宣传计划生育政策、党的利农惠农政策和农村医保政策等。在他的宣传带动下，该村在全县首个完成了农村医保工作，参加合作医保率达100%。2009年初春，黄润明还自筹资金举办"松源村农民劳动技能文化节"，组织了石圳、赤岐、务路科、松源等八个自然村共达2300多名村民参加劳动技能比赛。这个科技文化节内容丰富，有体育项目比赛，有文艺演出，有科技成果展示等。参与的农民不仅有本村的，还有来自周边地区的。福安市廉村是国家级"历史文化名村"，该村的文化协管员陈柳峰为了保护村里的古文化资源和古朴村庄风貌不辞辛劳，制定了村规民约，禁止在古村落内违规建房，禁止机动车辆进村破坏古村道，等等。为了有效做好保护工作，他多次到省建设厅要求支持编制保护规划，并在编制《廉村古村落建设规划》、保护古村落和开发古村落旅游资源中发挥了重要作用。各地在选聘村级文化协管员的过程中，特别重视选聘民间艺人，这些民间艺人进入村级文化协管员队伍后，为继承和弘扬乡村历史优秀文化做了大量工作。例如，泰宁县新桥乡大源村文化协管员严建华努力挖掘本村的历史文化资源，积极走访老人，组建傩舞队，恢复了失传已久的傩舞。大源傩舞入选福建省第一批非物质文化遗产名录，随后"赤膊灯"也入选福建省第三批非物质文化遗产名录。寿宁县南阳镇南阳村文化协管员龚明恺善于挖掘传统文化，几年来全力投入传统文化的抢救、挖掘、组织工作，成立了"南阳诗社"，借诗社中绝大多数的老文人、老艺人对地方传统文化的抢救、挖掘，组织他们弘扬传承地方民俗文化。他们挖掘组织了富有特色的"龙灯十二门"舞艺，全国独有的"桐剧"曲牌、"乡人傩"神话节目等等，采取边挖掘整理边组织艺人排演各种民俗节目演出的方式传承发展传统文化。

4. 积极建构激励平台，提高村级文化协管员的荣誉感、责任感和使命感

2009年9月，全省村级文化协管员经验交流暨农村文化建设座谈会召开，会上表彰奖励了148位热爱农村文化工作，认真履行岗位职责，积极为农民群众服务的优秀文化协管员。2009年第四届福建艺术节期间，组织了全省村级文化协管员文化技能大赛，并将其纳入福建艺术节项目。此后每两年举办一届文化技能大赛，截至 2014 年已成功举办三届。第一届作为福建艺术节的群众文化比赛项目，主要展示村级文化协管员的文化技能；第二届以"文化村官的非遗视角"为主题，通过摄影作品的形式展示协管员的艺术素养和对文化的洞察能力；第三届则以广场舞的形式展示村级文化协管员的才艺和组织协调能力。大赛活动面向全社会，采取地市选拔、福州总决赛的方式进行，展示村级文化协管员的文化知识和技能专长，有力地推动了村级文化协管员业务技能训练。2012 年福建省农村基层普遍进行换届选举，在选举过程中，有 3637 名首批聘用的村级文化协管员当选为村"两委（村支委、村委会）"的主要成员，占首批聘用的 15061 名村级协管员的 24％，这也从一个侧面反映了村级文化协管员在社会主义新农村建设中发挥的作用和产生的影响不可低估。

（二）创新点

《中共中央办公厅、国务院办公厅关于加快构建现代公共文化服务体系的意见》提出："设立城乡基层公共文化服务岗位，配置由公共财政补贴的工作人员。"与此文件配套印发的《国家基本公共文化服务指导标准(2015—2020 年)》明确规定："村（社区）公共服务中心设有由政府购买的公益文化岗位。"我国目前基层公共文化队伍建设最滞后的就是村级。福建省村级文化协管员队伍建设是第一批国家公共文化服务体系示范项目。其创新做法：一是将村级文化协管员纳入农村"六大员"范围，一视同仁，享受普惠待遇。二是确定由省级财政安排专项经费，对村级文化协管员给予每人每年定额补助，解决了由基层负担经费的"老大难"问题。三是确定由文化职能管理部门为主，采用县聘、乡管、村用的管理体制。村级文化协管员由县级文化行政部门选聘，任期三年，经考核合格者可续聘。四是坚持加强培训与着眼使用相结合，不断提高村级文化协管员的业务能力和综合素质。五是实行表彰奖励机制，提高村级文化协管员的荣誉感、责任感和使命感。

二、北京市延庆区村级群众文化组织员建设①

为解决最基层的人才缺失问题，进一步用好基层文化设施，组织好基层文化活动，做好基层文化宣传，在试点建设的基础上，延庆区通过政策宣传、公开报名、资格审核、考前培训、笔试、面试、公示、签订合同、岗前培训、上岗履职等多个环节的严密运作，选拔培训群众文化组织员，配备到每个行政村，实现对全区所有乡镇的所有行政村的全覆盖。

---

① 《北京延庆组建"文化组织员"队伍 助推公共文化服务体系建设》，http://www.wenming.cn/xj_pd/xgzt/jcgz/gdgz/201602/t20160201_3124391.shtml，2016-12-10。

（一）主要做法

1. 完善组织体系，履职服务标准化

坚持区、乡镇、村三级联动，宣传、文化、人事、旅游、财政、审计等部门和乡镇齐抓共管，形成分工明确、协调有力、监管到位的工作体系。制定群众文化组织员管理办法，对文化组织员的岗位职责、工作标准、绩效考核等进行明确规定，赋予文化组织员对村级公共文化设施管理、文化活动组织、文艺人才培养、益民工程推进、文化市场监督和文物保护等9项工作职责，建立科学规范的管理制度，实现基层文化工作从无人管到专人管的转变。

2. 完善培训体系，教育培训专业化

以会做群众工作、会指挥唱歌、会舞蹈编排、会乐器演奏、会计算机技能、会组织活动"六会"为目标，启动文化组织员培养工程，开办"群众文化组织员社会文化艺术中专班"，围绕群众文化需求设置基础知识、现代文化艺术、传统文化艺术、乡土特色艺术、专业拓展等5大课程。通过3年的职业教育，每名群众文化组织员均达到国家承认的中专水平。以群众文化组织员为中坚力量，全区每年培训文艺骨干3万人次以上，涌现出32支农民文艺团队、300余支花会队伍，成立了百人旱船队、百人竹马队、百人龙狮队、百人大鼓队等非遗传承队伍，建设了特色艺术之乡，实现了区域文化从自然发展到自觉传承的转变。

3. 完善责任体系，考核奖惩规范化

制定考核奖惩细则与标准，以区、乡镇两级常态监管、集中检查和抽样检查相结合的方式，对群众文化组织员上岗履职情况、业务水平、履职能力、作用发挥、群众评价等进行计分式量化考核，与岗位补贴、奖惩、聘用等挂钩，形成一整套严格的考核体系。在群众文化组织员的带领下，大家登上自己的舞台，表演自己的作品，歌颂自己的生活，打造了以端午文化节为代表的一批文化品牌，区域文化活动从自发成长到品牌推进，实现了社会效益和经济效益双丰收。

4. 完善推进体系，资源整合一体化

加大统筹协调力度，使村级文化活动室成为集电影放映、文艺排练与演出、会议、培训、文化信息共享等多功能于一体的综合文化设施，经常性开展文化演出、体育健身、主题宣传、培训教育等活动，使村里的公共文化设施成为精神文化阵地、科普宣传阵地、党员教育阵地和社会主义核心价值观的宣传弘扬阵地，节约了管理成本，提高了管理效能。基层文化设施闲置、利用率不高的局面得到改观，许多村原来冷冷清清的文化大院活起来、火起来。

（二）创新点

北京市延庆区村级群众文化组织员建设是第二批国家公共文化服务体系示范项目。其创新做法：一是坚持区、乡镇、村三级联动，区宣传、文化、人事、旅游、财政、审计等部门和乡镇齐抓共管。二是制定群众文化组织员管理办法，对文化组织员的岗位职责、工作标准、绩效考核等进行明确规定，做到有章可循。三是坚持专业化培训和实践锻炼培训相结合，建设一支业务精通的村级群众文化组织员队伍。四是制定考核奖惩细则与标准，采取日常监管与集中检查、抽样检查相结合的方式，对群众文化组织员工作情况进行考核奖惩。

三、江苏省苏州市基层文化从业人员资格认定制度①

为提高基层文化从业人员素质，加强对基层文化从业人员的准入管理，苏州市实施了基层文化从业人员资格认定制度。

(一)主要做法

1. 明确指导思想和基本原则

第一，以科学发展观为指导，大力实施"人才兴文"战略，加强对基层文化从业人员教育培训，积极推进基层文化从业人员资格认定工作，不断提高从业人员素质，规范岗位用工管理，提高公共文化服务的能力和水平，为不断满足基层广大群众的精神文化需求提供人才保障。

第二，坚持岗位资质培训、持证上岗的原则。基层文化从业人员必须将业务能力、综合素质作为上岗条件，并通过学习培训、统一考试取得苏州市基层文化从业资格证书后方能上岗从事基层文化工作。已经在岗的人员应通过岗位培训、考试取得资格证书，并列入继续教育内容进行注册。

2. 明确实施对象

基层文化从业人员指苏州市各市(县)区、乡镇、街道从事或准备从事公共文化工作的人员，包括苏州市乡镇、街道文化站在编的管理人员和工作人员；苏州市城镇社区、农村行政村负责文化工作的人员；通过社会招聘方式进入乡镇、街道文化站或社区、行政村从事基层文化工作的合同制人员或有关人员；图书管理人员、非遗保护工作人员。以上人员都应该通过培训、考试取得苏州市基层文化从业人员资格证书。

3. 明确推进措施

第一，调查摸底。由各市(县)区文化部门为主，协调各乡镇、街道等有关方面，填写苏州市基层文化从业人员情况登记表，并依据登记表统计结果，按苏州市培训计划编制相关培训批次与培训人数，并将培训名单及有关证明材料上报苏州市文化广电新闻出版局。有关方面应该督促所在单位的参培对象积极参培并为其提供便利条件。

第二，开展教育培训，组织考试。对基层文化从业人员进行全面、系统、实用的培训，培训内容一般包括文化相关方针政策、法律法规、文艺常识(文艺创作与欣赏)、

---

① 《关于进一步落实〈苏州市基层文化从业人员资格认证制度〉的意见》，http://www.wgj.suzhou.gov.cn/wz/InfoDetail.aspx?InfoID=20945，2016-12-10。

图书馆管理、非遗保护等基层文化工作技能。培训结束后组织考试。

第三，颁发资格证书。考试合格者颁发苏州市基层文化从业资格证书，作为具备上岗的条件，也可作为参加相应技术职称评审的依据。

第四，加强继续教育和年度注册工作。对已经持有苏州市基层文化从业资格证书的人员和各级基层文化从业的人员全面实行定期在岗培训，两年内累计培训不少于80课时。并且，将培训情况录入资格证书附页进行备案，作为年度继续教育注册的依据。

第五，在编的基层文化从业人员，连续两轮未能完成在岗培训课时任务的，当年度考核不能评为称职。

4. 加强组织领导和监督检查

第一，苏州市人力资源和社会保障局、苏州市文化广电新闻出版局共同负责基层文化从业人员资格认定工作，包括组织报名、培训、考试、确定合格标准、注册、审核及相关管理工作。各市（县）区人社部门和文化主管部门具体负责组织本地的申报、资格初审及两年一次的年检工作。

第二，市人社局、市文广新局将《苏州市基层文化从业人员资格认证管理制度》贯彻执行情况作为考核内容之一，考核结果报上级政府部门，从而确保基层文化从业人员资格认证制度落到实处。

(二)创新点

由于多方面的原因，长期以来基层文化从业人员的来源一直非常复杂，缺乏一种准入机制，上岗后出现"水土不服"，难以胜任本职工作的现象。当前文化从业人员业务不专也是导致基层公共文化服务效能不高的客观原因。与此同时，文化部门建立职业资格准入制度又很难。对此，苏州市基层文化从业人员资格认定制度有效突围了这一困境。其创新做法：一是通过多方争取，苏州市人力资源和社会保障局、苏州市文化广电新闻出版局实施了这一制度，使该制度法理化。二是确定实施对象，做到有的放矢。凡是被列入实施对象的人员，都应该通过培训、考试取得苏州市基层文化从业人员资格证书。三是全面实行持证上岗制度，有效提高了从业人员的业务和思想道德素质。

四、西南大学举办公共文化管理研究生班[①]

为提升我国公共文化服务体系建设的理论内涵和研究水平，实现理论与实践相结合，推进我国公共文化服务体系建设，西南大学政治与公共管理学院、西南大学"统筹城乡公共文化服务协同创新中心"，联合举办了公共文化管理研究生班，学制两年，按有关规定，完成学业后授予硕士学位。

---

① 《西南大学将办公共文化管理研究生班》，http://www.ccdy.cn/wenhuabao/eb/201308/t20130808_726188.htm，2016-12-10。

公共文化管理研究生班面向重庆市公共文化领域的管理人员和从业人员招生，为政府部门及非政府公共文化机构培养宽口径、复合式、应用型高层次专业化管理人才。课程设置注重培养具有较高分析和解决公共文化管理问题的实际技能，分为公共课程和方向课程。其中，方向课程包括公共文化服务概论、图书馆政策与管理、文化馆（站）政策与管理、非物质文化遗产保护、公共数字文化政策与管理、社区公共文化服务、公共文化创新案例评析、公共文化文献资源检索与利用8门课程，采用"分类指导"的方式进行培养，由政府相关部门负责人、有关高校和科研院所等长期从事公共文化研究的博士及硕士生导师，以及国家公共文化服务体系建设专家委员会委员等人员授课。

创新点：《中共中央办公厅、国务院办公厅关于加快构建现代公共文化服务体系的意见》提出："将公共文化服务专业人才培养纳入国民教育体系。"公共文化服务管理涉及学科较多，是一门交叉学科。北碚区在创建第二批国家公共文化服务体系示范区中，联合西南大学举办了公共文化管理研究生班。其创新做法：一是课程设置注重培养具有较高分析和解决公共文化管理问题的实际技能，分为公共课程和方向课程。二是由政府相关部门负责人，有关高校和科研院所等长期从事公共文化研究的博士生导师、硕士生导师，以及国家公共文化服务体系建设专家委员会委员等人员授课。三是坚持理论与实践相结合，学员紧密联系自己从事的公共文化服务工作学习和思考，做到学以致用。西南大学举办的公共文化管理研究生班是我国高校对加强公共文化服务多层次专业人才教育和培训的一次尝试。

第三部分 案例分析

一、围绕基层文化队伍建设的突出问题，采取切实可行的措施推进

当前基层文化队伍建设存在的问题不少，但最为突出和根本的是村级文化建设无人抓，乡镇综合文化站人员不专不稳，少数综合文化站没有专职文化人员，文化站人去站空、形同虚设，而这支队伍是最基层的文化工作队伍，直接面对广大农村群众，熟悉农村群众的文化需求，是推进农村基层公共文化服务体系建设的主要力量。无论是福建省村级文化协管员队伍建设、北京市延庆区村级群众文化组织员建设，还是苏州市基层文化从业人员资格认定制度、西南大学举办的公共文化管理研究生班，都是以问题为导向，抓住了基层文化队伍建设中最为薄弱的环节，具有很强的针对性、适用性，把基层文化队伍建设落到了实处。2005年11月，《中共中央办公厅国务院办公厅关于进一步加强农村文化建设的意见》提出："根据相关法律法规的规定对农村文化事业单位的人员实行从业资格制度"。2007年8月，《中共中央办公厅、国务院办公厅关于加强公共文化服务体系建设的若干意见》强调："实行职业资格管理制度。"2015年

1月，《中共中央办公厅、国务院办公厅关于加快构建现代公共文化服务体系的意见》明确提出："稳步推进基层公共文化服务队伍培训，建立培训上岗制度，全面提高从业人员素质"。但因多种原因，制度落实一直没能取得进展。苏州市基层文化从业人员资格认定制度给我们建立从业人员的资格管理制度和培训上岗制度提供了范例。《中共中央办公厅、国务院办公厅关于加快构建现代公共文化服务体系的意见》提出："将公共文化服务专业人才培养纳入国民教育体系。"北京市延庆区村级群众文化组织员建设中建立的职业教育制度和西南大学举办的公共文化管理研究生班为我们探索了路径。

二、明确基层文化队伍的工作职责，做到物尽其用人尽其才有事可做

根据福建省委办公厅、省政府办公厅《关于加强农村"六大员"队伍建设的意见》，福建省明确村级文化协管员工作职责为六个方面：一是负责村文化活动中心、农家书屋、广播室、文化激情广场等公共文化设施管理；二是充分利用各文化设施，组织开展多种形式的群众文化体育节庆民俗及电影放映等活动；三是培育本村文艺队伍，保护发展本村传统文化资源，创立文化特色品牌；四是管好图书阅览室，开展群众读书活动，协调选送文艺爱好者参加各类文化艺术节讲习班（讲座）辅导和培训群众文艺骨干；五是注意发现当地的文化遗产资源，配合上级有关部门积极做好文化遗产宣传、文物保护和非物质文化遗产保护工作；六是配合当地政府和文化主管部门，做好当地文化市场管理工作。北京市延庆区村级群众文化组织员具有村级公共文化设施管理、文化活动组织、文艺人才培养、益民工程推进、文化市场监督和文物保护等多项工作职责。这就从根本上改变了以往单纯依靠上级"送文化"的模式，向"种文化""育文化"的模式转变，使闲置的文化设施发挥了作用。

三、建立科学的基层文化队伍建设机制，实现可持续发展

福建省把村级文化协管员队伍建设作为推动农村公共文化服务体系建设的一项重点工程，着力抓好选聘、培训、使用、管理、激励等重点环节，确定并规范农村文化协管员由文化行政职能管理部门为主，采用县聘、乡管、村用的管理体制，有力推进了村级文化协管员队伍建设，提高了他们的思想政治素质和新形势下做好公共文化服务工作的能力。村级文化协管员制度的建立，标志着福建省农村文化建设进入了一个新阶段。北京市延庆区通过政策宣传、公开报名、资格审核、考前培训、笔试、面试、公示、签订合同、岗前培训、上岗履职、绩效考评等多个环节的体系化管理，选拔培训村级群众文化组织员，解决了最基层人才的缺失问题。江苏省苏州市建立了以统一培训、统一考试、持证上岗为主要内容的苏州市基层文化从业人员资格认证制度，解决了基层文化从业人员普遍存在的专业素质不高、知识结构老化、实际工作能力不强等问题，激活了基层文化队伍的积极性、创造性。

第四部分　结语

　　加强基层文化建设，队伍是基础，人才是关键。要进一步完善选人用人机制，着力培养一批具有现代意识、创新意识的公共文化管理者和基层公共文化服务人才队伍。按照控制总量、盘活存量、优化结构、有减有增的要求，研究制定公共文化机构人员编制标准，并根据业务发展状况进行动态调整。对实行免费开放后工作量大量增加、现有机构编制难以满足工作需要的公益性文化事业单位，要结合实际和财力，合理增加机构编制。加强对农村文化队伍的管理和使用，在现有编制总量内，按照中央规定落实每个乡镇综合文化站编制配备的要求。设立城乡基层公共文化服务岗位，配置由公共财政补贴的工作人员。将公共文化服务专业人才培养纳入国民教育体系。稳步推进基层公共文化服务队伍培训，建立培训上岗制度，全面提高从业人员素质。乡镇综合文化站从业人员应熟悉广播电视技术，具备组织群众文化活动等多方面的服务能力。完善基层公共文化服务人才激励和保障机制。加强基层乡土文化人才建设。

思考题

1. 简述基层文化队伍建设的概念、类型。
2. 为什么要加强基层文化队伍建设？
3. 结合实际，谈谈如何加强基层文化队伍建设。

后 记

按照《文化部办公厅关于开展第二批全国基层文化队伍培训教材选题申报工作的通知》要求，由我负责组织申报了《公共文化服务创新案例》培训用书，并经批准立项编写。

本书由我整体谋划提出编写大纲，并负责收集绝大部分案例提供给各编写人员。同时，由我承担整个统稿统改工作。具体编写分工如下：第一章案例 1、案例 2，第三章案例 1、案例 2，第四章案例 1、案例 2，第五章案例 1、案例 2，以及全书前言、内容简介、每章正文前的"内容概要"和每个具体案例的创新点由我编写；第一章案例 5，第二章案例 1、案例 2、案例 3 由西南大学副教授张海燕编写；第一章案例 4 由西南大学副教授李健在我和西南大学教授张海燕共同完成的文化和旅游部公共服务司委托课题"文化馆总分馆制研究"课题成果的基础上编写而成；第四章案例 3 由西南大学副教授李健编写；第一章案例 3 由内蒙古自治区群众艺术馆武俊平研究馆员编写。为了统一本书编写体例和今后好学好用，编写组按照文化和旅游部公共服务司审定的编写大纲，组织召开了由有关专家学者和文化行政部门、基层一线人员参加的编写研讨会，广泛听取相关各方意见建议，然后由我和西南大学副教授李健分头写出样稿，提交编写组成员充分讨论形成编写范本，供各编写人员参照编写。

本书的编写得以顺利进行，我要真诚感谢相关各方。首先，要感谢文化和旅游部公共服务司的信任，把这一光荣的任务交给我；也非常感谢专家组对编写大纲的专业论证及对本书初稿提出的宝贵修改意见；还要感谢中央文化和旅游管理干部学院的精心组织和高效执行。其次，要感谢承担单位重庆社会科学院的大力支持，让我潜心编写，按时完成任务；还要感谢编写组的全体同仁，没有他们的加入，就没有今天的培训用书奉献给读者。再次，要感谢相关各方大力提供案例资料，以及重庆人文科技学院汉语言文学专业学生彭天城和西南大学文化与社会发展学院硕士研究生陈镨、周秋利、杨佳续、明月同学收集大量资料，为我们编写本书节省了许多时间。最后，北京师范大学出版社的各位编辑也为本书的出版付出了艰辛努力。

本书吸纳了我主持的 2016 年度国家社科基金艺术学项目"国家公共文化政策体系研究"的小部分前期研究成果。

　　尽管我们如期完成了编写工作，但是由于水平有限，加上我是第一次组织编写这样的教材，特别是对发生在全国的公共文化服务创新案例缺乏宽广的视野和长期的积累，或许更典型更新颖的案例没有收录，或许案例真正成功的做法和创新点也没能凝练出来，留待今后续编时予以完善。本书必定存在许多瑕疵，敬请各位读者批评和指正，我们一定诚恳接纳。

彭泽明

2018 年 12 月

图书在版编目（CIP）数据

公共文化服务创新案例 / 彭泽明，张海燕，李健编著. —北京：北京师范大学出版社，2019.1
（全国基层文化队伍培训用书）
ISBN 978-7-303-23552-0

Ⅰ. ①公… Ⅱ. ①彭… ②张… ③李… Ⅲ. ①公共管理—文化工作—中国—业务培训—教材 Ⅳ. ①G123

中国版本图书馆 CIP 数据核字（2018）第 041301 号

营 销 中 心 电 话　010-58805072　58807651
北师大出版社高等教育与学术著作分社　http://xueda. bnup. com

GONGGONG WENHUA FUWU CHUANGXIN ANLI

出版发行：北京师范大学出版社　www. bnup. com
　　　　　北京市海淀区新街口外大街 19 号
　　　　　邮政编码：100875
印　　刷：北京京师印务有限公司
经　　销：全国新华书店
开　　本：787 mm×1092 mm　1/16
印　　张：16.75
字　　数：362 千字
版　　次：2019 年 1 月第 1 版
印　　次：2019 年 1 月第 1 次印刷
定　　价：49.80 元

策划编辑：周　粟　　　　　责任编辑：王新焕
美术编辑：王齐云　　　　　装帧设计：王齐云
责任校对：李云虎　　　　　责任印制：马　洁